고전을 읽는다

고전을 읽는다

양혜경 지음

한국문화사

고전을 읽는다

1판1쇄 발행 2017년 12월 22일

지 은 이   양 혜 경
펴 낸 이   김 진 수
펴 낸 곳   **한국문화사**
등   록   1991년 11월 9일 제2-1276호
주   소   서울특별시 성동구 광나루로 130 서울숲 IT캐슬 1310호
전   화   02-464-7708
팩   스   02-499-0846
이 메 일   hkm7708@hanmail.net
홈페이지   www.hankookmunhwasa.co.kr

책값은 뒤표지에 있습니다.

잘못된 책은 구매처에서 바꾸어 드립니다.
이 책의 내용은 저작권법에 따라 보호받고 있습니다.

ISBN 978-89-6817-588-6 93800

▌ 책을 펴내면서 ▌

　인공지능이 여러 분야에서 활발하게 활동하고 4차 산업혁명이 급속하게 진행되는 상황에 우리는 살고 있다. 혁신적인 인공지능을 장착한 드론이 우편물이나 택배를 전달하고 전쟁을 좌우할 수 있는 시대에 우리는 도달한 것이다. 문명이 변화하는 시간에 사는 젊은이들에게 고전을 읽으라고 권하는 당부는 다소 진부하게 느껴진다. 하지만 우리가 살아가는 세상은 과거를 발판으로 하여 발전을 거듭해 나오고 있다.
　변화와 격동의 시대에 대처하는 가장 좋은 방법은 진리를 익히는 것이다. 진리를 배우는 방법에는 여러 가지 경우가 존재한다. 그 가운데 최고로 꼽을 수 있는 것이 독서다. 선인들이 살아온 삶에서 우리의 발전 방향을 찾아간다면 그만한 방법도 없을 것이다. 고전을 읽음으로써 과거를 통해 현재의 발전 방향을 만들어 나갈 수 있는 좋은 지표가 마련되리라 여겨진다.
　오늘을 살아가는 현대인들은 삶의 본질적 의미와 가치를 구현하고자 노력한다. 현재는 과거를 공유하면서 미래로 나아가는 발판이다. 우리들의 가치관 또한 과거 선인들의 경험이나 사고를 통해 정립하는 과정이다.
　고전을 읽는다는 것은 과거의 지혜나 사상을 실질적으로 접할 수 있는 좋은 기회다. 영상문화와 핸드폰 그리고 컴퓨터에 익숙한 젊은이들에게 문학 작품을 통한 고전 읽기는 진부한 느낌을 갖게 할 수도 있다. 그보다는 조금 경쾌한 마음으로 읽을 수 있는 고전 읽기를 만들어보고자 노력했다.
　책을 통한 사상이나 경험의 공유뿐만 아니라, 우리 젊은이들이 나아갈 수 있는 미래의 방향을 정하는데 도움이 되었으면 한다. 딱딱한 느낌보다는 쉽게 접할 수 있는 사상을 전하고자 했으며 스스로 생각할 수 있는 기회를 갖고자 했다.

 인간은 다른 사람의 사상이나 생각보다 자신의 경험을 중요시한다. 고전 읽기를 통해 타인의 상황을 경험하고 어려움에 직면했을 때 자신의 방식에 맞도록 적절하게 조합하는 지혜를 배우는데 한 몫을 했으면 한다.

 『논어』의 「옹야」편에서 공자는 말씀하셨다. "무언가를 안다는 것은 그것을 좋아하는 것만 못하고, 좋아하는 것을 즐기는 것만 못하다." 고전을 읽음으로써 지식과 지혜를 알아가고 인생을 즐길 수 있는 최선의 방법을 탐구해 나갈 수 있기를 바란다.

 청춘은 원래 푸르른 봄이라는 의미에서 파생했다. 인생의 가장 아름다운 시절을 말한다. 현재 한국에서의 청춘은 취업이나 미래에 대한 불안함으로 멍 들어가는 젊은이가 늘어나는 실정이다. 고전 읽기를 통해 멍이 든 청춘이 스스로 출구를 찾아나가는 지혜를 구할 수 있었으면 한다. 아프면 성장할 수 있다. 아픈 상황에 머물지 않고 그 발판을 딛고 일어서 미래로 나아갈 수 있는 청춘이 되기를 희망한다.

2017년 12월
낙동강 노을이 아름답게 펼쳐지는 연구실에서 양 혜 경

차례

■ 책을 펴내면서__ 5

제1장 사람의 본질을 알리고 싶은 공자 『논어』 ················· 9
제2장 청춘의 갈등과 고뇌의 풍경 괴테 『젊은 베르테르의 슬픔』 ······ 36
제3장 선과 악 사이에서 갈등하는 빅토르 위고 『레미제라블』 ·········· 65
제4장 사랑과 증오가 뒤섞인 본성 에밀리 브론테 『폭풍의 언덕』 ···· 106
제5장 사랑의 대서사시 톨스토이 『안나 카레니나』 ······················ 137
제6장 고뇌와 방황을 통한 자아 찾기 헤르만 헤세 『데미안』 ·········· 153
제7장 인간은 파괴될 수는 있어도 패배할 수는 없다
        헤밍웨이 『노인과 바다』 ······································· 187
제8장 감각적 서정이 돋보이는 가와바타 야스나리 『설국』 ············· 205
제9장 인간과 우주를 성찰한 생텍쥐페리 『어린 왕자』 ···················· 223
제10장 부조리와 실존의 의미 알베르 카뮈 『이방인』 ····················· 243

제1장 사람의 본질을 알리고 싶은

공자 『논어』

■ 공자

공자(B.C 551~ B.C 479)

　B.C 551년 노나라 창평향 추읍(昌平鄕 鄒邑 : 지금의 산동성 곡부 지역)에서 태어났다. '인(仁)'과 '예(禮)'를 통한 공부로 도덕적 이상사회의 실현을 꿈꾸었으며, 춘추시대의 불안한 질서를 주나라 문화와 제도의 회복을 통해 안정시키고자 했다. 그러나 끝내 실현하지 못하고 B.C 479년 73세의 나이로 생을 마쳤다. 하지만 『논어』를 통해 수많은 세월 동안 무수한 사람들에게 여전히 빛을 발하고 있다.[1]

　그의 사상은 제자들과 나눈 문답 형식의 『논어(論語)』에 들어 있다. 요약하면 인간이 취하여야 할 모든 행동의 궁극적 지향점은 인(仁)에 있다고 했다.

　지덕(至德), 지선(至善)의 뜻을 지니고 있는 인도주의(人道主義)로서,

---

1) 공자 / 김형찬 옮김, 『논어』, 홍익출판사, 2008, p.1.

정치적으로는 명분을 바르게 하고(必也正名乎), 임금은 임금답게, 신하는 신하답게(君君臣臣), 부모는 부모답게, 자식은 자식답게(父父子子) 각자가 본분을 지킴으로써 국가와 가정의 질서를 유지시키며, 사회적으로는 자기의 도리를 다하고(盡己), 남을 부축하며(推己), 자기가 싫은 것은 남에게 강악(强惡)하지 않는 것(己所不欲勿施於人)을 비롯한 제덕(諸德)으로 나타난다.

위정자 특히 최고 권력자인 군주에게 기대를 걸어 각국을 편력하면서 자기의 사상을 설명했다. 군주가 덕(德)으로써 백성을 다스리고 이에 따라 백성의 덕도 높아져 그 결과로서 도덕이 고루 퍼진다면 온 세상이 저절로 평화로워진다는 것이 공자의 정치사상이었다. 그러나 이 사고방식은 난세(亂世) 아래의 제후들에게 받아들여지지 않았다.

그래서 그는 제자들에게 '仁'을 터득하게 함으로써 학식과 함께 인격적인 '덕'을 겸비하는 군자가 되도록 하고, 그들을 장래 정치의 요직에 나아가게 함으로써 난세를 전쟁이 아니라 평화적 방법으로 평정하려 했다. 사상이 현실적이고 상식적인 듯하면서도 매우 심오하며, 제자들을 교육하는 데 있어서도 개인의 능력과 이해도에 따라 적합한 방법으로 유도하여 성품을 개발시켰다. 또한, 그 자신은 예에 엄격하여 절도가 있었고, 엄숙, 온화, 원만한 성품을 지니고 있었다.

공자의 사상은 생시에 실현되지 못한 채 증자(曾子)·자사(子思)를 거쳐 맹자(孟子)에 이르러 활기를 띠고, 한(漢) 무제(武帝) 이후 중국의 사상계를 지배한 가장 커다란 조류를 이루었으며 한국, 일본, 베트남 등 동아시아에 지대한 영향을 주었다.

교육에 있어 목표로 삼은 것은 국가와 사회를 이끌어 갈 지도층 인사로서 인격의 완성체인 이른바 군자(君子)의 양성이었다. 군자란 원래는 한 나라의 정치에 참여하는 능력과 자격을 겸비한 귀족 계층의 사람을 두고 하는 말이었으나, 공자는 그러한 지위에 어울리는 도덕적 인격·정치적 능력·인문적 교양을 지닌 사람으로 뜻을 확대하여 이러한 인재의 육성을 교육의 목표로 삼았다.

인간에 대한 자각

공자 이전에는 신(神), 상제(上帝), 귀신(鬼神) 등의 문제에 많은 관심들이 있었다. 그러나 공자에 와서 인간의 자각이란 위대한 발견을 하게 됨으로써 모든 관심이 인간에 집중되었다. 따라서 중국 역사상에서 인간의 자각을 최초로 실현한 인물은 바로 공자이다. 그는 "인간이 진리를 널리 펴는 것이지, 진리가 인간을 널리 펴는 것이 아니다"라고 했다. 진리는 인간의 자기인식과 자각으로부터 파악되고 구현되는 것이지, 진리가 인간을 구원하고 인간되게 하는 것은 아니다. 그러므로 진리는 인간이 아니면 공허하고 맹목적일 수밖에 없다. 따라서 진리의 뿌리는 인간성에 있으며, 그 인간성에 의해서 이해되고 실현될 수 있다. 공자가 인간 그리고 인간의 삶에 애정을 갖고 다른 세계에 대해서 덜 관심을 갖는 이유가 바로 여기에 있다. 그래서 그는 신이나 내세에 대한 논의를 배격하여, 자로(子路)가 귀신과 죽음에 대해서 물었을 때 "사람도 제대로 섬기지 못하는데 어찌 귀신을 섬길 수 있겠는가? 아직 삶에 대해서도 알지 못하는데, 어찌 죽음에 대해서 알 수 있겠는가?"라고 하였다. 인간과 삶과 죽음의 영역에서 공자는 인간과 그 삶의 세계에 주안점을 두었다. 즉, 귀신, 신령, 천(天), 죽음의 영역은 인간 밖의 세계이지 삶의 세계는 아니다.

인(仁)

'인(仁)'은 공자사상의 정수(精髓)이며 극치다.『논어』의 총 482장 중에 58장이나 인에 대해 논하고 있으며, 105자가 수록되어 있다. 그 만큼 인을 중요하게 다루고 있다. 그런데 공자는 인을 말할 때에 상대방에 따라서 다르고, 또 언제나 인의 일부분을 말하던지 인을 행하는 방법을 말할지언정 인 전체를 명쾌히 밝힌 적이 없다. 그래서 공자의 인을 정확히 정의하기란 쉬운 일이 아니다.

공자는 인을 인간의 본성이며 인간이 태어나면서부터 타고난 성품으로 이해하고 있다. 인이란 인간의 선천적 본질이며, 개개인이 선천적으로 타고나는 보편적인 본성이다. 이러한 인은 인간만이 가지고 있는 실천윤리의 최고 가치요, 인간들이 현실적으로 추구하고자 하는 최고 목표이다. 그러므로 인이란 완전한 인격을 구비한 인간상(人間像)을 뜻한다. 그런데 이러한 원론적인 설명으로는 인의 의미와 그 윤리적 가치를 정확히 이해할 수 없다. 따라서 『논어』에 나타나는 인을 분석해볼 수밖에 없는데, 분석해 보면 의미를 찾을 수 있다. 하나는 향내적(向內的) 가치로서의 인이고, 또 하나는 향외적(向外的) 가치로서의 인이다. 향내적(向內的) 가치로서의 인(仁)은 극기(克己)의 방향에서 설명할 수 있는데, 자기수양과 자기완성을 의미한다. 즉 도덕적 자기완성을 통하여 자기 본래의 덕성을 자각하는 내성(內聖)의 경지로서 인격이 완성되는 것을 의미한다. 이에 대해 공자는 「안연(顏淵)」편에서 다음과 같이 말하고 있다.

"자기를 이겨내고 예(禮)로 돌아가는 것이 인(仁)이다. 하루만이라도 자기를 이겨내고 예(禮)로 돌아가면, 천하가 인에 귀의할 것이다. 인을 실천하는 것이야 자신에게 달린 것이지 다른 사람에게 달린 것이겠느냐?"
안연이 여쭈었다. "그 구체적인 방법을 여쭙고자 합니다."
공자께서 말씀하셨다. "예가 아니면 보지 말고, 예가 아니면 듣지 말며, 예가 아니면 말하지 말고, 예가 아니면 움직이지 말아라."
안연이 말하였다. "제가 비록 총명하지는 못하오나, 이 말씀을 명심하고 실천하겠습니다."[2]

향외적(向外的) 가치로서의 인(仁)은 애인(愛人)의 방향에서 설명될 수 있다. 대타적(對他的)으로 나와 남과의 관계로 부모에 효도하고 형제간에 우애하고 윗사람 공경하고 나아가서는 모든 사람을 사랑하는 것이다. 결국 정치적·도덕적 외왕(外王)의 경지라 할 수 있다. 이에 대하여 공자는 「안연(顔淵)」편에서 번지(樊遲)가 인(仁)에 대하여 묻자 "사람을 사랑하는 것이다" 라고 하여 인을 사랑으로 풀이하였다. "오직 인자(仁者)만이 남을 좋아할 수 있고 남을 미워할 수 있다." 라고 하여 자기의 행동에 인이 바탕되고, '인도(仁道)'에 벗어나지 않는 마음을 가지며 정신적인 위치를 인에 두는 것이 인간의 마음가짐이라고 말하고 있다. 또한 그는 "백성에게 널리 은혜를 베풀어 많은 사람을 구제하는 것"이 인의 극치라고 했다. 즉 나로부터 남에게 미치고 안으로부터 밖으로 미치는 인도주의 정신이다. 공자는 이러한 인도(仁道) 즉 애인(愛人)정신이야말로 인간애의 발견이며 인의 궁극적 목적임을 강조하고 있다.

예(禮)

인(仁)과 더불어 예(禮) 또한 매우 중시하였다. 왜냐하면, 예는 인의 자연스런 발로이며 동시에 인을 실천하는 질서이기 때문이다. 다시 말해 인은 내면적인 도덕성이고, 예는 외면적인 사회규범이라 할 수 있는데, 결국 인은 예를 통하여 겉으로 드러나게 된다. 그래서 인을 실천하는 데는 예가 꼭 필요하다. 따라서 공자는 자기를 이기고(克己) 예로 돌아갈 것(復禮), 즉 극기복례를 주장하고, 그 세목으로 "예가 아니거든 보지도 말고, 예가 아니거든 듣지도 말고, 예가 아니거든 말하지도 말고, 예가 아니거든 움직이지도 마라"고 했다. 극기는 이기적 주체로서의 자기를 배제함이요, 자기의 욕망이나 감정을 극복하라는 것으로서 수기(修己)에 해당한다. 그리고

---

2) 공자 / 김형찬 옮김, 『논어』, 홍익출판사, 2008, pp.132-133.

복례란 예를 따른다는 것이다. 이는 천지질서(天地秩序)이며, 인간이 마땅히 실천해야 할 당위의 법칙이다. 따라서 예는 우주의 질서에 뿌리하고 있을 뿐만 아니라, 인간이 주체적으로 구현해야 할 행위의 질서에 근거한다. 여기서 전자는 자연의 질서로 이해되며, 후자는 인간의 모든 예절을 포함하는 것이므로 절제라는 덕목이 요구된다. 즉 극기가 필요하다. 그러한 까닭에 예는 정치의 근본으로 부각되기도 하고, 가정에서는 효의 질서로 발현되기도 한다. 또한 예는 인(仁)의 질서이기 때문에 인의 의미인 사랑함에 그 뿌리를 두지 않을 수 없다. 그리고 인을 떠난 예는 형식에 지나지 않는다.

그래서 공자는 "인하지 않는다면 예에 있어서 무엇을 할 것이며 악(樂)에 있어서 무엇을 할 것이냐" 라고 했다. 사랑이 없는 예는 빈껍데기와 같은 형식에 지나지 않기 때문이다. 그리고 예는 충신(忠信)이 없으면 역시 허례(虛禮)에 지나지 않는다. 오히려 예의 세계를 혼란시키며 실천의 결과를 기대할 수 없게 된다. 왜냐하면 충(忠)은 바로 자기성실(自己誠實)이요 자신의 몸과 마음을 다하는 진실의 의미를 담고 있기 때문이다. 신(信)은 마치 큰 수레의 양 바퀴를 연결하는 받침대와 같이 두 바퀴를 연결하여 굴러가게 하는 작용을 한다. 그러므로 충신이 없으면 예는 구현될 수 없고, 그러한 예는 곧 허례에 불과하다.3)

유교적 합리주의와 인문주의 길을 개척

『논어』는 공자와 그 제자들의 대화를 기록한 책으로 사서의 하나이다. 저자는 명확히 알려져 있지 않으나, 공자의 제자들과 그 문인들이 공동 편찬한 것으로 추정하고 있다.

한 사람의 저자가 일관적인 구성을 바탕으로 서술한 것이 아니라, 공자의

---

3) 양혜경, 『문학과 자연사상』, 신라대학교출판부, 2013, pp.12-15.

생애 전체에 걸친 언행을 모아 놓은 것이기 때문에 여타의 경전들과는 달리 격언이나 금언을 모아 놓은 듯한 성격을 띤다.

공자가 제자 및 여러 사람들의 질문에 대답하고 토론한 것이 '논' 제자들에게 전해준 가르침을 '어'라고 부른다.

현재 『논어』는 전 20편, 482장, 600여 문장으로 전해 내려오고 있다. 서술방식과 호칭의 차이 등을 기준으로 앞의 10편을 상론(上論), 뒤의 열 편을 하론(下論)으로 구분하여 앞의 10편이 더 이전 시대에 서술된 것으로 보는 견해가 일반적이다. 각 편의 이름은 그 편 내용의 첫 두 글자를 딴 것으로 특별한 뜻이 있는 것은 아니다.

상론 10편과 하론 10편은 문체와 호칭 및 술어 면에서 분명히 차이가 나는데, 상론은 문장이 간략하고 글자 수가 짧고 하론은 문장이 길고 글자 수가 많다. 또한 상론의 마지막 10편은 공자의 일상생활을 담아 결말을 내는 셈이어서, 하론 10편의 사실성에 의문이 있다.

공자 사상은 한마디로 하면 인(仁)이다. 공자가 제자들에게 가르친 세부 덕목으로서 지(知, 지혜)와 인(仁, 어짊)과 용(勇, 용기)에서의 '仁'은 협의의 '인'이며, 공자가 내세운 모든 덕목을 총칭하는 개념이 광의의 '인'이다.

공자는 법이나 제도보다 사람을 중시했다. 사람을 통해 그가 꿈꾸는 도덕의 이상 사회를 이루려고 했다. 그래서 '어짊'을 실천하는 지도자로 군자를 내세웠다. 원래 군주의 자제라는 고귀한 신분을 뜻하는 '군자'는 공자에 의해 이상적 인격의 소유자로 개념화되었다. 군자는 도(道)를 추구하고, 도에 입각하고 도가 통하는 세상을 만드는 존재다.

이 위대한 정치가는 예(禮)로 자신을 절제하고 악(樂, 음악)으로 조화를 추구한다. 문(文, 문예)을 열심히 공부(學)하여 훌륭한 군자로 거듭나고, 정치(政治)를 통해 민생(民生)을 안정시키고 도덕의 이상을 실현해야 한다. 덕(德)과 의(義)가 사회의 중심 가치가 되는 자신의 이상 사회를 끝내 성공시키지는 못했지만, 공자는 지난한 삶의 역정 속에서도 도덕 사회의 구현이라는 처음의 꿈을 끝까지 버리지 않았는데, 이 꿈이 녹아 있는 책이 『논어』다.

논어를 읽다보면 우리들이 흔히 쓰는 극기복례, 온고지신, 부화뇌동, 살신성인 같은 경구나 윤리적인 표현들을 어렵잖게 만날 수 있다. 그래서 논어는 우리에게 친밀한 책이다. 그리고 그 무엇보다 중요한 것은 고려, 조선 그리고 오늘날까지 논어가 우리 민족의 삶 전반에 막대한 영향을 끼쳐 왔다는 것이다. 『논어, 사람의 길을 열다』를 쓴 배병삼 영산대 교수는 이렇게 말한다.

"조선 조 초기에 발생한 사건 중에서 가장 비극적인 것을 꼽으라면 아무래도 단종애사라고 할 수 있다. 수양대군이 구중궁궐에 화려하게 입성하는 동안 단종은 강원도 영월의 오지에서 서서히 죽어가고 있었다. 또한 단종에게 충성을 바쳤던 오기와 독기로 뭉친 선비들도 석류알처럼 붉은 피를 뿌리며 죽어갔다. 어찌 보면 그들은 너무 무모했고, 자존심이 강했고, 고집불통이었다. 그리고 ≪공자≫와 ≪주자≫를 평생의 스승으로 모셨던 유학자들이었다."

이 충성스런 유학자들로 하여금 아낌없이 목숨을 바치게 만든 것은 놀랍게도 『논어』라는 책이었다. 고아 임금의 안위를 맡길 신하나 생사의 위기에서도 충절을 뺏을 수 없는 사람을 군자라고 부를 수 있다고 증자는 논어에서 이야기했다. 사육신들은 어릴 때부터 증자의 말이 실린 『논어』를 뼈에 사무치도록 공부한 사람들이었다.

그래서 『논어』는 무서운 책이라고 할 수 있다. 조선시대 500년을 통틀어 가장 막강한 위력을 가진 책이자, 죽음마저 초연하게 만든 유교 이데올로기의 총화이기에 『논어』는 무섭고도 강력한 책이다.

공자의 일생은 배우고 익히는 것(學而時習之不亦說乎)이야말로 자기실현의 과정이라는 것을 구체적으로 보여주었다. '두루 배우되 뜻을 도타이 하라(博學篤志)'가 그런 것이다.

『논어』는 공자의 인생관, 사회관, 정치관, 도덕관 등이 들어 있는 유교사상의 근본문헌으로 문장이 간결하면서도 함축적이다. 중국에서는 처음으로 인도주의 사상과 도덕적 윤리관을 제시하였고 공자 학단의 활동이 잘 묘사되어 있어 그 의의가 매우 크다.

유교는 인간의 삶을 충실하게 하는 데 힘쓰기를 강조하며, 내세에 대해 유보적 태도를 취한다. 공자는 초인간적 존재나 내세의 삶에 대해 직접적으로 언표(言表)하지 않았다.

공자는 자신이 처한 곳에서 도리를 다하려고 했을 뿐, 내세의 영원한 삶을 기대하지 않았다. 오히려 죽음의 문제는 삶 속에서 논의되어야 한다고 보았다. 인간의 삶이 얼마나 실존적 깊이를 가지며, 어떠한 의미를 가지느냐가 보다 중요한 관심사였다. 공자는 인간이 마땅히 가야 할 길을 도(道)라고 생각했기 때문에 "아침에 도를 깨달으면 저녁에 죽어도 좋다."고 할 정도로 인간의 인간다움, 즉 도와의 일치를 추구하였다. 공자는 인생에서 인격적으로 최고의 가치를 성취함으로써만 인생의 의미를 다할 수 있다고 보았다.

일찍이 루쉰(魯迅)은 "제사 지낼 때 (조상이) 계신 듯이 하며, 신에게 제사 지낼 때에는 신이 계신 듯이 하였다"는 태도에 주목하여, 이 점이 바로 공자의 '위대함'의 비결이라고 말한 적이 있다. 루쉰이 볼 때, 공자는 신이나 조상의 혼령이 존재하지 않는다고 생각했지만 혼령이 있다고 믿었던 당시의 사회적 분위기에 반하여 무조건 자신이 믿는 바대로 행동하지는 않았다는 것이다. 즉, '(조상이) 계신 듯이' 행동하였다는 말이 이를 역설적으로 증명해 주고 있다는 지적이다.

『논어』가 쓰여질 당시엔 종이가 없었기 때문에 내용을 죽간(竹簡)에 새기거나 비단에 써야 했다. 따라서 한 글자 한 글자의 배치를 상당히 세심하게 고려했을 것이다. 왜냐하면 잘못 쓸 경우에 그것을 지우고 새로 쓰기가 어렵기 때문이다. 정미(精微)한 말 속에 큰 의미를 담을 수밖에 없었던 물질적 근거가 여기에 있다. 그렇기 때문에 이러한 '압축 파일'을 풀면서 읽는 재미는 『논어』를 새로 쓰는 즐거움에 비견될 수 있겠다.[4]

전통 사상의 형성에 커다란 영향을 주었기 때문에 전통사회나 사상을 이해하기 위해서 반드시 읽어야 할 고전이다. 그러나 현대적 의미로 재해석해본다면 『논어』는 날로 개인주의가 만연한 사회에서 사람의 본질을 배우고 익혀나가는 중요한 수단이다.

---

[4] 공자 / 황희경 역, 『논어』, 시공사, 2000.

■작품

논어5)

제1편 학이(學而)

1

공자6)께서 말씀하셨다. "배우고 때때로7) 그것을 익히면 또한 기쁘지 않은가? 벗이 먼 곳에서 찾아오면 또한 즐겁지 않은가? 남이 알아주지 않아도 성내지 않는다면 또한 군자답지8) 않은가?"

2

유자9)가 말했다. "그 사람됨이 부모에게 효도하고 어른에게 공경스러우

---

5) 공자 / 김형찬 옮김, 『논어』, 홍익출판사, 2008.
6) 원문은 '자'(子)이다. '자'는 성 아래 붙여 남자에 대한 존칭으로 사용한다. 『논어』는 공자의 제자들이 공자의 말씀을 기록한 책이라서, 굳이 '공선생님'(孔子)이라는 표현 대신에 '선생님'(子)이라고 썼다. 그러므로 『논어』에서 보이는 '자왈'(子曰)이란 것은 모두 '공자(공선생님)께서 말씀하시기를'이라는 뜻이다.
7) 원문은 '시'(時)이다. '때때로'라고 번역하였지만 '가끔'이나 '시간 날 때'의 의미로 오해해서는 곤란하다. '반복 학습하여 익힌다'는 뜻의 '습'(習)이라는 단어와 결합되어 있는 이 문맥에서는 '배운 것을 적용할 수 있는 기회가 있을 때마다 수시로 반복하여 익힌다'로 이해해야 한다.
8) 원문은 '군자'(君子)이다. 군자는 유학에서 학문과 수양을 통해 일정한 인격적 완성도에 이른 사람을 말하는 가장 일반적인 명칭이다. 굳이 구분을 해본다면 최고의 단계가 성인(聖人), 그 다음이 현인(賢人), 그 다음이 군자이지만 이들을 통틀어 군자라고도 한다. 그리고 상대적으로 이보다 못한 사람이 바로 소인(小人)이다. 여기서는 문맥상 '군자답다'라는 형용사로 풀었다.
9) 유자(有子)는 공자의 제자인 유약(有若)을 말한다. 공자보다 43세 연하로, 모습이 공자와 닮았다고 전해진다. 유약에 대해서도 '자'(子)를 붙여 '유자'(有子)라고 칭한 것을 보면, 이 문장은 유약의 아랫사람이 기록한 듯하다.

면서10) 윗사람 해치기를 좋아하는 사람은 드물다. 윗사람 해치기를 좋아하지 않으면서 질서를 어지럽히기를 좋아하는 사람은 없다. 군자는 근본에 힘쓰는 것이니, 근본이 확립되면 따라야 할 올바른 도리11)가 생겨난다. 효도와 공경이라는 것은 바로 인12)을 실천하는 근본이니라!"

3

공자께서 말씀하셨다. "말을 교묘하게 하고 얼굴빛을 곱게 꾸미는13) 사람들 중에는 인(仁)한 이가 드물다."

4

증자14)는 말했다. "나는 날마다 다음 세 가지 점에 대해 나 자신을 반성

---

10) '부모에게 효도하고'에 해당하는 원문이 '효'(孝)이고, '어른에게 공경스러우면서'에 해당하는 원문이 '제'(弟)이다. '효'는 자식이 부모님께 정성을 다하는 마음이고, '제'는 본래 동생이 형에게 정성을 다하는 마음이다. 이 '제'는 그 의미가 확장되어 일반적으로 손아랫사람이 손윗사람을 공경하는 마음을 뜻하게 되었다. 후세에는 이런 의미로 쓰일 때 '제'(悌)로 표기하여, '동생'을 의미하기도 하는 '제'(弟)와 구별하였다.

11) 원문은 '도'(道)이다. 본래는 '길·도로'라는 의미이다. 올바른 길로 가면 흔들림이나 막힘이 없이 갈 수 있지만 길이 아닌 곳으로 가면 어려움에 빠지기 마련이다. 여기에서 '당연히 가야 할 바른 길'이란 의미의 '방법·도리'란 의미가 생겨났다.

12) 공자 사상의 핵심을 한 글자로 표현할 때 '인'(仁)이라고 할 수 있다. '인'은 '人+二'로서 두 사람의 관계를 의미한다. 이것은 '인간들 사이의 가장 조화롭고 안정된 관계'를 포괄적으로 함축한 개념이다. 본문에서 효도와 공경이 인을 실천하는 근본이라고 하였는데, 부모님께 효도하고 손윗사람에게 공경스럽게 대하는 자세가 모든 인간관계의 근본임을 가르쳐주는 것이다.

13) 원문은 '교언영색'(巧言令色)이다. '교'(巧)는 '교묘하다', '영'(令)은 '아름답다'는 뜻으로 모두 외면적인 꾸밈을 말한다. 따라서 교언영색이란 듣기 좋도록 교묘하게 말을 꾸미고 보기 좋도록 얼굴색을 꾸미는 것을 말한다.

14) 증자(曾子)는 공자보다 46세 연하인 제자로, 증은 성이고, 자는 존칭이며, 이름은 삼(參), 자(字)는 자여(子輿)이다. 『대학』(大學)을 저술했다고 전해진다. 철학적인 면에서 공자의 중요한 계승자라고 할 수 있다.

한다. 남을 위하여 일을 꾀하면서 진심15)을 다하지 못한 점은 없는가? 벗과 사귀면서 신의16)를 지키지 못한 일은 없는가? 배운 것을 제대로 익히지 못한 것은 없는가?"17)

5

공자께서 말씀하셨다. "나라를 다스릴 때는 일을 신중하게 처리하고 백성들의 신뢰를 얻어야 하며, 씀씀이를 절약하고 사람들을 사랑해야 하며, 백성들을 동원할 경우에는 때를 가려서 해야 한다."18)

6

공자께서 말씀하셨다. "젊은이들은 집에 들어가서는 부모님께 효도하고 나가서는 어른들을 공경하며, 말과 행동을 삼가고 신의를 지키며, 널리 사람들을 사랑하되 어진 사람과 가까이 지내야 한다. 이렇게 행하고서 남은 힘이 있으면 그 힘으로 글을 배우는 것이다."

---

15) 원문은 '충'(忠)이다. '가운데 중'(中)과 '마음 심'(心)이 합쳐진 모양 그대로, '마음의 한 가운데', 즉 '진실된 마음'을 의미한다. 여기서는 남의 일이라고 해서 소홀히 하지는 않았는가 반성한다는 뜻이다.
16) 원문은 '신'(信)으로, '믿다', '신뢰하다'는 뜻이다. 벗과 신의로 맺어질 때는 목숨도 함께 할 수 있지만 신의가 무너지면 남일 뿐이기 때문에, 벗과의 관계에서 중요한 덕목으로 신의를 든 것이다.
17) 원문은 '전불습호'(傳不習乎)이다. '전'(傳)을 목적어로 보고 '전수받은 것을 익히지 않은 것은 없는가'의 뜻으로 번역하였다. 그런데 '전'을 서술어로 본다면 '익히지 않은 것을 전했는가', 또는 '전하고서 익히지 않았는가' 등으로 해석할 수도 있다.
18) 원문은 '사민이시'(使民以時)로 '때를 가려서 백성들을 부린다'는 뜻이다. 전쟁이나 축성과 같은 국가적 사업을 위해 백성들을 동원할 때는 농한기와 같이 백성들의 생업을 해치지 않는 때를 가려서 해야 한다는 것이다.

7

자하9)가 말하였다. "어진 이를 어진 이로 대하기를 마치 여색을 좋아하듯이 하고,20) 부모를 섬길 때는 자신의 힘을 다할 수 있으며, 임금을 섬길 때는 자신의 몸을 다 바칠 수 있고, 벗과 사귈 때는 언행에 믿음이 있다면, 비록 배운 게 없다고 하더라도 나는 반드시 그를 배운 사람이라고 할 것이다."

8

공자께서 말씀하셨다. "군자가 신중하지 않으면 위엄이 없으며, 배워도 견고하지 않게 된다. 충신과 신의를 중시하고, 자기보다 못한 자를 벗으로 사귀지 말며,21) 잘못이 있으면 고치기를 꺼리지 말아야 한다."

9

증자가 말하였다. "장례를 신중하게 치르고 먼 조상의 제사에도 정성을 다하면,22) 백성들의 인정이 돈독해질 것이다."

---

19) 자하(子夏)는 공자의 제자로 성은 복(卜), 이름은 상(商)이며, 자하는 그의 자(字)이다. 공자보다 44세 연하이며 문학(文學)에 뛰어났다고 한다.
20) 원문은 '현현역색'(賢賢易色)이다. '현현'(賢賢)은 어진 이를 어진 이로서 대우하다는 뜻이고 '역색'(易色)은 세 가지 뜻으로 풀 수 있다. 첫째, 역색(易色)의 역(易)은 '바꾸다'는 뜻으로 풀어서 '여자를 좋아하는 마음과 바꾸다'로 해석할 수 있다. 둘째, 색(色)을 안색(顏色)으로 보고 '안색을 바꾸다'로 해석할 수 있다. 셋째, '易'이 '바꿀 역' 외에도 '가벼이 여길 이'(易)로도 쓰이므로 색(色)을 여색으로 보면 '여자를 경시하다'로 해석할 수 있다. 그런데 뒤에 이어지는 구절과 이어서 본다면, 이 어구는 부모, 임금, 벗을 대할 경우와 함께 어진 이를 대할 때 어떤 자세로 할 것인가를 말하는 것이다. 그러므로 옮긴이는 첫 번째의 해석을 취하여 '어진 이를 대할 때는 어진 이로서 대접하되 마치 남자가 여자를 좋아하듯이 아주 기쁘고 반가운 마음으로 대하라'라는 의미로 본다.
21) 원문은 '무우불여기자'(無友不如己者)이다. 「술이」(述而) 21장에서 "세 사람이 길을 가면 그 중에는 반드시 스승으로 삼을 만한 사람이 있다" [三人行 必有我師焉]고 한 것을 보면, 반드시 배타적인 인간관계를 주장하는 것은 아닌 듯하다.
22) 원문은 '신종추원'(愼終追遠)이다. 종(終)은 죽음을 뜻하고 원(遠)은 먼 선조를

10

자금[23]이 자공[24]에게 물었다. "선생님(공자)께서는 어떤 나라든지 그 나라에 가시면 반드시 그 나라의 정치에 대해 듣게 되시는데, 이는 선생님께서 요청하신 것입니까? 그렇지 않으면 그 나라에서 자발적으로 자문을 구하는 것입니까?"

자공이 말하였다. "선생님께서는 온화·선량·공손·검소·겸양[25]의 인품으로 인하여 자연히 듣게 되시는 것입니다. 이처럼 선생님께서 정치에 관심을 가지는 것은, 다른 사람들이 정치 권력에 가까이하고자 하는 것과는 다릅니다."

11

공자께서 말씀하였다. "아버지께서 살아계실 경우에는 자식의 속마음을 살펴보고,[26] 아버지께서 돌아가신 후에는 자식의 행동을 살펴보아야 한

의미한다. 어떤 절대적인 신을 인정하지 않는 유교에서는 현재 자신이 지닌 모든 것은 부모를 비롯한 조상의 덕분이라고 생각한다. 장례를 신중히 치르고 먼 조상의 제사에까지 정성을 다한다는 것은 그 고마움을 잊지 않는 인간의 기본 자세이다.

23) 자금(子禽)은 공자의 제자라고도 하고 자공의 자제라고도 한다. 성은 진(陳), 이름은 강(또는 항; 亢)이고, 자금은 그의 자이다.

24) 자공(子貢)은 공자의 제자로 공자보다 31세 연하이며, 성은 단목(端木), 이름은 사(賜), 자공은 그의 자이다. 공자의 대표적인 제자 중의 한 사람으로 언변에 뛰어났던 것으로 전해진다.

25) 원문은 차례대로 온(溫)·량(良)·공(恭)·검(儉)·양(讓)이다. '온'은 온화함, '량'은 착하고 선량함, '공'은 공손하고 예의바름. '검'은 검소하고 절제함, '양'은 겸손함을 의미한다. 공자의 인품을 드러내는 이 다섯 가지 덕목은 바로 공자의 인품을 나타내는 것일 뿐 아니라 공자의 문하에서 지향했던 이상적 인간상을 알려 준다.

26) 원문은 '관기지'(觀其志)이다. '그것 기'(其)가 가리키는 대상이 무엇인지에 따라 두 가지로 해석이 가능하다. 첫째는 본문에서처럼 대상을 자식으로 보는 경우이다. 아버지께서 살아계실 때는 자식이 마음대로 행동할 수 없으므로. 그 자식이 진정 효자인지 아닌지를 알려면 그 자식이 아버지의 말씀을 따르면서 마음속으로 무슨 생각을 하는지를 살펴보아야 한다는 것이다[朱熹,『集注』]. 둘째는 대상을 아버지로 보고 '아버지의 뜻을 살핀다'는 의미로 풀이하기도 한다[范祖_,『論語說』(朱

다.27) 그리고 3년 동안 아버지께서 하시던 방법을 고치지 않아야 효도한다고 말할 수 있다."

12

유자가 말하였다. "예(禮)의 기능은 화합28)이 귀중한 것이다. 옛 왕들의 도는 이것을 아름답다고 여겨서, 작고 큰 일들에서 모두 이러한 이치를 따랐다. 그렇게 해도 세상에서 통하지 못하는 경우가 있는데, 화합을 이루는 것이 좋은 줄 알고 화합을 이루되 예로써 절제하지29) 않는다면 또한 세상에서 통하지 못하는 것이다."

13

유자가 말하였다. "약속한 것이 도의에 가깝다면30) 그 말을 실천할 수 있고, 공손함이 예에 가깝다면31) 치욕을 멀리할 수 있다. 의탁하여도 그 친한 관계를 잃지 않을 수 있다면 또한 지도자가 될 수 있다."

熹의 『論語或問』에서 재인용)]라고 해석하기도 한다.
27) 원문은 '관기행'(觀其行)이다. 앞 구절과 같이 두 가지로 풀이가 가능하다. '자식의 행동을 살펴보다'[朱熹, 『集注』]로 해석하기도 하고 '아버지의 행적을 살피다'[范祖_, 『論語說』(朱熹의 『論語或問』에서 재인용)]라고 해석하기도 한다.
28) 원문은 '화'(和)로서 화합, 조화 등을 의미한다. 이는 각박하지 않고 원만한 인간관계를 뜻하지만, 마지막 구절에서 알 수 있듯이 '좋은 게 좋은거야'라는 식의 무원칙한 화합을 말하는 것은 아니다.
29) 원문은 '이례절지'(以禮節之)이다. 글자 그대로 풀면 '예로써 그것을 절제하다'는 뜻이다. 진정한 화합을 이루기 위해서는 분명한 원칙이 있어야 한다는 것이고, 여기서는 예에 의한 절제를 그 방법으로 제시한 것이다. 예는 자연의 이치를 인간 사회에 적용한 것이기 때문이다.
30) 원문은 '신근어의'(信近於義)이다. 인간 관계에서의 신의를 지키는 것은 매우 중요한 일이지만, 그보다 더 중요한 것은 그것이 도의에 맞는가 하는 점이다. 도의에 어긋난다면 어쩔 수 없이 신의를 포기할 수도 있다는 것이다.
31) 원문은 '공근어례'(恭近於禮)이다. 공손함은 예의의 기본이지만 그것도 지나치면 비굴함이 되고 만다.

14

공자께서 말씀하셨다. "군자는 먹는 것에 대해 배부름을 추구하지 않고, 거처하는 데 편안함을 추구하지 않는다. 또한 일하는 데 민첩하고 말하는 데는 신중하며, 도의를 아는 사람에게 나아가 자신의 잘못을 바로 잡는다. 이런 사람이라면 배우기를 좋아한다고 할 만하다."

15

자공이 말하였다. "가난하면서도 남에게 아첨하지 않고 부유하면서도 다른 사람에게 교만하지 않는다면 어떻겠습니까?"

공자께서 말씀하셨다. "그 정도면 괜찮은 사람이지. 그러나 가난하면서도 즐겁게 살고 부유하면서도 예의를 좋아하는 것만은 못하다."

자공이 말하였다. "『시경』에서 말하기를 '칼로 자르는 듯, 줄로 가는 듯, 정으로 쪼는 듯, 숫돌로 광을 내는 듯하도다'[32]라고 하였는데 이를 말씀하시는 것입니까?"

공자께서 말씀하셨다. "사[33]야, 비로소 더불어 시를 이야기할 만하구나! 지나간 일을 말해주니 알려주지 않은 것까지 아는구나."[34]

---

[32] 원문은 '여절여차, 여탁여마'(如切如磋, 如琢如磨)이다. 『시경』(詩經) 「위풍·기욱」(衛風·淇奧)에 나오는 구절로 본래는 옥이나 돌을 다듬는 섬세한 과정을 비유하여 인품과 외모가 뛰어난 남자를 묘사하는 내용이다. 여기서는 옥이나 돌을 다듬듯이 수양을 해나가는 모습을 이야기하는 것이다.

[33] 사(賜)는 자공의 이름이다. 공자는 제자들을 부를 때 친근하게 부르는 뜻으로 이름을 불렀다.

[34] 원문은 '고제왕이지래자'(告諸往而知來者)이다. 그에게 지나간 것을 알려주면 그 다음에 올 일을 안다는 뜻이다. 공자는 도의·예의와 하나가 되어 자연스럽게 즐기면서 사는 단계 [貧而樂, 富而如禮]를 알려주었는데 자공은 이 말을 듣고 수양과 공부에는 끊임없는 노력이 있어야 한다는 점까지 깨달았다는 것이다.

16

공자께서 말씀하셨다. "남이 자신을 알아주지 못할까 걱정하지 말고 내가 남을 제대로 알지 못함을 걱정해야 한다."35)

제2편 위정(爲政)

1

공자께서 말씀하셨다. "덕으로 정치를 하는 것36)은, 비유하자면 북극성은 제자리에 있고 모든 별들이 그를 받들며 따르는 것과 같다."

2

공자께서 말씀하셨다. "『시경』에 있는 삼백 편의 시37)를 한마디로 이야기하자면 '생각에 거짓됨이 없다'38)는 것이다."

3

공자께서 말씀하셨다. "백성들을 정치로 인도하고 형벌로 다스리면, 백

---

35) 문제의 원인을 밖에서 찾지 말고 자신에 대한 반성에서 찾으라는 말이다.
36) 원문은 '위정이덕'(爲政以德)이다. 법률이나 형벌로 백성들을 위협하는 것이 아니라 덕으로 감화시키는 방법으로 정치를 한다는 것이다.
37) 『시경』에는 311편의 시가 있고 그 중 6편은 제목만 남아 있다. 여기서 300편이라고 한 것은 어림수로 말한 것이다.
38) 원문은 '사무사'(思無邪)이다. 『시경』 「노송·공」(魯頌·駉) 마지막에 나오는 구절이다. 사(邪)는 간사하다, 어긋나다, 악하다 등의 뜻인데 결국 마음의 순수함으로부터 나오지 않는 거짓된 생각을 말한다. 그러므로 '생각에 거짓됨이 없다'는 것은 '생각에 진심으로부터 우러나오지 않는 거짓됨이 없다'는 말이다.

성들은 형벌을 면하고도 부끄러워함이 없다.39) 그러나 덕으로 인도하고 예로써 다스리면, 백성들은 부끄러워할 줄도 알고 또한 잘못을 바로 잡게 된다.40)"

4

공자께서 말씀하셨다. "나는 열다섯 살에 학문에 뜻을 두었고 서른 살에 세계관을 확립하였으며,41) 마흔 살에는 미혹됨이 없게 되었고42) 쉰 살에는 하늘의 뜻을 알게 되었으며, 예순 살에는 무슨 일이든 듣는 대로 순조롭게 이해했고, 일흔 살에는 마음 가는 대로 따라 해도 법도에 어긋나지 않았다."

5

맹의자43)가 효에 대해 묻자 공자께서 말씀하셨다. "어긋남이 없는 것이다.44)"

---

39) 원문은 '민면이무치'(民免而無恥)이다. 백성들이 형벌만 교묘하게 피해 나가려 하고 자기 행위에 대해 반성할 줄 모르게 된다는 뜻이다. 바로 법치주의의 한계를 지적한 것이다.
40) 원문은 '유치차격'(有恥且格)이다. 덕과 예로 다스리면 사람들은 잘못된 언행에 대해 형벌을 받지 않는다고 해도 스스로 부끄러움을 느끼고 자발적으로 자신의 잘못을 바로잡는다는 뜻이다.
41) 원문은 '삼십이립'(三十而立)이다. '립'(立)은 '자립한다'로 풀이하기도 하지만, 이때에도 물질적인 자립보다는 정신적인 자립을 의미하므로 '세계관을 확립한다'로 이해할 수 있다.
42) '미혹됨이 없게 되었고'에 해당하는 원문은 '불혹'(不惑)이다. 다른 사람들의 말이나 주변 상황에 따라서 마음이 흔들리거나 의심을 품게 되지 않았다는 뜻이다.
43) 맹의자(猛毅子)는 노(魯)나라의 대부이며 성은 중손(仲孫), 이름은 하기(何忌)이다.
44) 원문은 '무위'(無違)이다. 살아계실 때부터 돌아가신 후까지 예에 어긋나지 않도록 모시는 것이 바로 효라는 것이다. 유가에서 예는 단순히 인간들 사이의 약속이 아니라 자연의 이치를 인간 사회에 적용한 것이므로, 예에 어긋나지 않는다는 것은 바로 자연의 이치대로 부모를 모시는 것이 된다.

번지45)가 수레를 몰고 있을 때 공자께서 그에게 그 일을 말씀하셨다. "맹손씨가 나에게 효에 대해 묻기에 '어긋남이 없는 것이다'라고 대답하였다."

번지가 여쭈었다. "살아계실 때는 예의를 갖추어 섬기고, 돌아가신 후에는 예법에 따라 장례를 치르고 제사를 지내라는 것이다."

6

맹무백46)이 효에 대해 묻자 공자께서 말씀하셨다. "부모는 오직 그 자식이 병날까 그것만 근심하신다."47)

7

자유48)가 효에 대해 묻자 공자께서 말씀하셨다. "요즘의 효라는 것은 부모를 물질적으로 봉양할 수 있는 것을 말한다. 그러나 개나 말조차도 모두 먹여 살리기는 하는 것이니, 공경하지 않는다면 짐승과 무엇으로 구별하겠는가?"

---

45) 번지(樊遲)는 공자보다 36세 연하인 제자로 성은 번, 이름은 수(須), 자는 자지(子遲)이다.
46) 맹부백(孟武伯)은 맹의자의 아들로 이름은 체(彘)이다.
47) 원문은 '유기질지우'(唯其疾之憂)이다. 부모에게는 자식이 건강하게 사는 것이 가장 큰 효도라는 것이다. 여기서 지(之)는 '유우기질'(唯憂其疾)에서 도치된 것임을 나타내는 것이다. 이 구절은 대단히 함축적이라서 다양한 해석이 가능하다 '그것 기'(其)가 가리키는 대상을 '자식'으로 보면 '부모가 자식에 대해 다른 걱정은 안하고 건강만 염려하도록 하는 것이 효'라는 해석이 가능하고, 대상을 '부모'로 보면 '부모가 병에 걸릴까 걱정하는 것이 효'라는 풀이도 된다.
48) 자유(子游)는 공자보다 45세 연하인 제자로 성은 언(言), 이름은 언(偃)이며 자유는 그의 자이다. 문학에 재능을 보였다고 한다.

8

자하가 효에 대해 묻자 공자께서 말씀하셨다. "항상 밝은 얼굴로 부모를 대하는 일이 어렵다.49) 일이 있을 때는 아랫사람이 그 수고로움을 대신하고, 술이나 음식이 있을 때는 윗사람이 먼저 드시게 하는 것을 가지고 효도라고 할 수 있겠느냐?"

9

공자께서 말씀하셨다. "내가 안회50)와 함께 하루 종일 이야기를 해도 그는 어리석은 사람처럼 아무런 문제제기도 하지 않는다.51) 그런데 뒤에 그가 생활하는 것을 보니, 또한 그 내용을 충분히 실천한다. 안회는 어리석은 것이 아니다."

10

공자께서 말씀하셨다. "그 사람이 하는 것을 보고,52) 그 동기를 살펴보고,53) 그가 편안하게 여기는 것을 잘 관찰해 보아라.54) 사람이 어떻게 자신

---

49) 원문은 '색난'(色難)이다. 곧 좋은 안색을 지니기가 어렵다는 뜻이다. '부모의 안색을 잘 살펴서 모시는 것이 어렵다'라고 풀이하기도 한다. 그러나 부모를 모시는 입장에서 진정으로 마음에서 우러나오는 효를 이야기 한다는 것이라고 보는 것이 나을 듯하다.
50) 안회(顔回)는 공자보다 30세 연하의 제자로, 성은 안, 이름은 회, 자는 자연(子淵)이다. 공자의 제자들 중 가장 우수한 제자로서 큰 기대를 받았을 뿐 아니라 특히 덕행(德行)으로 존경을 받았다. 그러나 단명하여 41세의 젊은 나이에 죽었고, 이로 인해 공자가 크게 상심하였다고 한다.
51) 원문은 '불위여우'(不違如愚)이다. 어리석은 사람처럼[如愚] 다른 길로 가지 않는다 [不違]는 뜻이다. 곧 공자와 하루종일 이야기하면서도 이견이나 문제제기가 없어서 바보처럼 보인다는 뜻이다. 공자가 말하는 도리를 공자 자신의 수준에서 거의 완벽하게 이해하였다는 의미이다.
52) 원문은 '시기소이'(視其所以)이다. '시'(視)는 눈에 보이는 그대로를 본다는 뜻이다. 소이(所以)는 소위(所爲)와 같은 뜻으로 '지금 하고 있는 것'을 의미한다.

을 숨기겠는가?55) 사람이 어떻게 자신을 숨기겠는가?"

11

공자께서 말씀하셨다. "옛것을 익히고 새로운 것을 알면56) 스승이 될 만하다."

12

공자께서 말씀하셨다. "군자는 그릇처럼 한 가지 기능에만 한정된 사람이 아니다."57)

13

자공이 군자에 대해서 묻자 공자께서 말씀하셨다. "군자란 말보다 앞서

---

53) 원문은 '관기소유'(觀其所由)이다. '관'(觀)은 시(視)보다 한 단계 더 나아간 표현으로 좀더 자세하게 살펴본다는 뜻이다. '소유'(所由)는 말미암는 바라는 뜻으로 어떤 동기나 의도로 그런 일을 하는지를 살펴본다는 것이다.
54) 원문은 '찰기소안'(察其所安)이다. '찰'(察)은 '관'(觀)보다 또 한 단계 더 나아간 표현으로 더욱더 깊이 헤아리며 살펴보는 것이다. '소안'(所安)은 '편안하게 여기는 것'이라는 뜻이다. 겉으로만이라도 선한 행동을 하려고 노력하는 것이 나쁜 것은 아니다. 그렇지만 진정으로 그 사람이 편안하고 즐거워하면서 하는 일이 무엇인가를 잘 살펴볼 때 그의 진정한 사람됨을 알 수 있다는 것이다.
55) 원문은 '인언수재'(人焉廋哉)이다. 사람이 어떻게 자신의 사람됨을 숨기겠는가라는 뜻으로 곧 '사람이 자신의 사람됨을 숨기는 것은 불가능하다'는 것이다. 강조하기 위해 같은 말을 두 번 반복하고 있다. 언(焉)은 '어찌, 어디에' 등을 의미하는 의문사이고, 재(哉)는 의문이나 감탄을 나타내는 어조사이다.
56) 원문은 '온고이지신'(溫故而知新)이다. 옛것을 잘 익히고 이를 미루어 새로운 것을 안다는 뜻이다. 온(溫)은 '잘 배워서 익숙하게 만들다', 고(故)는 '옛것, 오래된 것'을 의미한다.
57) 원문은 '군자불기'(君子不器)이다. 곧 '군자는 그릇이 아니다'는 뜻이다. 그릇은 그 모양과 크기에 따라 쓰임새가 정해져 있지만, 군자는 그렇게 한두 가지 기술에만 능숙한 기능인이 아니라 세상의 이치와 도리를 두루 아는 지혜로운 사람이라는 것이다.

행동을 하고, 그 다음에 그를 따라 말을 한다."

14

공자께서 말씀하셨다. "군자는 여러 사람들과 조화를 이루면서도 당파를 이루지는 않고, 소인은 당파를 형성하여 여러 사람들과 조화를 이루지 못한다."[58]

15

공자께서 말씀하셨다. "배우기만 하고 생각하지 않으면 막연하여 얻는 것이 없고,[59] 생각만 하고 배우지 않으면 위태롭다.[60]"

16

공자께서 말씀하셨다. "이단[61]을 공부하는 것은 해로울 뿐이다."

17

공자께서 말씀하였다. "유[62]야! 너에게 안다는 것에 대해 가르쳐주랴?

---

58) 군자와 소인은 여러 가지 면에서 대비되지만, 가장 기본적인 기준은 공(公)과 사(私)이다. 국가나 사회 또는 천하의 이익과 정의를 우선시하는가 아니면 개인이나 소속 집단의 이해관계를 우선시하는가에 따라 각각 군자와 소인으로 나누는 것이다.
59) 배운 것의 의미를 깊이 생각하지 않기 때문에 마음에 깊이 남는 것이 없다는 말이다.
60) 선인들의 지혜와 경험을 교훈으로 삼지 않기 때문에 혼자의 생각만 믿고 온갖 시행착오를 겪게 된다는 말이다.
61) 이단(異端)은 그릇된 학문·사상을 말한다. 여기서는 인(仁)의 정신에 기반한 예(禮)·악(樂)의 실천을 통하여 사회질서의 회복을 추구하는 공자의 사상과 배치되는 다른 사상들을 가리킨다.
62) 유(由)는 공자보다 9세 연하의 제자로, 성은 중(仲), 이름은 유(由), 자는 자로(子路), 계로(季路)이다. 공자의 제자 중 정치에 재능이 있었으며, 직선적이고 용맹한

아는 것을 안다고 하고 모르는 것을 모른다고 하는 것, 이것이 아는 것이다."

18

자장63)이 출세하는 방법을 배우려고 하자64) 공자께서 말씀하셨다. "많은 것을 듣되 의심스러운 부분은 빼놓고 그 나머지를 조심스럽게 말하면 허물이 적다. 또한 많은 것을 보되 위태로운 것을 빼놓고 그 나머지를 조심스럽게 행하면 후회하는 일이 적을 것이다. 말에 허물이 적고 행동에 후회가 적으면 출세는 자연히 이루어진다."

19

애공65)이 여쭈었다. "어떻게 하면 백성들이 따릅니까?"

공자께서 대답하셨다. "정직한 사람을 등용하여 그릇된 사람의 위에 놓으면66) 백성들이 따르고 그릇된 사람을 등용하여 정직한 사람의 위에 놓으면 백성들은 따르지 않습니다."

　성격을 가진 인물로 전해진다.
63) 자장(子張)은 공자보다 48세 연하의 제자로, 성은 전손, 이름은 사이며, 자장은 그의 자이다.
64) 원문은 '학간록'(學干祿)으로 '녹봉(祿俸)을 구하는 것을 배운다'는 뜻이다. 간(干)은 '구한다'는 뜻이고 녹(祿)은 관직에 취직되어 받는 봉급을 말한다. 그러므로 좋은 관직에 나아가 출세하는 방법을 배운다는 뜻이다.
65) 애공(哀公)은 노(魯)나라 임금으로 성은 희(姬), 이름은 장(張)이며, 애공은 그의 시호(諡號)이다.
66) 원문은 '거직조저왕'(擧直_諸枉)이다. 여기서 직(直)은 '곧은 사람, 정직한 사람', '조'( )는 '놓아두다', '저'(諸)는 '之+於'로 '그것을 …에', '왕'(枉)은 '굽은 사람, 그릇된 사람'을 뜻한다. 직역하면 '곧은 사람을 들어서 그를 굽힌 사람 위에 놓다'가 된다. 뒤에 이어지는 구절과 함께 의역하면, '바르고 정직한 사람을 등용하여 그릇된 사람을 바로잡게 하면 사람들이 따르게 된다'는 뜻이다.

20

계강자[67]가 물었다. "백성들이 윗사람을 공경하고 진심으로 따르며 열심히 일하도록 하려면 어떻게 해야 합니까?"

공자께서 말씀하셨다. "위엄 있는 태도로 대하면 백성들이 공경하게 되고, 부모님께 효도하고 아랫사람을 사랑하면 진심으로 따르게 되며,[68] 능력 있는 사람을 등용하여 부족한 사람을 가르치도록 하면 백성들은 열심히 일하게 된다.[69]"

21

어떤 사람이 공자에게 말했다. "선생님께서는 왜 정치를 하지 않으십니까?"

공자께서 말씀하셨다. "『서경』에 이르기를 '효로다! 오직 효도하고 형제간에 우애하며 이를 정사(政事)에 반영시켜라'[70]라고 하였다. 이 또한 정치를 하는 것인데 어찌 관직에 나가야만 정치를 한다고 하겠는가?"

22

공자께서 말씀하셨다. "사람에게 신의가 없으면 그 쓸모를 알 수가 없다. 만일 큰 수레에 소의 멍에를 맬 데가 없고 작은 수레에 말의 멍에를 걸

---

67) 계강자(季康子)는 노나라의 대부분 계손씨(季孫氏)로 당시 노나라의 실권을 쥔 삼대 가문 중 하나의 인물이다. 이름은 비(肥)이고, 강(康)은 그의 시호이다.
68) 윗사람이 먼저 부모에 대해서나 아랫사람에 대해서 진심으로 사랑하는 모습을 보이면 아랫사람들도 이를 본받아 진심으로 따르게 된다는 말이다.
69) 이 구절은 '(백성들에게 무조건 열심히 일할 것을 강요할 것이 아니라) 능력 있는 사람을 등용하여 능력이 부족한 사람들을 가르치도록 하면 백성들이 노력하게 된다'는 말이다.
70) 『서경』(書經)「주서·군진」(周書·君陣)에 '오직 효도하고 형제간에 우애하며 이것으로 정사를 베풀 수 있다'라는 유사한 구절이 있다.

데가 없으면 어떻게 그것을 끌고 갈 수 있겠느냐?"

23

자장이 여쭈었다. "열 왕조 뒤의 변화를 알 수 있습니까?"

공자께서 말씀하셨다. "은나라는 하나라의 예절과 법도를 따랐으니 거기에서 보태거나 뺀 것을 알 수 있고, 주나라는 은나라의 예절과 법도를 따랐으니 거기에서 보태거나 뺀 것을 알 수 있다. 그 누군가 주나라를 계승하는 자가 있다면 백 왕조 뒤의 일이라 할지라도 알 수 있을 것이다."

24

공자께서 말씀하셨다. "자기가 모셔야 할 귀신[71]이 아닌데도 그를 제사 지내는 것은 아첨이다. 마땅히 해야 할 일을 보고도 하지 않는 것은 용기가 없는 것이다."

▶▶▶ 더 읽을거리

공자/ 김형찬 옮김, 『논어』, 홍익출판사, 2008.
공자/ 황희경 역, 『논어』, 시공사, 2000.
양혜경, 『문학과 자연사상』, 신라대학교출판부, 2013.

---

71) 제사를 지내는 대상인 자기 조상의 영혼을 말한다.

■ **연습문제**

학과 :_____   학번 : _____   이름 : _____

01 공자가 말한 '인'을 현대적 의미로 이해해 써 보자.

02 공자는 배우고 익히는 것이야말로 자기실현의 과정이라고 보았다. 이 부분에 대한 자기실현 과정을 짧은 글로 적어보자.

03 『논어』를 읽고 마음에 드는 구절을 선택하고 그 이유를 적어 보자.

제2장 청춘의 갈등과 고뇌의 풍경
괴테 『젊은 베르테르의 슬픔』

■ 괴테

괴테(1749~1832)

괴테는 독일의 프랑크푸르트에서 태어났다. 아버지는 엄격한 성격의 법률가였으며, 어머니는 명랑하고 상냥한 아들의 든든한 지지자였다.

1769년 그는 학업을 계속하기 위해 슈트라스부르크(현재는 프랑스령의 스트라스부르) 대학으로 진학했다. 이곳에서 여러 문인을 만나고 문학작품을 읽거나 글을 쓰는 데 시간을 쏟았다. 이 무렵 그는 유명한 사상가이자 문필가였던 헤르더를 만났으며, 그에게서 지대한 영향을 받았다.

괴테는 대학에서 법률을 공부하였고 1771년 변호사가 되었다. 1772년 고등법원 실습생으로서 몇 달 동안 베츨러에 머물렀는데, 이 때 샤를로테 부프와의 사랑을 바탕으로 『젊은 베르테르의 슬픔』(1774년)을 써서 문단에 이름을 떨쳤다.

1775년 바이마르로 가서 여러 공직에 앉게 되고, 재상이 되어 10년 동안 정치에 참여했다. 이 동안 광물학을 비롯하여 자연 과학 연구에 몰두했다.

1786년 이탈리아로 여행을 떠났다. 이탈리아에 체류하면서 많은 독일인 예술가들과 교류했으며, 바이마르로 돌아온 후에는 이탈리아에서의 체험을 바탕으로 다수의 산문 작품을 집필했다. 그 가운데 유명한 것이 『이탈리아 기행』이다. 잠시 화가로서의 생활을 하기도 했다. 1791년 궁정 극장의 감독이 되었으며, 이 때부터 고전주의 연극활동을 했다.

문학 작품으로 『빌헬름 마이스터의 편력 시대』와 『파우스트』가 최고봉을 이룬다.

『파우스트』는 스물 세살 때부터 쓰기 시작하여 여든 세 살에 완성한 대작이다. 주인공 파우스트는 같은 이름을 가진 전설적 인물에 힌트를 얻어 괴테가 만들어낸 인물이다.

괴테가 살았던 '천재시대'이자 '질풍노도'라 불리던 이 시기의 키워드는 단연 '자연'이다. 자연은 우주만물을 지칭하는 '외적 자연'뿐만 아니라 인간의 본성이라 할 수 있는 '내적 자연'까지도 포괄하는 개념이다. 『젊은 베르테르의 슬픔』에서 보이는 극단적인 주관화 경향이라든지 범신론적 종교관, 자연에의 몰입, 귀족사회에 대한 서민적 반감, 민중적 삶에 대한 동감 등도 이러한 시각에 기인한다. 괴테는 자연을 그저 대상으로 삼기만 한 것이 아니라 자연의 일부로서 자기 자신을 발견한 시인이기도 했다.[1]

『젊은 베르테르의 슬픔』부터 『빌헬름 마이스터』, 『친화력』, 『파우스트』, 『색채론』에 이르기까지 괴테의 작품 세계를 특징짓는 중심 테제는 '양극성'과 '조화'이다. 감성과 이성, 남성적인 것과 여성적인 것, 빛과 어둠, 육체와 영혼 등과 같이 대립되는 양극은 서로를 부정하는 관계가 아니라, 상호보완의 과정을 거쳐 궁극적으로 조화의 단계로 나아가게 된다는 세계관이다. '부정적인 것이 긍정적인 삶의 조건으로 기능할 때 그것은 더 이상

---

[1] 요한 볼프강 폰 괴테 / 안장혁 옮김, 「소외된 가슴과 상처 입은 영혼에게 부치는 공개서한」, 『젊은 베르테르의 슬픔』, 문학동네, 2014, pp.196-197.

악이 아니다'라는 괴테의 탄력적 시각은, 자신을 "항상 악을 원하면서도 항상 선을 만들어내는 힘의 일부분"이라고 주장하는 『파우스트』의 메피스토를 통해 잘 드러난다.2)

괴테가 스물다섯 살에 발표한 『젊은 베르테르의 슬픔』은 당시 유행한 루소의 서간소설 『신 엘로이즈』와 리처드슨의 서간소설에서 영향을 받은 감상문학의 전형을 보여준다. 인간의 내면 풍경을 여과 없이 드러낼 수 있다는 점과, 허구와 사실의 경계를 넘나들면서 독자를 고백의 대상으로 끌어들이는 서간소설의 독특한 매력을 활용했다.

총 82편의 편지로 구성되어 있는 이 소설은 당시 괴테와 같은 젊은 세대가 공통적으로 겪었던 운명의 이야기이자 영혼의 초상이며, 그들이 앓고 있던 마음의 병을 감동적으로 그려낸 '공감의 서사'이다. 따라서 비록 개별적인 사건이지만 보편적인 인간사를 품고 있다.

『젊은 베르테르의 슬픔』의 서사 공간에는 사랑이라는 내적 당위성과 도덕적 질서 간의 길항 구조 외에도 에로스와 타나토스(죽음의 충동), 광기와 이성, 그리고 민중과 식자층 간의 팽팽한 긴장이 존재한다. 그 경계를 규정하는 것은 '문화'와 '정상'이라는 가치 기준이다. 따라서 베르테르가 추구하는 '자연'스럽고도 민중적인 생활방식이나 마음에 품고 다니는 죽음의 충동은 철저히 비문화적인 가치로 폄하될 수밖에 없다.

자살행위를 속박에서 벗어나는 자기 구원의 유일한 수단으로 여기는 베르테르와는 달리, 나약함이나 병적인 행동의 결과라고 일축해버린 알베르트가 대립되어 드러난다. 결국 베르테르는 자살을 택함으로써, 신분 질서와 이성 중심주의, 윤리적 심금 등 '문화의 카르텔'이 준엄하게 실현되는 '감옥' 같은 세상을 등진다. 자연의 품처럼 따뜻한 열정을 키워내려 했던 베르

---

2) 요한 볼프강 폰 괴테/ 안장혁 옮김, 「소외된 가슴과 상처 입은 영혼에게 부치는 공개 서한」, 『젊은 베르테르의 슬픔』, 문학동네, 2014, p.198.

독일 프랑크푸르트에 있는 괴테의 생가

테르에게 현실은 너무도 차가웠기 때문이다.3)

3) 요한 볼프강 폰 괴테 / 안장혁 옮김, 「소외된 가슴과 상처 입은 영혼에게 부치는 공개서한」, 『젊은 베르테르의 슬픔』, 문학동네, 2014, pp.203-204.

서간체 소설의 새로움

『젊은 베르테르의 슬픔』은 유럽 서간체 소설 전통에 속해 있지만, 몇 가지 점에서 새로운 시도를 한 작품이다. 우선 종래의 서간체 소설에서는 여러 인물이 편지를 주고받았지만, 괴테의 소설에서는 베르테르의 편지만으로 내용을 구성했다. 친구 빌헬름의 답신은 수록되지 않았기에 텍스트는 결국 독백의 성격을 띠게 되었는데, 이것이 이 소설의 새로운 점 가운데 하나였다. 다음으로, 괴테는 남성 주인공을 화자로 내세웠다. 당시 서간체 소설은 여성 주인공의 내면 토로를 중심에 두었는데, 남성 주인공이 자신의 감정 세계를 펼쳐 보인 서간체 소설은 이 작품이 최초였다고 할 수 있다.

『젊은 베르테르의 슬픔』은 물론 편지만으로 구성되지 않았으며, 제2부 중반에 이르면 편집자가 등장하고 서술의 관점도 교체된다. 자살 직전의 베르테르가 더 이상 침착하게 편지를 쓸 수 없었던 처지였다는 점을 고려하면, 편집자의 등장은 소설에서 상당히 개연성이 있다. 더불어 기능적인 면을 보자면, 편집자는 독자가 베르테르의 직접적 감정 토로에 거리를 두고 좀 더 냉정히 사건을 평가할 수 있도록 하는 역할을 한다. 개작본에서 괴테가 편집자의 역할을 중대시킨 점은 이런 기능 때문이었을 것이다.

이 소설은 사건의 전개 및 이와 관련된 베르테르의 내면 풍경에 초점을 맞추어 볼 때 상승 국면과 하강 국면으로 나눌 수 있다. 그리고 상승과 하강을 가르는 정점을 이루는 사건은 다름 아닌 알베르트의 귀향이다. 상승과 하강의 운동은 자연의 순환과도 결부되어 있는데, 첫 번째 국면이 전개되는 계절은 봄과 여름이며, 두 번째 국면이 전개되는 계절은 가을과 겨울이다. 더불어 소설 전반부에서 베르테르는 자연 예찬으로 일관하고 있으나, 알베르트의 등장 이후 자연은 베르테르의 편지에서 점점 더 위협적인 무엇으로 변해 간다는 점을 확인할 수 있다. 더 나아가, 소설에서 부수적으로 전개되는 몇 가지 에피소드도 운명 변화와 궤를 같이한다.[4]

『젊은 베르테르의 슬픔』은 18세기 유럽에서 가장 성공한 작품이다. 그 이유는 세 가지 정도로 생각할 수 있다. 첫째, 주제와 표현방식이 전통적인 틀을 벗어나고 있다. 기존의 가치관을 거부하고 새로운 사랑의 가능성을 찾아보고자 했던 주인공 베르테르는 젊은이들에게는 하나의 우상과 같은 존재일 수 있었다. 자신들이 고루한 기성세대의 세계관에 눌려 실행하지 못하는 행동을 베르테르가 대신해주고 있기 때문이다. 젊은이들은 대리만족을 느낄 수 있었고, 이 소설을 통해 기성세대의 권위에 도전해보고 싶었던 것이다. 표현방식에 있어서도 그렇게 세련되거나 정제되어 있지 않다. 주관적인 감정을 여과 없이 직설적으로 표현하고 있다.

그리고 베르테르의 자살은 당시 일부 성직자나 문학평론가들이 주장한 것처럼 그렇게 젊은이의 일시적인 충동에서 나온 것은 아니다. 베르테르는 사회적인 관습 때문에 로테와 결혼할 수 없다는 것을 처음부터 알고 있었으며, 그러한 높은 벽에 좌절하면서 1년 반 동안을 방황한다. 그동안 베르테르의 마음속에서 일어나는 정신적인 변화가 바로 이 소설의 중요한 내용을 이룬다. 주인공이 자살하는 행위는 아주 단순해 보이지만 거기에 이르는 과정은 고뇌하는 성찰과 명상이 어우러져 심오한 모습을 보여준다. 그런 의미에서 한 인간의 의식의 흐름을 추적한 아주 현대적인 소설이다.

둘째, 시민의식이 작품 전체에 끊임없이 표현되고 있다. 시민의식에 토대를 둔 시민적인 삶의 방식이 궁중이나 귀족의 문화에 비해 우월하다는 것으로 묘사되고 있다. 귀족문화나 그곳에 속한 사람들의 생각이 합리적인 것처럼 보이지만 실제로는 고루하기 이를 데 없는 반면, 시민들의 삶과 문화는 상당히 감정적으로 보이지만 다분히 합리적이다. 귀족들은 자신들의 생활방식이 우월하다고 생각하지만 가식 투성이고 실용적이지 못하다. 그

---

4) 요한 볼프강 폰 괴테 / 박민수 역, 『젊은 베르테르의 슬픔』, 꿈결, 2014.

들이 주고받는 대화 역시 수사적이고 직설적이지 못하다.

　문학이 바로 주인공의 의식이나 정신상태를 있는 그대로 표현해야지 교훈이나 교육과 같은 틀에 집어 넣어서는 안된다는 것이 괴테의 입장이다. 그러나 이러한 괴테의 입장은 동시대 작가들에 의해 비판을 받는다. 렛싱은 괴테가 시적인 아름다움을 위해 도덕적인 아름다움을 경시했다고 주장한 바 있으며, 렌츠는 괴테의 소설이 자살을 교묘하게 옹호하고 있을 뿐 아니라 격정적인 고뇌를 표현하여 독자들을 위험한 방향으로 이끌어 가고 있다고 주장했다. 하지만 괴테는 시민계급 출신의 주인공 베르테르가 당시 사회 속에서 자아를 발견하고 실현해 가는 것을 표현하고자 했다. 베르테르에게 있어 중요한 것은 지위나 도덕과 같은 것이 아니고 인간성에 대한 깨달음이다. 계몽주의적인 합리성보다는 이성과 감성을 지배하는 인간의 힘을 합리적으로 사용하는 인간의 모습을 표현하려는 목표를 가지고 있었다.

　셋째, 『젊은 베르테르의 슬픔』은 현재의 관점에서 보면 현실을 아주 잘 반영하고 있지만 당시의 관점에서 보면 상당히 통속적이었다. 괴테가 살던 당시, 소설은 막 떠오르는 장르이기는 했지만 독자 대중의 기대지평에는 미치지 못했다. 배경도 중세나 신화, 전설 등 현실과는 동떨어진 경우가 너무 많았다. 그러나 『젊은 베르테르의 슬픔』의 무대는 동시대 사람들이 살고 있던 그 시절 바로 그곳이었으며, 주인공들 역시 당시의 문제로 고민하는 동시대인들이었다. 그렇기 때문에 대중들에게 깊은 공감을 형성해 줄 수 있었다.5)

---

5) 요한 볼프강 폰 괴테 / 박민수 역, 『젊은 베르테르의 슬픔』, 꿈결, 2014.

■ 작품

젊은 베르테르의 슬픔[6]

6월 16일

왜 요사이 편지가 뜸해졌느냐고? 그런 질문을 하는 걸 보니 자네도 역시 별수 없는 학자일세. 내가 별탈 없이 잘 지내고 있으리라 짐작했을 텐데 말이야. 간단히 얘기하자면 그간 나는 어떤 사람을 알게 되었고 그 만남에 내 모든 열정을 쏟고 있네.

설명하기가 쉽지 않군. 세상에서 가장 사랑스러운 사람을 사귀게 된 배경을 자네에게 일목요연하게 전하기가 쉽지 않네. 나는 지금 몹시 만족스럽고 행복하기 때문에 지난 일을 훌륭한 역사가처럼 객관적으로 다 적을 수는 없다네.

천사 같은 존재! 쳇! 누구나 자기 애인을 그렇게 부르지. 안 그런가? 하지만 난 자네에게 그녀가 얼마나, 그리고 왜 그토록 완벽한 존재인지 말할 수 없네. 어쨌든 그녀가 내 마음을 온통 사로잡은 것만은 사실이네.

그녀는 더없이 영민한가 하면 순진하고, 강인하면서도 심성이 착하고, 생기가 가득하고 활동적이면서도 영혼의 평온을 유지하고 있네.

내가 그녀에 관해 무슨 말을 하든 모두 하찮은 수다에 불과하고, 그녀의 참모습을 온전히 표현해내지 못하는 추상적 개념에 지나지 않네. 다음에,

---

[6] 요한 볼프강폰 괴테 / 안장혁 옮김, 『젊은 베르테르의 슬픔』, 문학동네, 2014, pp. 29-52.

아니, 그럴 것 없이 지금 당장 이야기하겠네. 지금 하지 않으면 결코 못할 테니. 자네에게만 하는 얘기지만, 나는 이 편지를 쓰기 시작한 뒤로 벌써 세 번이나 펜을 내려놓고 말을 몰아 밖으로 나갈까 했기 때문일세. 오늘 아침엔 나가지 않기로 다짐했네만 매 순간 창가로 달려가 태양이 얼마만큼 떠올랐는지를 확인했다네!

도무지 견딜 수가 없어서 결국은 그녀를 만나러 갈 수밖에 없었네. 빌헬름, 나는 이제 다시 돌아와 버터 바른 빵을 야식으로 먹고 자네에게 편지를 쓰네. 그녀가 사랑스럽고 명랑한 여덟 동생에게 둘러싸인 모습을 바라보는 것은 내게 더없는 기쁨이라네.

이대로 계속하면 자네에겐 밑도 끝도 없는 얘기로 들릴지 모르니 좀더 구체적으로 얘기해보겠네.

최근 편지에서 밝혔듯이 나는 행정관인 S씨를 알게 되었네. 그리고 조만간 자기의 은거지로, 아니 그의 작은 왕국이라 부르는 것이 더 어울릴 곳으로 방문 해달라는 부탁을 받았네. 나는 그 일을 차일피일 미뤄두었네. 우연한 기회에 그 적막한 고장에 감춰져 있던 보물을 발견하지 못했더라면 나는 그곳에 별 관심을 갖지 않았을 뿐만 아니라 그곳을 찾아가지도 않았을 걸세.

젊은 친구들이 그곳에서 무도회를 연다고 해서 나도 기꺼이 참석하기로 했네. 나는 참하고 예쁘기는 하나 별다른 특징은 없는 이 고장 출신의 아가씨에게 파트너가 되어달라고 청했네. 그래서 나는 마차를 내어 그녀와 그녀의 사촌언니를 태우고 무도회장을 가다가 도중에 샤를로테 S라는 아가씨도 함께 태우고 가기로 했다네. "아름다운 아가씨를 만나게 되실거예요." 내 파트너가 그렇게 말하더군. 마차가 나무를 베어낸 탁 트인 숲길을 지나 수렵관을 향해 가고 있을 때였지. 그러자 그녀의 사촌언니도 한마디 거들더군. "홀딱 반하지나 않도록 정신을 바짝 차리셔야 할 거예요." "왜죠?" 내가 물었더니 그녀가 대답했네. "그 아가씨는 이미 약혼을 했답니다. 아주 멋진 분과요. 지금 그분은 부친상을 당해서 뒤처리를 하려고, 그리고 괜찮은 일자리도 물색할 겸 출타중이랍니다." 하지만 나는 그런 이야기에는 별 관심을 갖지 않았네.

우리가 저택 대문 앞에 도착했을 때는 해가 서산마루로 지기 십오분 전쯤이었네. 날은 후텁지근했고 여자들은 소나기라도 몰아칠까봐 두려운 기색들이었지. 지평선 부근을 우중충하게 뒤덮고 있는 먹구름을 타고 금방이라도 폭우가 닥쳐올 듯했네. 나는 알량한 기상학 지식으로 그녀들의 두려움을 달래주긴 했지만 속으로는 흥이 깨지지나 않을까 불길한 예감이 들었네.

마차에서 내리자마자 하녀가 문간으로 나와 서더니 로테 아가씨가 곧 나오실테니 조금만 기다려달라고 부탁하더군. 나는 안뜰을 가로질러 운치 있게 지어진 집을 향해 걸어갔네. 입구 쪽 계단을 올라가 문 안으로 들어서자 지금까지 보지 못했던 아주 매력적인 광경이 눈에 들어왔네. 현관 앞방에 두 살에서 열한 살까지의 아이들 여섯이 한 아가씨 주변에 모여 있더군. 그녀는 중간 정도의 키에 몸매가 아름다운 아가씨였네. 수수한 흰 옷에다 팔과 가슴에는 연분홍색 리본을 단 그녀는 빙 둘러서 있는 아이들에게 나이와 먹성에 맞게 적당히 자른 검은 빵을 나눠주고 있었네. 더없이 다정스러운 모습이더군. 빵을 다 자르기도 전부터 아이들은 고사리 같은 손을 높이 쳐들고 있다가 손에 빵조각이 얹어지면 "고맙습니다."하고 천진난만하게 외치더군. 저녁 빵을 받아들고는 흡족한 나머지 껑충껑충 옆뛰기를 하는 아이들도 있고, 로테를 태우고 갈 마차와 낯선 손님들을 보려고 조용히 대문 쪽으로 자리를 옮기는 얌전한 아이들도 있었네. "죄송합니다. 이곳까지 힘든 발걸음을 하게 하고 숙녀분들을 기다리게 해서요. 옷치장도 하고 또 제가 집을 비울 동안 해둬야 할 갖가지 집안일을 처리하느라 아이들에게 저녁 간식 나눠주는 것을 깜빡했어요. 이 녀석들은 제가 주는 빵이 아니면 도무지 받아먹으려고 하질 않거든요." 하고 말하더군. 나는 그녀에게 의례적으로 인사를 했을 뿐 나의 마음은 온통 그녀의 용모와 음성 그리고 행동거지에 매료되었네. 그녀가 장갑과 부채를 가지러 방으로 달려들어갔을 때에야 겨우 정신을 가다듬을 수 있었네. 아이들은 조금 떨어진 곳에서 나를 흘깃거렸지. 나는 사랑을 듬뿍 받은 표정을 한 막내녀석한테로 다가갔네. 녀석이 슬며시 뒷걸음질 치려는 순간 로테가 문밖으로 걸어 나오면서 말했네. "루이스, 친척아저씨와 악수 좀 하지그래." 그러자 아이는 기꺼이 그렇게 하더군. 나는 연신 흘러내리는 콧물에도 아랑곳 않고 녀석에게 진심 어린 뽀뽀를 해주었네. "친척이라 하셨나요?" 나는 그녀에게 악수를 청하면서 말했네. "제가 당신의 친척이 될 만큼 운이 좋은 사람이라고 생각하시는군요." "오"하고 그녀는 살짝 미소를 머금으며 말했네. "이웃사촌이라는 말도 있듯이 우린 친척의 범위가 매우 넓답니다. 그러니 스스로 그렇게 낮추시면 섭섭할 거예요." 출발할 무렵 그녀는 열한 살쯤 되어 보이는 바로 아래 여동생 소피에게 동생들을 잘 돌보라고, 그리고 말을 타고 산책 나가신 아버지가 돌아오시면 말을 잘 전해달라고 일렀지. 그리고 어린 동생들에게는 소피 언니를 자기라고 생각하고 시키는 대로 잘 따라야 한다고 구슬렀지. 다들 그러겠다고 약속했지만 여섯 살쯤 된 작지만 총명하게 생긴 금발의 여자아이는 이렇게 말하더군. "아무리 그래도 소피 언니는 로테 언니에 비할 바가 못 돼. 우리는 로테 언니가 더 좋단 말이야." 그 와중에 사내 녀석 둘은 벌써 마차 뒤쪽에 올라타 있었네. 내가 괜찮다고 하자 로테는 그 두 녀석에게 수선 떨지 않고 단단히 붙들고 있겠다는 약속을 받고는 숲 앞까지만 태워주겠다고 허락하더군.

모두들 자리에 앉자마자 여자들끼리 먼저 인사를 건네고 오늘 차려 입은 의상에 대해, 특히 모자에 대해 몇 마디씩 주고받았네. 그리고 오늘 무도회에 오는 사람들에 대해서 장황한 인물평을 늘어놓더군. 그러는 와중에 로테는 마부에게 마차를 세워달라고 하고는 동생들을 마차에서 내리게 했네. 아이들은 한 번 더 로테의 손에 키스하고 싶어하는 눈치였네. 큰아이는 열다섯 살의 사내아이답게 제법 진지하고 품위 있게 입을 맞추었지만, 작은녀석은 박력이 넘치나 가벼운 입맞춤으로 끝내고 말더군. 그녀가 아이들에게 다시 한 번 인사를 시키는 것을 보고 우리는 계속해서 마차를 달렸네.

로테의 사촌언니가 로테에게 지난번 보내준 책은 다 읽었냐고 물어보더군. "아뇨." 로테가 말했네. "영 내키지 않았어요. 다시 돌려드릴게요. 이번 것도 별로던데요." 그게 무슨 책이냐고 내가 묻자 그녀가 『○○』[7]라고 대답했네. 그 순간 나는 적잖이 놀랐네. 그녀가 하는 모든 말에서 뚜렷한 개성이 느껴졌지. 말할 때마다 그녀의 표정에서는 새로운 매력과 정신의 광채가 퍼져나오더군. 그리고 내가 자신의 말을 이해하고 있음을 느낀 탓인지 시간이 갈수록 표정에서 만족스러움이 배어나오더군.

"제가 어렸을 땐 말이에요." 그녀가 말했네. "소설만큼 좋은 게 없었어요. 일요일마다 방 한구석에 웅크리고 앉아 미스 제니 같은 사람의 행복과 불행을 간접 체험할 수 있어서 얼마나 좋았는지 몰라요. 그런 종류의 책에 여전히 끌린다는 사실을 부정하고 싶진 않아요. 하지만 책을 가까이할 시간이 점점 줄어드는 만큼 이젠 정말 제 취향에 딱 맞는 책만 읽고 싶어요. 제가 제일 좋아하는 작가는, 무엇보다 저의 세계를 재발견할 수 있고 마치 제 이야기를 하는 것처럼 친숙한 상황을 다루면서 제 가정생활과 다름없이 관심과 마음을 끄는 진정성 있는 이야기를 쓰는 작가랍니다. 물론 우리 집이 천국은 아니지만 말로 다 표현할 수 없는 행복의 보금자리인 것만은 분명해요."

---

[7] 편지의 이 부분은 오해와 불만의 소지를 없애는 차원에서 불가피하게 삭제합니다. 한낱 풋내기 소녀나 줏대 없는 젊은이의 평가에 연연할 작가는 없으리라 생각하지만 말입니다(원주).

그 말을 듣는 순간 나는 마음속에 이는 감동을 숨기려고 무척 애를 썼다네. 하지만 그리 오래가지는 못했네. 로테가 진지하게 『웨이크필드의 시골 목사』와 『○○』8)를 지나가는 투로나마 언급했을 때, 나는 너무 흥분되어 내가 알고 있는 것을 그녀에게 다 털어놓아버렸네. 그리고 로테가 다른 두 여자에게로 화제를 돌리고 나서야 비로소 나는 이제껏 그들이 눈만 멀뚱멀뚱 뜬 채 꿔다놓은 보릿자루처럼 앉아만 있었음을 깨달았네. 로테의 사촌언니는 몇 차례나 비웃듯 나를 쳐다보았지만 난 그냥 무시해버렸네.

대화의 주제는 이제 춤이 주는 즐거움으로 바뀌었네. "마음이 불안해질 때면"하고 로테는 말을 시작했네. "솔직히 저는 춤보다 좋은 치료약을 모르겠어요. 골머리를 앓을 일이 생기면 제대로 조율이 안 된 피아노라도 대무곡(對舞曲)을 한 번 치고 나면 기분이 훨씬 좋아져요."

대화중 나는 그녀의 검은 눈동자에 흠뻑 빠져들었다네. 그 촉촉한 입술과 건강미 넘치는 두 뺨이 내 영혼을 사로잡았네. 나는 그녀의 멋진 말에 매료되어서 그녀의 말을 몇 번이나 허투루 들었네. 나를 누구보다도 잘 아는 자네이니 그때의 상황을 능히 짐작할 수 있을 걸세. 마차가 무도회장 앞에 멈춰 서자 나는 꿈꾸는 사람처럼 마차에서 내렸네. 주위의 황혼 속에서 몽유병자처럼 넋을 잃고 있었기에 불이 훤히 켜진 위층 방에서 들려오는 음악 소리조차 잘 들리지 않았다네.

사촌언니의 파트너와 로테의 파트너인 아우드란 씨와 ○○씨(모든 사람의 이름을 기억할 수는 없는 노릇이지)가 마차가 있는 곳까지 나와서 우리를 맞아주었고, 각자 제 파트너를 데리고 무도회장으로 들어갔네. 나도 파트너를 대동하고 올라갔지.

---

8) 여기서도 몇몇 독일 작가들의 이름을 삭제했습니다. 로테의 찬사에 동의하는 사람은 이 구절을 읽을 때 그것을 가슴깊이 느낄 것이고, 그러지 않은 사람이라면 그가 누구라는 것을 굳이 알 필요가 없을 것입니다(원주).

우리는 이리저리 뒤섞이며 미뉴에트를 추었네. 나는 차례로 파트너를 바꿔가면서 춤을 추었는데 마음에 안 내키는 상대일수록 한 번 손을 잡아주면 당최 놓을 생각을 않더군. 로테와 그녀의 파트너는 영국식으로 추기 시작했네. 그녀가 우리와 같은 대열에 합류해서 함께 스텝을 밟기 시작했을 때 내가 얼마나 기뻐했을지 자네도 헤아릴 수 있겠지. 로테가 춤을 추는 모습은 정말로 혼자 보기 아까울 정도였다네. 그녀는 성심을 다해 춤을 추더군. 몸 전체가 조화를 이루며 유유자적하면서도 호방하게, 마치 춤이 전부이며 그 외에는 아무런 생각도 없고 어떠한 감각도 느끼지 못하는 사람처럼 보이더군. 그 순간에는 그녀 앞의 다른 모든 것이 사라져버렸네.

로테에게 두 번째 대무를 신청했더니 세 번째 대무 때 응해주겠다고 하더군. 아울러 그녀는 더없이 사랑스럽고 솔직한 말투로 자기는 독일식의 춤을 즐겨 춘다고 분명히 밝혔다네. "이곳에서 독일식 춤을 출 때 파트너가 바뀌지 않는 것이 관례랍니다." 그녀가 계속해서 말하더군. "제 파트너는 독일식 왈츠가 서툴러서 춤을 안 춰도 된다고 하면 고마워할 거예요. 그리고 당신의 파트너도 왈츠엔 젬병이거니와 썩 좋아하지도 않는 것 같아요. 영국식 춤을 추실 때 봤는데 당신의 왈츠 솜씨는 정말 발군이더군요. 독일식 춤을 출 때 제 파트너가 되길 원하시면 제 파트너에게 먼저 양해를 구해 보세요. 저는 당신의 파트너에게 부탁할게요." 나는 그렇게 하겠다는 의미로 악수를 청했네. 그녀의 파트너는 춤을 추는 동안 내 파트너와 이야기를 나누고 있기로 했네.

드디어 춤이 시작되었네. 우리는 한참 동안 여러 가지 형태로 팔을 감싸 안으면서 흥겹게 춤을 추었지. 그녀의 몸동작은 세련되면서도 민첩해 보였네. 곧 왈츠를 출 차례가 되어 우리는 마치 천체처럼 서로의 주위를 선회하기 시작했지. 하지만 이 춤에 능숙한 사람이 별로 없어서 처음에는 다들 박자가 엇갈리더군. 약은 짓인지는 모르겠지만 우리 두 사람은 다른 사람들

이제 풀에 지치도록 내버려두었네. 그러다가 서툰 친구들이 무대에서 물러나는 기색을 보이면 재빨리 스텝을 밟기 시작했네. 우리는 또다른 한쌍인 아우드란과 그 파트너와 함께 보조를 맞추어 원 없이 춤을 춰댔지. 이토록 신나게 춤춰본 적이 일찍이 없었네. 그 순간만은 내가 인간이 아닌 듯했네. 더없이 사랑스러운 여자를 품에 안고 질풍처럼 여기저기를 날아다니자니 주위의 그 어떤 것도 눈에 들어오지 않더군. 빌헬름, 솔직히 말하면 내가 사랑하고 또 사랑할 권리가 있다고 느끼는 이 아가씨가 나 이외의 다른 남자와 왈츠를 추는 일은 없게 하리라 마음을 굳게 먹었네. 어떤 일을 감수하더라도 말이네. 자네는 이런 나를 이해할 수 있겠지!

잠깐이나마 숨을 돌릴 겸해서 우리는 홀 안을 몇 바퀴 걸어다녔네. 그런 다음 로테는 자리에 앉았지. 내가 한쪽으로 밀쳐놓았던 오렌지 몇 개가 그때는 큰 힘을 발휘하더군. 그러나 로테가 염치없는 이웃 부인에게 예의상 몇 조각을 나눠줄 때는 그 조각 수만큼 바늘이 가슴을 찌르는 것 같았네.

세 번째 영국식 춤을 출 때, 나와 로테는 두 번째로 쌍이 되었지. 대열 사이에 넘나들면서 일체의 가식도 없는 가장 순수한 기쁨이 묻어나는 로테의 눈을 바라보며 그녀의 품 안에서 황홀을 느낄 때의 기쁨이란 오직 신만이 아실 거야. 그러다가 어떤 부인 곁을 스치게 되었지. 부인은 그리 젊어 보이는 얼굴은 아니었지만 어딘가 모를 앳된 표정 때문에 눈길을 끌었네. 그녀는 미소를 지으며 로테를 잠시 바라보는 듯하더니 이내 경고라도 하듯이 손가락 하나를 치켜들고는 우리 곁을 스쳐지나갈 때 두 번씩이나 의미심장하게 '알베르트'란 이름을 불러대는 것이 아닌가.

"주제넘은 질문인지 모르겠지만 알베르트가 누구입니까?" 로테에게 물어보았네. 그녀가 막 대답하려는 순간 우리는 큰 8자를 만들기 위해 다시 떨어져야만 했네. 그리고 다시 가까워졌을 때 보니 로테의 얼굴에서 뭔가 골똘히 생각하는 듯한 표정이 엿보이더군. "뭘 숨기겠어요." 그녀는 프롬나

드 스텝을 밟기 위해 내게 손을 내밀면서 말하더군. "알베르트는 아주 좋은 분이에요. 저와 약혼한 사이나 다름없습니다." 하지만 내가 모르고 있던 사실도 아니었네(이곳으로 오는 길에 여자들이 그 얘기를 해주었으니까). 그럼에도 불구하고 처음 듣는 얘기처럼 낯설게 느껴졌네. 그도 그럴 것이 순식간에 이토록 소중한 존재가 되어버린 로테와의 관계 속에서 그 이야기를 생각해본 적은 없었으니 말이네. 나는 순간 당황스럽고 정신이 혼란해서 그만 엉뚱한 커플에게 끼어들고 말았네. 그 바람에 모두가 뒤죽박죽이 되어버렸지만 로테가 능숙하게 잘 이끌어 주어서 곧 원래대로 질서를 되찾았지.

아까부터 지평선 일대에서 번개가 번쩍이는 것이 보였지만 나는 그저 마른번개라고 둘러댔네. 그런데 번개는 춤이 끝나기도 전에 점점 그 강도가 심해지더니 급기야 음악소리가 천둥소리에 묻혀버리고 말았네. 여자 셋이 대열에서 빠져나오자 그 파트너들도 따라서 나와 버렸네. 홀 전체가 어수선해지면서 이내 음악도 멎었네. 무도회처럼 즐거운 놀이를 하는 중에 불행하거나 공포스러운 일이 일어나면 평소보다 더 강력한 인상이 남는 것은 당연하겠지. 우선은 그 대립성이 확연히 느껴지니까. 물론 더 근본적인 이유는 일단 우리 감각이 모든 감수성을 열어놓고 있어서 어떤 인상을 그만큼 빨리 받아들여서겠지만, 몇몇 여자들이 야릇한 표정을 지으며 얼굴을 찌푸린 것도 그런 이유일 거네. 어느 현명한 여자는 홀 한구석으로 가더니 창 쪽으로 등을 대고 앉아 귀를 막았지. 그러자 다른 여자가 그녀 앞으로 가서 무릎을 꿇고는 그녀의 무릎에 얼굴을 파묻더군. 그 두 사람 사이에 파고들어 눈물을 흘리면서 두 사람을 껴안는 여자도 있었다네. 몇몇은 집으로 돌아가고 싶어하더군. 그리고 이 상황에서 어떻게 해야 할지 갈피를 못 잡던 여자들은, 하늘을 향해 절박한 심정으로 기도하는 아름다운 수난자들의 입술을 훔치는 엉큼한 젊은이들의 무례한 행동을 막지 못했네. 남자들 몇몇이 담배라도 한 개비 여유 있게 피우려고 아래로 내려간 사이, 나머지 사람들은 그 집 안주인이 기지를 발휘해서 덧문이 있고 커튼이 쳐진 방으로 안내하겠다고 하자 사양하지 않았지. 방 안으로 들어가자마자 로테는 의자를 동그랗게 늘어놓고는 게임을 하자고 제안하더군. 그 제안에 모두들 찬성하며 자리에 앉았네.

'키스' 같은 짜릿한 벌칙이라도 기대하는 듯 입술을 내밀며 온몸을 가볍게 풀어주는 사람들도 있었지. "숫자 세기 놀이를 해요." 로테가 말하더군. "자, 잘 들으세요. 제가 오른쪽에서 왼쪽 방향으로 돌 때 여러분은 각자자기 차례에 해당하는 숫자를 순서대로 세면 됩니다. 재빨리 말해야 해요. 자기 차례에서 막히거나 틀린 분은 뺨을 한 대씩 맞기예요. 숫자는 천까지 세기로 하죠." 정말 재미있겠더군. 로테는 팔을 쭉 뻗은 채 원을 그리며 돌아갔네. "하나"하고 첫 번째 사람이 시작하면 그 다음 사람이 "둘" "셋" 하며 다음 숫자를 댔네. 로테가 도는 속도를 점점 높이자 한 친구가 틀리고 말았지. 찰싹! 따귀 한 대. 웃는 통에 다음 사람도 찰싹! 그리고 속도가 점점 빨라졌다네. 나도 뺨을 두 대나 맞았네. 하지만 남들보다 따귀의 강도가 훨씬 쎈 것 같아서 속으로 은근히 기뻐했네. 연이은 폭소와 소음 때문에 게임은 천을 다 세기도 전에 끝나고 말았지. 친한 사람들끼리 삼삼오오 짝을 지어 자리를 뜨기 시작할 무렵에는 폭우도 그쳤더군. 나는 로테를 따라 홀 안으로 들어갔네. 가는 도중에 로테가 이렇게 말하더군. "따귀 때리고 맞는 데 정신이 팔려서 다들 소나기 같은 건 깡그리 잊을 수 있었던 것 같아요." 나는 아무런 대꾸도 할 수 없었네. "저는"하고 그녀가 계속해서 말했네. "겁이 많은 편이지만 다른 분들에게 용기를 줄 생각으로 일부러 대범한 척하다보니 정말로 용기가 생겼어요." 우리는 창가로 걸어갔네. 멀리서 천둥소리가 울리고 보슬비가 조용히 대지를 적셨지. 그리고 더없이 쾌적한 향기가 따뜻한 공기를 타고 우리 쪽으로 물씬 풍겨오더군. 로테는 턱을 괴고 창가에 기대서서 바깥을 뚫어지게 쳐다보았네. 그녀는 하늘을 쳐다보는 듯하더니 나를 향해 고개를 돌렸네. 눈에 눈물이 가득 고여 있더 군. 그녀는 자신의 손을 내 손위에 얹고는 "클롭슈토크"9)라고 말하더군. 나는 그 순간 그녀가 생각하고 있을 장엄한 송시를 떠올리면서 그녀가 이 수수께끼 같은 말로 내게 쏟아놓은 감정의 물결 속에 잠기고 말았네. 더 이상 견디기 힘들어서 몸을 숙이고는 희열의 눈물을 흘리며 그녀의 손에 키스했네. 그리고 다시 그녀의 눈을 바라보았지. 고결한 시인이여! 당신께 서 이 눈빛 속에 담긴 당신에 대한 공경심을 볼 수만 있다면! 나는 이제 당신의 신성한 이름이 세인들로 인해 더럽혀지는 것을 원치 않습니다!

6월 19일

일전의 내 이야기가 어디서 중단되었는지 모르겠군. 다만 내가 잠자리에 든 때가 새벽 두시였다는 것은 알고 있네. 그리고 만일 내가 편지를 쓰지 않고 자네와 직접 만나 노닥거리기라도 했다면 아마도 자네를 아침이 될 때까지 놓아주지 않았을 걸세.

무도회장에서 돌아오는 길에 일어난 일을 아직 이야기하지 않았지만, 오 늘도 역시 그런 이야기를 하기에 적절한 날은 아닌 듯싶네.

그날의 일출 광경은 정말 볼만했네. 주변엔 온통 빗물을 머금은 숲과 생기에 넘치는 들판이 펼쳐져 있었지! 마차를 함께 타고 갔던 여자들은 꾸벅꾸벅 졸았네. 로테는 내게 그들처럼 잠시나마 눈을 감고 쉬라더군. 공 연히 자기를 의식해서 애써 체면 차릴 필요가 없다는 것이네. 나는 "적어도 당신이 눈 뜨고 있는 모습을 보는 동안에는 아무 문제도 없습니다"라고 말하고는 그녀를 빤히 바라보았네. 어쨌든 그녀의 집 앞에 도착할 때까지

---

9) 독일의 서정 시인.

우리 두 사람은 졸음을 잘 참았다네. 조용히 문을 열고 나오는 하녀를 보고 로테가 몇 마디 묻자 하녀는 아버님과 아이들 모두 잘 있으며 아직 취침중이라고 하더군. 그 참에 나는, 그날 중으로 한 번 더 만나자고 부탁했고 그녀는 내 청을 들어주었네. 그래서 곧 그녀를 다시 찾아갔네. 해와 달과 별은 제 역할을 묵묵히 수행했겠지만 나는 도무지 낮과 밤을 분간할 수가 없었네. 내 주위의 세상이 통째로 사라져버렸던 것일세.

6월 21일

나는 신께서 성인(聖人)들에게 마련해준 것 같은 행복한 세월을 보내고 있네. 앞으로 내게 어떤 일이 일어날 지 알 수 없지만, 지금까지 살아오면서 삶의 기쁨을, 가장 순수한 기쁨을 맛보지 않았다고는 말할 수 없네. 자네는 나의 발하임을 잘 알 테지. 나는 그곳에 아예 터를 잡은 셈이네. 로테가 사는 곳까지는 30분밖에 안 걸린다네. 그곳에서 내 존재의 의미를 느끼며 인간에게 주어진 모든 행복을 누린다네.

발하임을 산책의 목적지로 삼았을 때, 나는 그곳이 천국과 그렇게 가까운 거리에 있는 줄은 생각지도 못했네. 이제는 제법 멀리 도보여행을 갈 때도 내 모든 바람을 간직한 그 수렵관을 때로는 산 위에서, 때로는 강 건너편의 평지에서 몇 번이고 바라보곤 했다네.

사랑하는 빌헬름, 나는 스스로를 확장시키고 새로운 것을 발견하기 위해 정처 없이 배회하는 인간의 욕망에 대해 곰곰이 생각해보았네. 그리고 다른 한편으로 스스로 금욕하고 관습의 궤도 속에서 안주하고자 하며 우왕좌왕하지 않으려는 욕구에 대해서도 탐구해보았네.

신기한 일이네. 이곳 언덕에서 저 아름다운 골짜기를 내려다보노라면 주변의 모든 것이 나를 잡아끄는 것 같으니 말일세. 저기 저 아담한 숲! 저

그늘과 어우러질 수 있다면! 어깨동무하듯 서로 기댄 언덕과 정겨운 골짜기들! 아, 그 속에서 길이라도 잃어봤으면! 그곳으로 부랴부랴 달려갔지만 내가 원하던 것은 도무지 찾아볼 수 없었기에 곧 되돌아오고 말았네. 아, 어쩌면 그곳은 미래만큼이나 아득하게 먼 곳일지도 모르네! 거대하고 으스름한 대자연이 우리의 영혼 앞에서 휴식을 취하고, 그 속에서는 우리의 느낌도, 우리의 눈도 흐릿해진다네. 그러면서도 우리는 무엇인가를 끊임없이 갈망하네. 우리의 존재를 바쳐서라도 유일무이하고 거룩한 감정의 희열을 경험하려는 그 간절한 열망 말일세. 하지만 우리가 아무리 발걸음을 재촉해보아도 '저곳'이라는 이상(理想)이 '이곳'의 현실이 되어버리는 순간 모든 것은 원점으로 되돌아가고 만다네. 그렇게 되면 우리는 결핍과 절박함 속에 머물게 되고 우리의 영혼은 사라져버린 활력소를 또다시 갈망하게 되는 게 아닐까.

지독한 역마살이 낀 방랑자가 결국에는 자신의 조국을 그리워하게 되는 것도 그런 이유에서겠지. 넓은 바깥세상에서는 찾을 수 없었던 행복을 자신의 작은 오막살이, 제 아내의 품, 자식들의 재롱 그리고 가족을 부양하는 일에서 발견하는 것이지.

나는 매일 아침 날이 밝기가 무섭게 발하임으로 달려간다네. 그곳 주막집 정원에서 완두콩을 몇 개 따가지고 와서는 콩깍지를 까면서 호메로스의 작품을 읽곤 한다네. 때로는 부엌에 들어가 냄비에 버터를 두르고 완두콩 꼬투리를 넣은 뒤 뚜껑을 덮고 앉아서 흔들어줄 때도 있는데, 그럴 때마다 무례한 페넬로페의 구혼자들이 소와 돼지를 도살한 후 잘게 토막을 내어 불에 굽던 광경이 생생히 떠오른다네. 부족사회의 풍경만큼 내게 평온하고도 진실한 감정을 북돋워주는 것은 없다네. 그런 삶의 모습을 어떤 가식도 없이 나의 생활방식에 투영시킬 수 있다니 천만다행이네.

직접 재배한 양배추를 식탁에 올리는 사람들의 소박하고 순수한 기쁨을 느낄 수 있다는 것은 정말로 기분 좋은 일이지. 양배추만 아니네. 그것을 심었던 아름다운 아침과 모든 화창했던 날들, 물을 주면서 무럭무럭 자라나는 모습에 기뻐했던 고즈넉한 저녁, 이 모든 걸 한순간에 만끽할 수 있다네.

6월 29일

엊그저께 내가 로테 동생들과 땅바닥에 주저앉아 놀고 있을 때 시내에서 의사 한 분이 이곳 행정관을 찾아왔네. 어떤 녀석들은 내 몸에 기어올라 매달리는가 하면, 또 몇 녀석들은 짓궂은 장난을 걸어오기도 했네. 나도 질세라 아이들을 간질이면서 한바탕 야단법석을 떨었지. 그런데 그 의사양반은 생각이 무척이나 편협한 형편없는 소인이더군. 대화중에 소맷부리 주름을 잡지 않나, 연신 옷깃의 장식을 잡아당겨 펴대는 꼴이라니. 그런 그가 내 모습을 보고 품위와는 담쌓고 지내는 인간으로 여겼으리라는 것은 그의 표정만 봐도 알 수 있었네. 그러나 나는 아랑곳 않고 이성을 팔러 온 약장사의 말을 무시한 채 무너져 내린 아이들의 종이 집을 다시 세워주었네. 그후로 의사 양반은 온 시내를 누비고 다니면서 안 그래도 버릇없던 행정관 집 아이들을 베르테르가 완전히 버려놓았다며 탄식을 늘어놓았다네.

빌헬름, 이 세상에서 나를 가장 친숙하게 대해주는 것은 바로 아이들이라네. 아이들을 바라보고 있을 때면, 그리고 작고 보잘것없지만 그 속에서 언젠가는 그들이 필요로 할 모든 덕목과 에너지의 싹이 움트는 것을 보고 있을 때면 더욱 그러하다네. 아이들이 부리는 고집 속에서 미래의 호연지기를 예견하고, 짓궂은 장난 속에서 세상의 온갖 어려움을 이겨낼 건강한 유머와 사고의 유연성을 엿보게 될 때는 또 어떠한가. 모든 것이 때 묻지 않고 온전함을 유지할 때, 나는 언제나 인류의 스승이 남긴 금언을 되뇌어

본다네. "만일 너희가 어린아이들과 같이 되지 않으면!"10) 친구, 아이들은 우리와 동등한 인격체일 뿐만 아니라 때로는 우리의 본보기로 삼아야 할 존재가 아니던가. 그런데도 사람들은 아이를 하인처럼 다루고 있지 않은가. 어린아이들은 의지를 가져서는 안된다면서 말일세! 하지만 우리 어른들은 의지를 가지고 있지 않은가? 그런 특권은 대체 어디서 생겨났단 말인가? 그들보다 나이가 많고 더 이성적이기 때문인가! 거룩하신 하느님, 당신이 보시기에 세상에는 나이 많은 어린아이와 나이 적은 어린아이만 있을 뿐이 겠죠. 그리고 그중 어떤 아이가 당신께 더 큰 기쁨을 주는지는 당신의 아드님이 이미 오래전에 알려주었습니다. 그러나 사람들은 그분을 믿으면서도 그분의 말씀에는 귀 기울이지 않습니다. 그것도 오래된 습관이지요! 자신의 기준에 맞춰 아이들을 교육시키고 있으니 말입니다. 잘 있게나, 빌헬름! 더 이상 떠들고 싶지 않군.

7월 1일

환자에게 로테가 어떤 존재인가는 내 경험에 비추어 짐작할 수 있네. 병상에서 죽어가는 사람들보다 지금 내 심경이 더 괴롭다네. 로테는 시내에 사는 성품이 올곧은 어느 부인 집에 며칠 다녀올 모양이더군. 의사들이 그러는데 임종을 목전에 둔 그 부인은 자신의 마지막 순간에 로테가 함께해주길 바란다더군. 나는 지난주에 로테와 함께 성(聖)○○마을에 있는 목사댁을 다녀왔네. 산자락을 타고 한 시간쯤 떨어진 아담한 마을에 있었지. 우리는 네시 경에 도착했네. 로테는 둘째 여동생을 데리고 갔지. 키 큰 호두

---

10) 「마태복음」 18장 3절 참조.

나무 두 그루가 뒤덮고 있는 목사관으로 들어서자 선량한 인상의 노목사가 현관 앞 벤치에 앉아 있더군. 목사는 로테를 보자 기운이 난 듯 반색하며 지팡이도 잊은 채 그녀를 맞으러 일어서는 것이었네. 로테는 댓바람에 달려가서 그에게 자리에 앉으시라 권했네. 그리고 자기도 그 옆에 앉아 아버지의 안부를 전했네. 그러고 나서 노목사가 나이 들어 얻은 추접하고 꾀죄죄해 보이는 늦둥이를 한 번 안아주더군. 로테가 그를 대하는 모습을 자네도 보았어야 하는데. 반쯤 가는귀가 먹은 노목사를 위해 한껏 목청을 높여, 건강하던 젊은 사람들이 느닷없이 사망했다는 소식과 카를스바트[11] 온천의 탁월함에 대해서 이야기를 해주었네. 또 올여름 그곳에 다녀오기로 결심한 노목사를 추어올려주고는 먼젓번에 뵀을 때보다 훨씬 정정해 보인다는 말도 잊지 않더군. 그 참에 나는 목사 부인께 정중히 인사를 드렸네. 노목사는 몸이 좋아진 듯했네. 내가 우리에게 늘 쾌적한 그늘을 선사해주는 가상한 호두나무를 칭찬하자 그는 다소 힘든 기색을 내비치면서도 그 나무에 얽힌 이야기를 해주었네. "저기 저 고목을 심은 사람이 누군지 우리도 모릅니다. 이 목사님이 심었다느니 저 목사님이 심었다느니 사람들마다 의견이 분분하답니다. 하지만 저 뒤편에 더 어린 나무는 내 아내와 같은 나이니까 시월이면 쉰 살이 되지요. 장인어른께서 저 나무를 아침에 심었는데 그날 저녁에 아내가 태어난 겁니다. 장인은 내 전임 목사였는데 저 나무를 무척이나 애지중지하셨답니다. 나도 그분만큼이나 저 나무를 소중히 여겼지요. 그러니까 27년 전 내가 가난한 학생 신분으로 처음 이 목사관에 왔을 때 아내는 바로 이 나무 아래 평상에 앉아서 뜨개질을 하고 있었어요." 로테가 목사에게 딸의 안부를 물었더니 딸은 슈미트 씨와 함께 목초지 일꾼들에게 갔다더군. 노목사의 얘기는 계속 이어졌다네. 장인뿐만 아니라 장인

---

11) '카를로비바리'의 독일어 이름으로 체코 서쪽의 요양지.

의 딸까지도 자신을 좋아하게 된 경위를 이야기해주는가 하면, 처음엔 부목사였다가 나중에 정식으로 장인의 후계자가 된 이야기도 해주었네. 목사의 딸이 슈미트라는 남자와 함께 정원을 가로질러 들어왔을 때는 목사의 이야기가 끝난 직후였네. 딸은 진심으로 로테를 반겼네. 그녀는 결코 거부감을 주는 인상은 아니더군. 균형 잡힌 몸매에 동작이 민첩해 보이는 갈색머리의 여자였지. 시골에 망중한을 즐기러 온 사람들에게 즐거움을 줄 수 있는 그런 여자로 보였네. 그녀의 연인(슈미트 씨와 곧 그런 관계임을 드러냈기 때문에 알게 되었다네)은 점잖았지만 워낙 조용한 사람이어서 로테의 노력에도 불구하고 우리의 대화에 도무지 끼어들려고 하지 않더군. 표정에서도 읽히듯 그가 대화를 마다하는 것이 이해력의 부족 때문이 아니라 아집과 유머감각의 부족 때문이라는 사실이 무엇보다 언짢았네. 시간이 지나면서 이러한 내 추측은 정확히 들어맞았지. 산책 중에 로테와 같이 걷던 프리데리케가 이따금 나와 나란히 걷게 될 때가 있었는데, 그럴 때마다 슈미트 씨의 연갈색 얼굴은 어두워지는 기색이 역력했네. 그러자 로테는 기회가 있을 때마다 나의 소매를 슬며시 잡아당겨서 프리데리케와 너무 붙어 걷지 말라고 일깨워주더군. 내 생각에 인간이 귀찮을 정도로 서로에게 간섭하는 것보다 고약한 일은 없을 성싶네. 어떠한 즐거움이든 마음의 문을 열고 받아들일 준비가 되어 있다는 점에서 삶의 전성기를 누리는 젊은이들이, 서로 눈살을 찌푸리며 그 좋은 세월을 망쳐버리고는 보상받을 수 없는 시간을 허비했음을 뒤늦게 깨닫는 경우엔 더욱 그러하네. 그런 생각을 하니 공연히 화가 치밀더군. 그래서 저녁 무렵 모두들 목사관으로 돌아와 우유를 마시며 세상살이의 희로애락을 화제 삼게 되었을 때, 나는 대화의 실마리를 낚아채어 그 고약한 우울증을 성토하지 않을 수 없었네. "우리 인간들은 이렇게 불평을 늘어놓곤 하지요"하고 내가 먼저 이야기를 시작했네. "즐거운 날은 너무 적고 불행한 날은 너무 많다고 말입니다. 하지만 그 말은 옳지 않아

보입니다. 신께서 늘 열린 마음으로 우리에게 매일같이 베풀어주시는 은총을 만끽할 수 있다면, 우리는 불행이 닥쳐온다 해도 극복해낼 힘을 갖게 될 겁니다." "하지만 우리의 감정을 조절하기란 쉽지 않아요"하고 목사 부인이 말을 받았네. "그 경우 건강이 변수가 된답니다. 건강이 좋지 못한 사람은 어딜 가도 편치 않은 법입니다." 나는 그녀의 말에 일단 동의하면서 의견을 개진했네. "그렇다면 그것을 일종의 병으로 간주하고 처방책은 없는지 검토해보는 게 좋겠군요." "일 리가 있는 말씀입니다"하고 로테가 말하더군. "그런 경우 대부분이 우리 마음먹기에 달린 것 같아요. 저는 경험을 통해 그 사실을 확인하곤 해요. 뭔가 속상한 일이 생기거나 불쾌한 기분이 들 때면, 저는 곧장 일어나 정원을 거닐면서 춤곡을 몇 곡 부르곤 해요. 그러면 불쾌감은 어느덧 사라지고 맙니다." "제가 드리고 싶었던 말씀도 바로 그겁니다" 하고 내가 말을 받았네. "우울증은 게으름과 무척 닮았습니다. 분명 그것은 게으름의 일종입니다. 우리 인간은 태생적으로 게으름에 빠지기 쉽습니다. 하지만 일단 그것을 견뎌낼 힘을 비축하면 일이 순조롭고도 생동감 있게 진행될 거예요. 그러면 우리는 모든 활동에서 진정한 만족감을 발견하게 되겠지요." 프리데리케는 대화에 주의를 집중했네. 그런가 하면 젊은 슈미트 씨는 인간이란 결코 자신을 억제할 수 없으며 더욱이 자신의 감정을 조절하는 일은 거의 불가능하다고 반박하더군. "지금 우리가 문제 삼는 것은 불쾌감입니다"하고 나는 응수했네. "누구나 불쾌감에서 벗어나고 싶어하지요. 하지만 경험해보기 전까지는 자력으로 어느 정도까지 벗어날 수 있을지 아무도 모릅니다. 단언하건대 한 번 병에 걸린 사람은 건강을 되찾으려고 백방으로 의사를 찾아다니면서, 그 어떤 것도 참아내고 제아무리 쓴 약도 마다하지 않을걸요." 나는 노목사도 토론에 참여하고 싶어 잘 들리지 않는 귀를 세우고 있음을 눈치채고는 그를 향해 목소리를 높이면서 말했네. "죄악에 대한 설교를 많이 합니다만, 고약한 우울증에 관해 강론했다는 얘기는 들어본 적이 없습니다."[12] 그러자 "그런 일은 도회지 목사의 몫이겠지요." 하고 노목사가 입을 떼었네. "시골 농부들은 우울증 따위를 앓을 겨를도 없을걸요. 물론 그 대상이 목사 부인이나 행정관님 정도라면 그런 강론도 나쁠 것은 없겠죠." 모두가 한바탕 웃었네. 노목사도 같이 유쾌하게 웃다가 사레가 걸리는 바람에 토론이 잠시 중단되었지. 잠시 후 그 젊은 양반이 "선생님은 우울증을 죄악으로 치부하고 계신데 제가 볼 땐 좀 지나친 감이 없지 않습니다" 하고 입을 떼었네. "절대 그렇지 않습니다." 나는 반박했네. "자신뿐 아니라 주변 사람들에게도 해를 입히는 것이라면 당연히 죄악으로 여겨야 합니다. 우리가 서로를 행복하게 해줄 수 없다는 사실만으로도 이미 충분한 죄악이 되지 않을까요. 하물며 각자에게 허락된 즐거움을 서로 가로채 가는 상황이라면 두말할 나위 없지 않을까요? 우울증을 앓는 사람 중에 주위 사람들의 기쁨을 방해하지 않으려고 아무런 내색도 않고 혼자 감내하는 위인이 있다면 어디 말씀해보세요! 우울증이라는 게 자격지심에서 비롯된 마음속의 불쾌감, 말하자면 자기모멸감 같은 것은 아닐까요? 그것은 바보 같은 자만심에서 비롯된 질투심과도 항상 연결되어 있죠. 그래서 자신을 행복하게 해주지도 못하는 주제에 행복한 사람의 모습만 봐도 견딜 수 없게 되는 것이죠." 로테는 내가 흥분해서 이야기하는 모습을 보고 미소를 짓더군. 더욱이 프리데리케의 눈에 맺힌 눈물을 보니 이야기를 멈출 수가 없었네. "누군가의 마음을 좌지우지할 힘을 가지고 있다는 이유만으로 상대의 마음에 자연스럽게 싹터오르는 잔잔한 기쁨마저 가로채려는 작자가 있다면 저주받아 마땅하지요. 질투에 눈먼 폭군 때문에 짓밟힌 한순간의 행복감을 보상해줄 수 있는 선물이나 호의는 이 세상에 없습니다."

---

[12] 이와 관련해서 우리는 라바터의 주옥같은 설교를 떠올려볼 수 있을 텐데, 그중에서도 「요나서」에 대한 것이 압권입니다(원주).

그 순간 가슴이 벅차오르더군. 지난날의 추억이 주마등처럼 스쳐지나가면서 눈가에서 눈물이 흘러내렸네.

"매일 이렇게 자문해 봐도 좋을 것입니다." 나는 소리쳤네. "그대가 친구를 위해 해줄 수 있는 일이란 친구가 기뻐하는 모습을 곁에서 지켜보면서 그 행복을 함께 나누는 일뿐입니다. 행복은 나누면 배가 되니까요. 그대는 친구의 영혼이 불안한 정념 때문에 고민에 빠져 상심해 있을 때 그 친구에게 진정제 한 방울이라도 줄 수 있습니까?

꽃다운 나이에 당신 때문에 신세를 망친 한 여자가 위중한 병에 걸렸다고 합시다. 쇠약해질 대로 쇠약해진 그녀가 몸져누워 초점 없는 눈으로 허공을 응시하고, 창백한 이마에는 죽음의 식은땀이 끊임없이 맺히는 상황을 생각해보죠. 그리고 당신은 온갖 수단과 방법을 동원했음에도 더는 손을 쓸 수 없다는 사실을 절감하고 그녀의 침대 앞에 저주 받은 인간처럼 서 있다고 가정해봅시다. 그때 생명이 꺼져가는 존재에게 강장제 한 방울, 용기를 북돋아줄 불꽃이라도 불어넣어줄 수만 있다면 그 어떤 것이라도 감내하겠노라 호들갑을 떨어봐야 마음만 더 아플 뿐이라는 겁니다."

그 말을 하는 순간 내가 경험했던 장면들이 떠올라 섬뜩해지더군. 나는 손수건으로 눈을 가린 채 자리에서 일어났네. 이제 그만 돌아가자고 내게 소리치는 로테의 목소리에 비로소 정신이 들더군. 집에 오면서 나는 로테에게 매사에 지나치게 집착하는 경향이 있다는 타박을 받았다네. 그러다 건강을 해칠 수도 있다며 자기 몸을 소중히 돌볼 줄 알아야 한다더군. 오오, 나의 천사여! 그대를 위해서 살아가리라!

▶▶ **더 읽을거리**

요한 볼프강 폰 괴테/ 박민수 역,『젊은 베르테르의 슬픔』, 꿈결, 2014.
요한 볼프강 폰 괴테/ 안장혁 옮김,「소외된 가슴과 상처 입은 영혼에게 부치는 공개서한」,『젊은 베르테르의 슬픔』, 문학동네, 2014.

■ **연습문제**

학과 :_____   학번 :_____   이름 :_____

01 로테와의 사랑 때문에 괴로워하고 있는 베르테르에게 편지를 써 보자.

02 『젊은 베르테르의 슬픔』을 읽으면서 괴테가 원래 의도했던 것이 무엇인지를 적어 보자.

03 『젊은 베르테르의 슬픔』의 현대적 수용과 다중 매체 활용에 대해 써 보자.

제3장 선과 악 사이에서 갈등하는
빅토르 위고 『레미제라블』

■ 위고

빅토르 위고(1802~1885)

　프랑스에서 태어난 위고는 군인이 되기를 원했던 아버지의 뜻을 따르지 않고, 문학의 길을 택했다. 열다섯살에 아카데미 프랑세스가 주관하는 시 부문 상을 받고, 1822년 첫 시집인 『오드』를 발표한 후 20년 동안 시와 소설, 희곡 등 다양한 작품을 발표했다. 낭만주의 운동에 앞장서며 젊은 문학가를 이끌던 위고는 1843년부터 창작 활동보다는 혁명을 통해 이상적인 세상을 만들기 위해 직접 정치에 관여하기 시작했다. 위고는 '시인은 민중의 목소리가 되어 그들을 대변하고 인도해야 한다.' 라고 생각했다.
　1848년 2월 혁명 후에는 입법 의회 의원으로도 활동하며 자유와 평등을 위해 활약했으나, 1851년 루이 나폴레옹이 집권하자 망명하여 19년이 지난 후에야 프랑스로 돌아올 수 있었다.
　1830년 7월 혁명이 일어날 무렵부터 위고는 인도주의와 자유주의로 기울어, 시(詩) 『가을의 나뭇잎』(1831), 『황혼의 노래』(1835), 『마음의 소리』

(1837), 『빛과 그림자』(1840)와 희곡 『마리옹 드 로름』(1831), 『왕은 즐긴다』(1832) 등을 발표하였다.

특히 소설에는 불후의 걸작으로 꼽히고 있는 『노트르담 드 파리』(1831)가 있다. 나폴레옹 3세를 비난하는 『징벌시집』(1853), 딸의 추억과 철학사상을 노래한 『정관시집』(1856), 인류의 진보를 노래한 서사 『여러 세기의 전설』(1859), 장편소설 『레미제라블』(1862), 『바다의 노동자』(1866), 『웃는 사나이』(1869) 등을 발표하였다.

그에게는 망명기간이 인생에서 가장 충실한 시기였으며, 파리에 돌아온 이후에 발표한 대부분의 작품이 이 시기에 집필된 것이라고 한다. 1885년 그가 죽자 국민적인 대시인으로 추앙되어 국장으로 장례가 치러지고 판테온에 묻혔다. 위고의 생활과 사상의 기조를 이루는 것은 웅대하면서도 낙천적인 성격이다. 다른 낭만파 시인에게서 볼 수 있는 감상적인 요소는 그의 작품에서는 부수적인 역할에 지나지 않는다. 위고는 인류의 무한한 진보, 이상주의 사회건설 등의 낙관적인 신념으로 일관되어 있다.

프랑스 7월 혁명

『레미제라블』은 프랑스 혁명을 배경으로 하고 있다. 18세기에서 19세기의 유럽은 아주 변화가 많은 때였다. 프랑스에서는 대혁명(1789~1799)으로 루이 16세와 마리 앙투아네트가 처형되고, 자유·평등·박애를 이상으로 하는 공화 정부가 수립된다. 하지만 혁명의 영향을 두려워한 오스트리아나 러시아 등이 계속 간섭을 했다. 또 프랑스 내의 의견 대립 때문에 좀처럼 안정을 되찾지 못하고 있었다.

이 때 군인이었던 나폴레옹은 오스트리아와의 전쟁에서 이긴 것을 기회로 쿠데타를 일으켜 정권을 잡게 된다. 프랑스는 다시 황제가 다스리는 군주제가 된 것이다.

그러나 나폴레옹이 워털루 전쟁에서 패하고 세인트 헬레나 섬으로 귀양을 감에 따라 루이 18세, 샤를 10세가 즉위하여 귀족과 성직자를 우대하는 정책을 펴게 된다. 혁명 이전으로 되돌아간 것이다. 의회에서 국왕에 반대하는 세력이 늘자 의회도 강제로 해산시켜 버리고, 이에 분노한 국민들은 1830년 7월에 다시 혁명을 일으켜 부르봉 왕조를 무너뜨린다. 결국 샤를 10세는 영국으로 망명한다.

이어서 국민들은 공화정을 요구했지만 은행가와 자본가 등의 반대로 일단은 입헌왕정 시대를 열게 된다. 국왕이 나라를 다스리기는 하지만 주권은 국민에게 있다는 뜻이다.

이러한 프랑스의 혁명 정신은 이웃 여러 나라에 영향을 끼치게 된다. 스위스에서도 자유주의 헌법이 제정되고, 영국에서는 선거법이 개정되어 귀족이 아닌 부르주아도 정치에 참여할 수 있게 되었다.

프랑스 파리 빅토르 위고의 집

『레미제라블』은 역사상 가장 유명한 소설 가운데 하나다. 하지만 이 작품을 '완독'한 사람은 의외로 많지 않을 것이다. 축약이나 각색이 아닌 '무삭제판' 『레미제라블』을 처음 접한 사람은 두 번 놀란다. 첫째로는 그 방대한 양에 놀라고, 둘째로는 그 유명한 줄거리가 빙산의 일각에 불과하다는 사실에 놀란다. 장 발장의 이야기는 이 소설에서도 3분의 1 가량에 불과하며, 나머지 3분의 2에서는 19세기 초의 프랑스 사회와 풍습, 그리고 다양한 문제에 관한 저자의 견해가 서술되기 때문이다. 『레미제라블』은 툭하면 곁길로 새는 소설이다. 저자는 종종 장 발장의 행적을 따라가다 말고 갖가지 여담을 늘어놓는다. 장 발장이 수녀원 담장을 뛰어넘자마자 수도원 제도에 관한 장황한 이야기가 끼어들고, 장 발장이 하수도에 뛰어들자마자 파리 하수도의 역사에 관한 장황한 이야기가 끼어드는 식이다.

그럼에도 불구하고 『레미제라블』이 걸작인 까닭은, 저자의 이런저런 여담을 걷어낸 핵심 줄거리가 매우 흥미진진하기 때문이다. 다른 위대한 소설들과 마찬가지로 『레미제라블』은 인간의 갖가지 '전형'을 그려낸다.

한때의 실수로 전과자가 되었다가 개과천선하지만 영원히 선과 악 사이에서 갈등하는 인물 장 발장, 철저한 원리원칙주의자로 집요하게 장 발장의 뒤를 쫓는 형사 자베르, 모두가 외면한 장 발장에게 자비를 베푼 미리엘 주교, 가난과 학대 속에서도 꿋꿋이 살아가는 소녀 코제트, 사랑과 우정에 온 몸을 바치는 열정적인 청년 마리우스, 어떤 상황에서든 이득을 추구하기에 혈안이 된 악당 테나르디에 등이 등장한다.[1]

21세기 문화 콘텐츠 시대에는 하나의 문화 콘텐츠가 또 다른 문화 콘텐츠를 양산한다. 콘텐츠의 확대 재생산은 동일한 장르에서 이뤄지기도 하지만, 다른 장르로까지 전파된다. 문학에 삽화가 실리고 문학이 드라마와 영

---

[1] [네이버 지식백과]빅토르 마리 위고 [Victor-Marie Hugo] - 강력한 휴머니즘을 발산한 낭만주의 문학의 거장 (인물세계사) 박중서.

화콘텐츠로 구현되며 시가 오페라로 곡조화되면서 뮤지컬이 탄생한다. 이처럼 하나의 콘텐츠가 다양한 장르의 콘텐츠로 향유자에게 소통되는 것은 현재의 매체적 상황에서 볼 때 하나의 문학작품이 15세기 중반 구텐베르크의 인쇄술 발명 이후 종이로 된 활자 매체를 벗어나 문자로만 통용되지 않는 환경과 관련된다. 즉, 매체가 다양한 진화과정을 거쳐 멀티미디어시대로 접어들게 됨에 따라 인쇄매체로 소통되던 문학이 여러 매체의 콘텐츠로 변주되면서, 텍스트, 이미지, 사운드, 동영상 등의 종합적이고 새로운 커뮤니케이션 표현과 소통 방식을 지닌 뉴미디어 시대로 성큼 다가온 까닭이다. 문학은 영화와 연극, 드라마, 뮤지컬 등의 각색 뿐 아니라, 게임과 만화, 애니메이션 등으로까지 적용 범주를 확장시킨 '원천 소스'로 활용되면서 문자의 시각에서만 바라보았던 종래 관점에서 벗어난 것이다.[2]

'불쌍한 사람들'로 번역되는 『레미제라블』(Les Misérables)은, 21세기 지금도 프랑스 문학 사상 최고의 시인으로 평가 받는 빅토르 위고가 30년 만에 걸쳐 완성한 소설로 우리나라에서는 장 발장으로 더 잘 알려져 있다. 1862년 발간 후 148년이 지난 오늘날에도 '프랑스를 대표하는 국민 작가로 단연 첫손에 꼽히는' 위고의 『레미제라블』은, 과거에도 그랬듯 지금도 여전히 전 세계인의 명작으로 평가받는 작품 가운데 하나이다. 그래서 '한 세기 반이 지난 지금도 압도적인 감동으로 독자를 사로잡으면서' 전 세계적으로 32여 차례 영화로 제작되고 연극, 뮤지컬, 오페라, 다이제스트, 방송 드라마, 만화 등으로 확대 재생산되어 대중매체로 변환(conversion)되고 있다. 이런 관점에서 위고 소설이 원천 소스로 여러 가지 다양한 장르나 매체로 번안되는 근본 요소가 위고 소설이 지닌 강점이다.[3]

---

[2] 차영선, 「빅토르 위고 작품의 스토리텔링과 OSMU-『레미제라블』을 중심으로」, 『한국프랑스학론집』, 제72집, 2010, p.619.

[3] 차영선, 「빅토르 위고 작품의 스토리텔링과 OSMU-『레미제라블』을 중심으로」,

테오필 고티에(Théophile Gautier)에 의하면 『레미제라블』은 '한 인간의 작품이라기보다 상황과 자연에 의해 창조된 작품'으로서 당시 프랑스의 정황과 대혁명의 진상이 잘 묘사되어 있다. 작품의 탄생 경위가 위고가 살았던 시대의 삶과 역사에 긴밀히 맞물리면서 당시 프랑스 역사의 현장에 있는 듯한 생생한 느낌을 주는 원형이야기로서 19세기 프랑스의 전반적인 사회상을 다음과 같은 역사적인 관점에서 잘 조명하고 있다.

소설 『레미제라블』의 배경이 된 1789년 대혁명 당시 프랑스의 국가 바닥난 상황이었고, 각종 자연재해와 재정난 및 과도한 세금 징수로 민중의 삶은 고통과 좌절 속에서 고갈되어 갈 때 '귀족과 성직자들로 구성된 구체제 옹호자들은 기득권 유지에 혈안'이 되어 있었다. "1848년 2월 혁명으로 제2공화국의 수립 이전 '7월 왕정'체제 하에서는 거의 매년 노동자와 학생들의 봉기가 이어지면서 이러한 혁명적인 분위기는 이후 빅토르 위고의 작품에 큰 영향을 끼친다."4) 이후 위고는 공화주의에 기울어 빈자와 억압받는 자의 편에 서서, '자유, 평등, 공화주의 체제'를 위한 역사의 현장 속에 직접 뛰어들면서, '1851년 나폴레옹 3세가 쿠데타를 일으켜 제정을 수립'하자 그의 사명은 시인으로서 민중의 소리이자 그들의 인도자·대변자가 되어 '저항운동을 하다 추방돼 19년간 망명생활을 하게 된다.'5)

위고는 『레미제라블』의 집필을 재개하면서, 자신도 『레미제라블』(비참한 사람들)의 범주에 포함시킴에 따라 온갖 모진 풍파를 다 겪으며 결코 낙심치 않는 장 발장의 소설 스토리6)는 빅토르 위고 자신의 생애와 관련된

『한국프랑스학론집』, 제72집, 2010. p.619.

4) 윤재설, [월간기획 세계의 사회주의자(10)-빅토르 위고] "노동자에게 사랑받는 문학의 거장", 『kdlpnews-74호』, 2002.2.1. (동일기사 『레디앙』, 2006.07.10.)
5) 『빅토르 위고의 유럽 방랑』, 그림/정장진 역, 작가정신, 출판사 리뷰, 2007, 저자 (빅토르 위고)소개 면.
6) 스토리: "배고픔에 괴로워하는 어린 조카들을 위해 빵 한 개를 훔친 죄로 19년간

다. 레미제라블은 '불쌍하고 가련한 사람들'[7]이란 의미뿐 아니라 사회에서 소외된 사람들, 하층 계급, 인간을 소외시키는 사회제도에 저항하는 사람들'까지도 포함시킴으로써, 소외된 사람으로서 위고가 '유배기간 동안 창작활동에 전념하여『레미제라블』을 완성'하는 이유는 피로써 자유를 쟁취한 프랑스 대혁명 이래 민중들의 삶이 조금도 개선되지 않은 까닭이다.

이런 관점에서『레미제라블』은 '민중들에 대한 작가의 관심과 함께 사회개혁의지를 보여주는 사회소설'로서, 유럽의 워털루 전쟁, 프랑스 왕정복고 시대 빈 체제 밑에서 자유주의를 억압한 샤를 10세의 몰락, 그리고 파리 꼬뮨의 형성 전까지의 7월 시민혁명(1815년-1830년)을 소재로 하고 있다.[8]

한편,『레미제라블』은 굶주림과 핍박당하는 계층에 대한 인간애와 사회

강제노역으로 옥살이 끝에 가석방된 장 발장은 출소 후 저녁식사와 잠자리를 마련하지 못하고 방황한다. 자연히 사람들은 모두 그를 피했지만, 그런 그를 디느의 신부만은 그의 이름 하나밖에 모르면서 형제로 인간답게 대해주었다." 그러나 자신과 사회에 대한 증오만을 가득 담은 채 장 발장은 자기 자신을 허물어버리고 마음과 마음으로 이어지는 보이지 않는 약속을 어긴 채 신부가 잠든 사이 은식기를 훔치다 발각되어 경찰관들에게 연행되지만 신부의 따뜻한 사랑과 용서로 은촛대 ("은촛대도 주었는데 왜 안 가져갔소!")까지 선물 받으면서 감옥에서 또 채찍과 고문을 당했어야만 했던 그지만 자신의 마음속에 가지고 있던 모든 증오와 미움을 씻어버리고 맑은 영혼으로 거듭난다. 신부(미리엘 주교)로부터 받은 사랑과 은혜, 용서를 세상에 되돌려 주기 위해 어떤 고난에도 끄떡없는 극기주의와 신성의 정점에도 도약하는 한 영혼의 숭고한 승리를 보여준다.

7) <가난과 절망에 허덕이는 사람들>이라는 뜻으로서 종교적 의미의 비참한 사람들이라는 요소가 보태어지면서 미리엘 주교를 만나기까지의 미움과 증오 분노의 노예였던 장 발장은 물론이거니와 법과 제도의 노예로 끝내 죽음을 택하는 자베르, 죄악의 화신과도 같은 테나르디에 모두 '불쌍하고 가련한 사람들'이다. 반면, 불행 속에서도 자기 자신의 중심을 잡고 내일을 희망으로 보는 장 발장은 허다한 고뇌를 거쳐 암흑에서 광명을 향해 올라간다. (http://mybox.happycampus.com/tosel/401525)

8) "7월 혁명은 프랑스에서도 3일만에 파리를 함락시켰을 만큼 격렬한 혁명이었고, 성공 후에도 가장 자유로운 헌법을 제정했다. 그리고 이 영향으로 전 유럽에 걸쳐 혁명이 일어났고, 결과적으로도 벨기에는 네덜란드에게 독립을 쟁취했을 만큼 각 지역에서 성공을 거두었다." (http://mybox.happycampus.com/powertnt/305500)

진보에의 열망에 찬 대표작으로 독자들의 열렬한 호응에도 불구하고[9], 출판계에서는 혹독한 비판의 소리가 높아지면서 진부한 통속 소설로 치부되었다. 그러나 시, 희곡, 소설, 평론 등 거의 모든 문학 장르에 걸쳐 폭넓은 세상을 살아가는 방법이 가지각색인 천태만상의 인간 유형을 그려낸다. 다양한 '프리즘'(Prism) 형태로 인간 삶의 전 영역을 아우르는 탐정, 애정, 역사소설로서 그 자신이 '사회 서사시'라고 대변할 만큼 폭넓은 독자층 보유한다. 즉, '그 시대를 살았던 각 계층의 사람들을 대변'하면서 인생의 축소판을 제시할 뿐 아니라 이 세상에서 흔히 볼 수 있는 다양한 인물군사들의 삶을 사실적이고 감동적으로 그려내는 것이다. 그러기에 『레미제라블』은 바르트가 주장하는 나만이 느낄 수밖에 없는 '찌르는' 요소들인 '푼크툼'을 매번 새롭게 경험하게 함으로써 각양각색의 캐릭터들을 공감할 수 있는 '19세기 문학의 대중적인 성공 사례로 꼽히는 소설'이며[10], 그의 작품과 생애는 당대는 물론 시대와 사회를 초월해서 문화콘텐츠 시대인 오늘날까지도 커다란 반향을 불러일으키고 있다.

『레미제라블』은 "자유와 평등이라는 신념을 위해 목숨을 바치려 했던 청년 마리우스의 모습"에서 '인류역사의 무한한 진보'에 대한 위고의 확신과, "온갖 시련 속에서도 결코 좌절하지 않으며 사회적 약자들에게 애정 어린 관심을 보였던 장 발장"[11]의 인간 존엄을 향한 신뢰 속에서 위고 자신의 투영을 찾도록 권유하면서 시간의 부식을 이겨낸 인도주의와 자유주의의 집대성이라고 할 수 있다. 바로 많은 독자층을 확보하는 이 같은 매

---

9) Lason, G. Tuffau, P. Histoire de la littérature française. Paris: Classiques Hachette, 1929, p. 565.

10) Roland Barthes(롤랑 바르트), Camera Lucida(1980), 역자: 조광희 & 한정식, 『카메라 루시다』, 열화당, 1986. 『카메라 루시다』에서 롤랑 바르트는 사진을 좋게 만드는 사회적 문화적 미학적 요소는 '스투디움'으로, 개인적으로 마음을 끄는 사소한 얼룩적인 요소는 '푼크쿰'으로 구분 짓는다.

11) http://mybox.happycampus.com/lij3105/2084072

력적인 이유가 만인에게 보편적인 감동을 줄 수 있는 대중성 확보로 이러지면서『레미제라블』은 원천소소로서 동화, 만화, 영화, 연극, 뮤지컬, 애니메이션 등 다양한 분야의 장르와 매체를 통해 영원히 사랑받을 수 있었던 것이다.

등장 인물의 성격

등장 인물 사이의 관계도

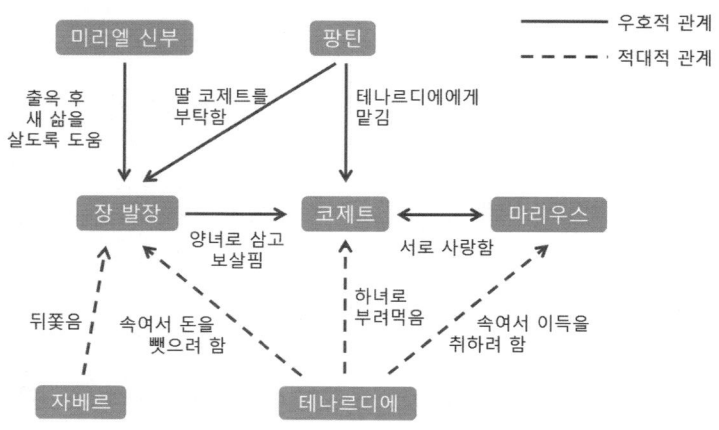

- **장 발장** 과묵하지만 따뜻한 마음을 지녔으며, 어려운 사람들을 힘닿는 데까지 도와준다. 사회에 대한 미움과 분노를 가슴에 품고 있었지만, 깨끗한 마음을 가진 사람으로 다시 태어난다.
- **자베르** 냉정하고 자신의 임무에 충실하며, 강한 집념과 끈기를 지녔다.
- **미리엘 신부** 온화하고 참을성이 많으며, 따뜻한 자비의 마음을 지녔다.
- **팡틴** 억세 보이지만 속은 여린 여인으로, 딸에 대한 사랑이 지극하다.
- **코제트** 연약한 소녀이지만 장 발장을 따뜻하게 감싸 주는 아름다운 마음씨를 지녔다.
- **마리우스** 솔직하며, 불의를 보면 주저 없이 맞서 싸우는 용기를 지녔다.
- **테나르디에** 비열하고, 돈을 벌기 위해서는 수단과 방법을 가리지 않는다.

■ **작품**

레미제라블[12]

3. 영웅적인 순종

문이 열렸다.

문은 세차게 활짝 열렸다. 마치 누가 힘을 주어 서슴지 않고 밀어젖힌 것 같았다.

한 사나이가 들어왔다.

그 사람은 우리가 이미 알고 있는 사나이였다. 아까 우리가 본, 잘 곳을 찾아 헤매던 나그네였다.

그는 들어오더니 문을 열어 둔 채 한 걸음 걸어와서 멈추었다. 어깨에는 배낭을 걸머졌고, 손에는 지팡이를 들고 있었으며, 눈에는 퉁명스럽고 대담하고 고달프고 난폭한 빛이 서려있었다. 벽난로의 불이 그를 비춰 주었다. 그는 보기 흉했다. 그것은 불길한 출현이었다.

마글루아르 부인은 고함을 지를 힘조차 없었다. 그 여자는 멍한 표정으로 몸을 떨고 있었다.

바티스틴 양은 몸을 돌려 들어오는 사나이를 보고는 깜짝 놀라 반쯤 몸을 일으켰다가, 벽난로 쪽으로 천천히 머리를 돌려 오빠를 바라보더니 지극히 침착하고 평온한 얼굴로 되돌아갔다.

주교는 태연한 눈으로 사나이를 바라보고 있었다.

아마 새로 온 이 사나이에게 어찌 왔느냐고 물으려 했으리라, 주교가 입을 열자, 사나이는 두 손을 한꺼번에 지팡이 위에 얹어 놓고 노인과 두

---

[12] 빅토르 위고 / 정기수 옮김, 『레미제라블』, 민음사, 2012.

노파를 번갈아 보고는 주교가 말하는 것을 기다리지도 않고 높은 목소리로 말했다.

"들어 보십시오. 저는 장 발장이라는 사람입니다. 징역을 살았습니다. 저는 형무소에서 십구 년을 살았습니다. 나흘 전에 석방되어 풍타를리에로 가려고 길을 나섰습니다. 툴롱에서부터 나흘을 걸었습니다. 오늘은 120리를 걸었습니다. 오늘 저녁 이 고장에 도착하여 어느 여관엘 들렀는데, 제가 시청에 제시했던 노란 통행권 때문에 저를 쫓아냈습니다. 그렇게 제시해야만 했습니다. 또 다른 여관엘 들렀더니 '나가라!'라고 했습니다. 이 집도 저 집도 다 그랬습니다. 아무도 저를 원치않았습니다. 형무소에도 갔지만 간수가 열어 주지 않았습니다. 개집에도 들어갔지만, 개도 사람처럼 저를 물어뜯고 쫓아냈습니다. 마치 개도 제가 누구인지 알고 있는 것 같았습니다. 저는 들판으로 나가 총총한 별빛 아래서 자려고 했습니다. 그런데 별이 없었습니다. 비가 올 것 같은데 비가 오는 걸 막아줄 하느님도 없다고 생각하며 어느 집 문 아래 구석이라도 찾아보려고 다시 시내로 들어왔습니다. 저기 저 광장의 돌 위에서 자려고 했습니다. 그런데 어느 친절한 부인께서 이 댁을 가리키면서 '저 집 문을 두드려 봐라.'라고 했습니다. 그래서 두드린 겁니다. 여기는 무엇입니까? 여관입니까? 돈은 있습니다. 적립금이죠. 형무소에서 십구 년간 노동해서 번 돈 109프랑 15수가 있습니다. 돈은 치르겠습니다. 그까짓 게 무슨 문제겠습니까? 돈은 있으니까요. 저는 몹시 피곤합니다. 120리나 걸었거든요. 배가 몹시 고픕니다. 나가지 않고 그냥 있어도 될까요?"

"마글루아르 부인." 주교가 말했다. "한 사람분의 식기를 더 갖다 놓아요."
사나이는 서너 걸음 걸어와 식탁 위에 있는 남포등 가까이로 갔다. 그러고는 무슨 영문인지 알 수 없다는 듯이 말을 이었다. "아니, 그게 아닙니다. 알아들으셨어요? 저는 징역살이를 한 사람입니다. 죄수예요. 감옥에서 나온 사람이에요. (그는 호주머니에서 커다란 노란색 종이 한 장을 꺼내어 펴 보였다.)이게 제 통행권입니다. 보시다시피 노랗습니다. 이것 때문에 저는 어디를 가도 쫓겨납니다. 읽어 보시겠어요? 저도 읽을 줄은 압니다. 형무소에서 배웠습니다. 형무소에는 지원자들을 위한 학교가 있습니다. 이것 보세요. 여기에는 이렇게 씌어 있어요. '장 발장, 석방된 징역수, 출생지……, 이건 당신에게는 아무래도 상관없겠죠? 십구 년간 징역살이한 자임. 가택 침입죄 및 절도죄로 오 년, 네 번의 탈옥 기도로 십사 년, 극히 위험한 인물임.' 이렇습니다! 모두들 저를 쫓아냈습니다. 그런데 댁에서는 저를 받아 주시렵니까. 당신은? 여기가 여관인가요? 먹을 것을 주고 재워 주시겠다는 말씀인가요? 댁에 마구간이 있습니까?"

"마글루아를 부인." 주교는 말했다. "침소의 침대에 흰 침대보를 깔아 놓아요."

두 여인이 주교에게 얼마나 잘 복종하는가에 관해서는 이미 설명한 바 있다.

마글루아르 부인은 명령을 수행하기 위해 식당에서 나갔다.

주교는 사나이 쪽으로 몸을 돌렸다.

"자, 노형, 앉아서 불을 쬐시오. 우리는 곧 저녁밥을 먹게 될것이고, 당신이 저녁밥을 잡수는 동안에 당신 잠자리가 준비 될 것이오."

이제야 사나이는 완전히 이해했다. 그때까지 침울하고 딱딱했던 그의 얼굴에 놀람과 의혹과 기쁨의 빛이 떠올라 이상한 표정이 되었다. 그는 미친 사람처럼 중얼거렸다.

"정말인가요? 아니, 저를 여기 있게 해 주신다고요? 저를 쫓아내지 않으시군요! 죄수를!

저를 '노형'이라고 부르시는군요! 제게 반말을 쓰시지도 않고! '개새끼, 어서 나가!' 이런 말만 늘 들어 왔는데. 저는 댁에서도 저를 꼭 쫓아내시리라고만 생각했습니다. 그래서 즉시 제가 어떤 사람인지 말씀드렸던 겁니다. 오! 제게 여기를 가르쳐 주신 부인은 참 친절한 분이군요! 내가 곧 저녁밥을 먹는다! 침대가! 요와 침대보를 깐 침대가! 다른 사람과 똑같이! 침대에서 자 본 지가 십구 년이나 됐는데! 댁에선 제가 가지 않아도 좋다는 거죠! 당신들은 참 훌륭하신 분들입니다! 하기야 저는 돈이 있습니다. 틀림없이 지불하겠어요. 미안하지만, 여관 주인 양반, 성함이 어떻게 되시지요? 돈은 얼마든지 내겠습니다. 당신은 친절하신 분입니다. 당신은 여관 주인이시죠?"

주교는 말했다. "나는 여기 사는 신부요."

"신부라고요!" 사나이는 말을 이었다. "오! 참 친절하신 신부님이군요. 그럼 제게 돈을 내라고 하시지 않겠군요? 사제님 아니신가요? 저 큰 성당의 사제님? 아! 정말이지 나도 참 바보지! 신부님의 그 빵모자를 못 봤네요!"

그렇게 지껄이면서 그는 한쪽 구석에 배낭과 지팡이를 내려놓은 뒤, 통행권을 다시 호주머니에 넣고 앉았다. 바티스틴양은 상냥한 눈으로 그를 바라보았다. 그는 말을 계속했다.

"사제님은 참 인정이 많으신 분이십니다. 사제님은 저를 멸시하지 않으시는군요. 신부란 참 좋은 거군요. 그럼 신부님께서는 제게 돈을 내라고 하시지 않는 거지요?"

"그렇소, 그 돈은 그냥 갖고 있어요." 주교는 말했다. "얼마나 가지고 있소? 109프랑이라고 말하지 않았소?"

"109프랑 15수입니다." 사나이는 덧붙였다.

"109프랑 15수라. 그걸 버는 데 시간이 얼마나 걸렸다고요?"

"십구 년입니다."

"십구 년이라!"

주교는 크게 한숨을 쉬었다.

사나이는 말을 계속했다.

"저는 아직 그 돈을 고스란히 가지고 있습니다. 나흘 동안 저는 그라스에서 수레에서 짐을 내리는 것을 거들어 주고 번 돈 25수 밖에 쓰지 않았습니다. 당신이 신부님이시니까 말씀드리지만, 형무소에도 부속 사제가 한 분 계셨습니다. 그리고 또 한 번은 주교도 보았습니다. 모두를 예하라고 하더군요. 그분은 마르세유의 마조르 성당 주교였습니다. 여러 사제들 위에 있는 사제였습니다. 그걸 뭐라고 해야 좋을지 죄송하지만 잘 말할 수가 없네요. 말이 잘 안 됩니다. 저하고는 전혀 관계가 없는 분이라서! 하지만 신부님은 우리 같은 사람들을 잘 알고 계시지 않습니까! 그 주교가 형무소 한가운데의 제단 위에서 미사를 드렸는데, 머리에는 금으로 된 뾰족한 것을 쓰고 있었습니다. 대낮의 햇빛이 반사돼 그것이 번쩍였습니다. 우리들은 줄을 지어 서 있었습니다. 세 편으로. 그리고 우리들 앞에는 대포와 불이 붙은 화약심지가 놓여 있었습니다. 잘 보이지는 않았습니다. 그 주교가 말을 했지만 너무 안쪽에 있었기 때문에 우리들에게까지는 잘 들리지 않았습니다. 주교란 그런 사람입니다."

그가 말하는 동안 주교는 여태까지 활짝 열려 있던 문을 닫았다.

마글루아르 부인이 돌아왔다. 그 여자는 식기 한 벌을 갖다가 식탁 위에 놓았다.

"마글루아르 부인." 주교가 말했다. "그 식기를 될 수 있는 대로 벽난로 가까이 놓아요(그러고는 손님 쪽으로 몸을 돌리고) 알프스의 밤바람은 몹시 찹니다. 노형, 춥지요?"

주교가 이 '노형'이라는 말을 약간 정중한 듯 하면서 점잖은 목소리로 말할 때마다 사나이의 얼굴은 환히 빛났다. 죄수에게 '노형'이라는 말은 메뒤즈호[13)]의 조난자에게 주는 한 컵의 물과도 같았다. 모멸을 받아 온 자는 존경받기를 갈망한다.

"이 남폿불은 통 밝지 않군." 주교는 말을 이었다.

마글루아르 부인은 그 뜻을 알아차리고 주교의 침실로 가서 벽난로 위에서 두 개의 은촛대를 가져다 불을 환히 밝혀 식탁 위에 놓았다.

"사제님." 사나이가 말했다. "사제님은 친절하십니다. 사제님은 저를 멸시하지 않으십니다. 사제님은 저를 댁에 받아들여 주십니다. 사제님은 저를 위해 촛불을 켜 주십니다. 제가 어디서 왔는지를, 또 제가 불쌍한 사람이라는 것을 숨기지 않았는데도."

주교는 그의 옆에 앉아 가만히 그의 손을 잡았다. "당신은 당신이 누구인지를 내게 말하지 않아도 좋았소 여기는 내 집이 아니라 예수 그리스도의 집이오. 이 집의 문은 들어오는 사람에게 이름을 묻지 않고, 그에게 고통이 있는가 없는가를 물을 뿐이오. 당신은 고통 받고 굶주리고 목마른 사람이므로, 잘 오셨소 그리고 내게 감사하지 말고, 내가 당신을 내 집에 맞아들였다고 말하지도 마시오. 여기는 피신처를 필요로 하는 사람 외에는 아무에게도 자기 집이 아니오. 당신에게, 지나가는 당신에게 이 말을 하겠는데, 여기는 나의 집이라기보다는 당신의 집이오. 여기 있는 것은 모두 당신 것이오 어찌 내가 당신의 이름을 알 필요가 있겠소? 더구나 당신이 이름을 말하기 전에 당신에게는 내가 알던 이름 하나가 있소."

사나이는 놀라서 눈이 휘둥그레졌다.

"정말입니까? 사제님은 제 이름이 무엇인지 알고 계셨습니까?"

"그렇소." 주교는 대답했다. "당신 이름은 나의 형제요."

"정말이지 사제님!" 사나이는 외쳤다. "제가 여기 들어올 때는 무척 배가 고팠습니다. 그러나 사제님이 어찌나 친절하신지, 어찌 된 영문인지 알 수

---

13) 1816년 7월 2일에 난파한 프랑스 군함. 백사십구 명의 조난자가 뗏목으로 바다 위에 떠다니다 십이 일 후에 구출되었을 때에는 불과 열다섯 명만 남고 다른 조난자들은 바닷속에 빠지거나 살아남은 자들의 밥이 되었다.

없습니다만, 시장기가 가셔 버렸습니다."

주교는 그를 바라보며 말했다.

"당신은 무척 고생하셨군요."

"말씀 마십시오! 붉은 죄수복에 둥그런 쇠 차꼬, 잠자리는 널빤지, 추위와 더위, 노동, 죄수들, 몽둥이찜! 아무것도 아닌 일에 쇠사슬을 두 겹으로 채우고, 말 한마디 잘못하면 토굴 속에 집어넣고, 누워 있는 환자에게까지 쇠사슬을 채우고, 개들이, 개들이 더 행복하지요! 그렇게 십구 년간을요! 제 나이 마흔 여섯입니다. 지금은 이 노란 통행권! 이렇습니다."

"알겠소" 주교는 말했다. "당신은 슬픈 곳에서 나오셨군요. 들어 보시오. 하늘에서는 올바른 사람 백 명의 흰옷보다 회개한 죄인 한 명의 눈물 젖은 얼굴에 더 많은 기쁨이 있을 것이오. 당신이 그 고통스러운 곳에서 인간에 대한 증오와 분노의 생각을 가지고 나온다면, 당신은 가엾은 사람이오. 반면 거기서 호의와 온정과 화합의 생각을 가지고 나온다면, 당신은 우리들 중 누구보다도 훌륭한 사람이오."

그동안 마글루아르 부인은 저녁밥을 차려 놓았다. 물과 기름과 빵과 소금으로 만든 수프, 약간의 베이컨, 염소 고기 한 조각, 무화과, 신선한 치즈, 큼직한 호밀 빵 한 덩어리. 그 여자는 자기 생각대로 주교의 평소 식단에 오래된 모브 포도주 한 병을 곁들여 내놓았다.

주교의 얼굴에는 갑자기 손님 환대하기 좋아하는 사람들 특유의 쾌활한 표정이 떠올랐다.

"자, 식탁에 앉읍시다!" 그는 힘차게 말했다. 손님과 같이 식사할 때는 언제나 그렇듯이, 그는 사나이를 자기 오른편에 앉혔다. 바티스틴 양은 아주 조용하고 자연스럽게 그의 왼편자리에 앉았다.

주교는 늘 하듯이 식전 기도를 드리고 손수 수프를 따라 주었다. 사나이는 게걸스럽게 먹기 시작했다.

갑자기 주교가 말했다.

"그런데 식탁에 뭔가 빠진 것 같은데."

아닌 게 아니라 마글루아르 부인은 거기에 꼭 필요한 식기 세 벌만 챙겨다 놓았던 것이다. 그런데 주교가 다른 사람과 식사를 할 때면, 순진한 자랑이기는 했지만, 여섯 벌의 은식기를 식탁보 위에 늘어놓는 것이 이집의 관례였다. 이 우아한 사치의 과시는 가난을 품위로 삼고 있는 이 안온하고도 엄격한 가정에 일종의 어린애 같은 애교였다.

마글루아르 부인은 주교의 뜻을 알아차리고 아무 말없이 식당에서 나갔고, 한참 후에 주교가 요구한 세 벌의 식기는 세 회식자 한 사람 한 사람 앞에 보기 좋게 배치되어 식탁보 위에서 번득였다.

4. 퐁타를 리에의 치즈 제조소에 관한 이야기

이제 그 식탁에서 무슨 일이 있었는지 대강 전하기 위해서는 바티 스틴 양이 부 아슈 브롱 부인에게 보낸 편지의 한 구절을 여기에 옮겨 놓는 것이 가장 좋을 것 같은데, 이 편지에는 죄수와 주교 사이에 오간 대화가 순진하고도 자세하게 적혀있다.

……그 사나이는 아무 눈치도 보지 않고 아무런 주의도 하지 않았어요. 굶주린 듯이 게걸스럽게 먹었어요. 그러나 수프를 먹고 나서 이렇게 말하는 거예요.

"고마운 하느님의 사제 님, 이런 것도 모두 제게는 정말 너무 훌륭합니다만, 이 점을 좀 말씀드려야겠는데요, 제가 자기들과 함께 밥을 먹게 두려하지 않은 저 수레꾼들은 사제님보다 더 맛있는 음식을 먹는 답니다."

우리끼리 얘기지만, 그런 의견은 내게는 좀 불쾌 했어요. 오라버니는 이렇게 대답 하셨어요.

"그들은 나보다 더 고되다오."

그 사나이는 말 했습니다. "그게 아니라 그들은 돈이 더 많습니다. 신부님은 가난 하시지요. 저는 잘 압니다. 신부님은 아마 사제도 못 되시는 모양이죠. 신부님은 사제이시기는 합니까? 아! 정말 하느님이 올바르다면 신부님은 꼭 사제가 되셔야 할 텐데."

"하느님은 더없이 공평하시오." 오라버니는 말씀하셨어요.

잠시 후에 오라버니는 덧붙였어요.

"장 발장 씨, 당신이 가시려는 데는 퐁타를리에요?"

"그렇습니다. 여정이 결정되어 있습니다."

나는 그 남자가 그렇게 말했다고 믿어요. 이어 그는 말을 계속 했어요.

"저는 내일 새벽에 떠나야합니다. 여행하는 건 힘듭니다. 밤은 춥고 낮은 덥거든요."

"당신이 가는 곳은 좋은 고장이오." 오라버니는 말을 이었어요. "혁명 때 우리 집이 몰락해서, 나는 처음에 프랑슈콩테로 피난하여 거기서 한동안 내 두 팔로 노동을 하며 살았소. 나는 굳건한 의지를 가지고 있었소. 일거리는 얼마든지 있어서 골라 잡기만하면 되었소. 거기엔 제지 공장, 피혁 공장, 증류 물 제조소, 제유소, 대규모의 시계 제조소, 제강소, 제동소, 그 외에도 적어도 스무 개의 철공소가 있는데, 그중에서도 로, 샤티 용, 오댕쿠르, 뵈르에 있는 네 개의 철공소는 매우 중요한 곳이 라오……"

내 기억에 오라버니가 열거하신 지명은 틀림없이 바로 이런 것들 이었어요. 오라버니는 말을 중단했다가 내게 말을 건넸어요.

"이봐, 누이, 그 고장에 우리 친척이 없는가?"

나는 대답 했어요.

"있어요. 구체제 때 퐁타를리에의 수문장이었던 뤼스네 씨가 있어요.

"그렇군" 오라버니는 말을 이었어요. "하지만 1793년에 우리는 친척이 없었고 가진 거라곤 두 팔뿐이었소. 나는 일했소 발장 씨, 당신이 가려는 퐁타를리에라는 고장에는 아주 가부장적이고 아주 매력적인 산업 하나가 있소. 그것은 치즈 제조소인데 이것을 그들은 '프뤼티에르'라고 부른다오."

그때 오라버니는 사나이에게 식사를 하게 하면서도 퐁타를에리에의 치즈 제조소가 무엇인지 자상하게 설명해 주었어요. 오라버니가 하신 말씀에 의하면 이래요. 치즈 제조소에는 두 가지가 있는데, '큰 헛간'이라는 것은 부자들의 제조소로서, 사오십 마리의 암소가 있어서 여름마다 칠팔천 근의 치즈를 생산한대요. 또 '조합 제조소'라는 것은 가난한 사람들 것인데, 산중턱 쯤 사는 농부들이 암소를 공동으로 방목하여 그 생산물을 나눈다는 거예요. 그들은 '그뤼랭'이라고 부르는 치즈 제조인을 고용해요. 그뤼랭은 하루에 세 번 조합 우유를 받아 그 수량을 표에 적어 넣어요. 치즈 제조 작업이 시작되는 건 4월 말쯤이고, 치즈 제조인들이 그들의 암소를 방목지로 데리고 가는 건 6월 중순쯤이래요.

사나이는 식사를 하면서 기운이 났어요. 오라버니는 그에게 그 좋은 모브 포도주를 마시게 했는데, 오라버니 자신은 비싼 포도주라고해서 그것을 마시지 않았어요. 오라버니는 잘 아시는 그 자연스럽고 유쾌한 어조로, 그리고 이따금씩 내게도 상냥하게 말을 건네면서, 그 사나이에게 그 모든 자질구레한 이야기를 해 주었어요. 오라버니는 몇 번이고 그뤼랭이라는 좋은 직업 이야기를 되풀이 하셨는데, 그것이 그 사나이를 위한 안식처라는 것을 직접적이고 노골적으로 권유하지 않고도 알아들을 수 있도록 하려는 것 같았어요. 한 가지 내가 감동 한 것이 있어요. 그 사나이는 내가 부인께 말한 그대로 그런 사람이었어요. 그런데 오라버니는 그 사나이가 들어 왔을 때 예수에 관해 몇 마디 말씀 하셨을 뿐, 식사 중에나 그날 저녁 내내 그 사나이에게 그의 신분을 상기 시키거나 오라버니의 신분을 알리는 말은 일언반구도 하지 않았어요. 언뜻 보기에는 설교라도 좀 하고 이 죄수에게 주교로서의 위엄을 보여줌으로써 깊은 인상을 남기기에 확실히 좋은 기회였어요. 이것은 아마 다른 사람이 보기에는 그 불쌍한 사람을 받아 주었으니까 그의 육체와 동시에 영혼에도 양식을 주고 훈계와 충고를 곁들여 그를 좀 나무라거나, 혹은 그가 장래에 더 괜찮게 행동하도록 권유하면서 약간의 동정을 베풀 기회였을 거예요. 오라버니는 그가 어느 고장에서 왔는지도 묻지 않았고 그의 과거가 어떠했는지도 묻지 않았어요. 그의 과거에는 과오가 있었고, 그래서 오라버니는 그에게 그것을 상기시킬만한 말은 일체 피하는 것 같았어요. 오라버니는 퐁타를리에의 산중 사람들 이야기를 하시면서 "그들은 하늘 가까이서 평온한 일을 하고 있다."라는 말에 덧붙여서 "그들은 순결하니까 행복하다."라고 말씀하시다가 불쑥 나온 그 말 속에 그 남자의 마음을 찌르는 무엇이 있지나 않을까하여 갑자기 입을 다물어 버렸을 정도예요. 곰곰히 생각해 보면, 오라버니 마음속에 어떤 생각이 있었는지 나도 알 것 같아요. 그 장 발장이라는 사람은 자신의 비참함을 너무나도 또렷하게 가슴속에 느끼고 있으니, 그것을 잊게 하고 평범하게 대해줌으로써 잠시라도 자기도 남과 다름없는 사람이라고 믿게 해주는 것이 제일 좋은 일이라고 오라버니는 아마 생각하셨을 거예요. 이런 것이야말로 정말 자비라는 것을 잘 이해하는 것 아니겠어요? 그렇게 설교와 훈계와 암시 같은 걸 삼가는 마음씨 고운 태도 속에야말로 정말 복음적인 그 무엇이 있지 않을까요? 그리고 사람이 가슴속에 어떤 고통을 지니고 있을 적에 그것을 조금도 건드리지 않도록 하는 것이야말로 가장 훌륭한 연민의 정 아닐까요? 내가 보기에는 바로 우리 오라버니의 마음속이 그랬던 것 같아요. 그러나 어쨌든 내가 단언 할 수 있는 것은 설령 오라버니가 그러한 생각을 가지고 있었다 해도 오라버니는 저에게 조차 조금도 그런 내색을 하지 않았다는 점이에요. 오라버니는 끝내 보통 저녁과 처음부터 끝까지 하나도 다름이 없었고, 사제 장 제데옹 씨나 교구의 사제와 식사하는 것과 똑같은 표정과 똑같은 투로 장 발장과 같이 저녁 식사를 하셨어요.

식사가 끝날 무렵, 우리가 무화과를 먹고 있는데 누가 문을 두드렸어요. 제르보 아주머니가 어린 아이를 안고 들어온 거예요. 오라버니는 어린 아이의 이마에 입을 맞추고, 제르보 아주머니에게 주려고 내게 마침 있던 돈 15수를 빌렸어요. 그러는 동안 사나이는 별로 주의도 하지 않고 있었어요. 그는 아무 말도 않고 있었는데, 퍽 피로해 보였어요. 가련한 제르보 아주머니가 나가고 나서, 오라버니는 식후 기도를 드리고는 그 사나이한테 몸을 돌려 "이제 주무셔야겠지요."하고 말씀 했어요. 마글루아르 부인은 얼른 식기를 치웠어요. 나는 손님이 잠을 자도록 우리는 물러가야겠다고 생각하고 마글루아르 부인과 둘이서 2층으로 올라갔어요. 그러나 조금 후에 나는 마글루아르 부인에게 내 방에 있던 포레누아르의 사슴 모피를 그 남자의 침대로 가져다주라고 했어요. 밤에 추워도 그게 있으면 포근하거든요. 섭섭한 건 그 모피가 낡아서 털이 죄 빠져 버렸다는 거예요. 그것은 오라버니가 다뉴브 강 수원에서 가까운 독일의 토틀링겐에 계셨을 때 지금 제가 식탁에서 쓰고 있는 상아 자루가 달린 조그만 나이프와 함께 사 오신 물건이에요.

마글루아르 부인은 이내 2층으로 돌아 왔어요. 우리는 빨래를 너는 객실에서 주께 기도를 드리기 시작했어요. 그러고는 둘 다 아무말없이 제각기 자기 방으로 물러갔어요.

5. 고요

비앵브뉘 예하는 누이동생에게 편히 쉬라고 인사하고 나서 식탁 위의 두 은촛대 중 하나는 자기 손에 들고, 또 하나는 손님에게 주며 말했다.
"자, 노형, 방으로 안내해 드리겠소"

사나이는 그의 뒤를 따랐다. 앞서 말한 바대로, 이 집의 구조는 침소가 있는 기도실로 가거나 거기서 나오려면 주교의 침실을 통과하지 않으면 안 되었다.

그들이 그 방을 지나갈 때, 마침 마글루아르 부인은 침대 머리맡에 있는 벽장 속에 은식기를 넣고 있었다. 그것은 저녁마다 그 여자가 자러 가기 전에 마지막으로 하는 일이었다.

주교는 손님을 기도실 안쪽 침소에 묵게 했다. 하얀 새 침대 하나가 거기에 놓여 있었다. 사나이는 작은 탁자 위에 촛대를 놓았다.

"자, 편히 주무시오." 주교는 말했다. "내일 아침 떠나기 전에 우리 집 소에게서 짠 따끈따끈한 우유를 한 잔 마시고 가시오."

"고맙습니다, 신부님." 사나이는 말했다.

이 화기애애한 말을 하자마자 그는 별안간 느닷없이 이상한 몸짓을 했는데, 만약에 두 성스러운 처녀가 그것을 보았다면 깜짝 놀라 몸이 오싹했으리라. 이때 그가 무슨 충동을 받았는지 나로서는 오늘날까지도 알 도리가 없다. 미리 무슨 경고를 주려고 했을까, 아니면 위협을 하려고 했을까? 또는 단지 저 자신도 알 수 없는 일종의 본능적 충동에 사로잡혔을 뿐일까? 그는 갑자기 늙은이 쪽으로 돌아서더니, 팔짱을 끼고 사나운 눈으로 주인을 응시하며 쉰 목소리로 외쳤다.

"아! 정말로! 이렇게 당신 집에, 당신 곁에 재워 주시는군요!"

그는 말을 끊었다가 어쩐지 흉측하게 느껴지는 웃음을 지으며 덧붙였다.

"정말 두루두루 깊이 생각해 보셨습니까? 제가 살인자가 아니라고 누가 말해 주던가요?"

주교는 천장을 우러러보고 대답했다.

"그건 주님께서나 아실 일이오."

그러고는 기도를 드리거나 혼잣말을 하는 사람처럼 입술을 움직이며 오른손의 두 손가락을 들어 허리도 굽히지 않는 사나이에게 축복을 빌어주고서, 고개도 돌리지 않고 뒤도 돌아보지 않고서 자기 침실로 갔다.

침소에 사람이 들어있을 때는 기도실에 커다란 서지 휘장을 빙 둘러쳐 제단을 가렸다. 주교는 그 휘장 앞을 지나다가 무릎을 꿇고 짤막하게 기도를 드렸다.

잠시 후에 그는 정원으로 나가 거닐며 몽상에 잠기고 명상에 잠기면서 밤에 천주가 열려있는 사람 눈에 보이는 저 위대한 신비에 영혼도 생각도 고스란히 바쳤다.

한편 사나이는 정말 너무 피곤해서 그 좋은 흰 침대보를 즐기지도 못했다. 그는 죄수들이 하는 식으로 콧바람으로 촛불을 끄고는 옷을 입은 채 침대에 쓰러져서 이내 깊이 잠들어 버렸다.

주교가 정원에서 자기 방으로 돌아 왔을 때 시계가 12시를 쳤다.

잠시 후, 이 작은 집에서는 모든 것이 자고 있었다.

6. 장 발장

장 발장은 한밤중에 잠을 깼다.

장 발장은 브리의 가난한 농가에서 태어났다. 어렸을 때 그는 글도 배우지 못했다. 성장한 뒤에는 파브롤에서 나뭇가지 치는 일을 했다. 어머니는 잔 마티외라 했고 아버지는 장 발장이라 했는데, 이것은 아마 별명으로, '부알라 장(저 장이란 놈)'이라는 말이 줄은 것일 것이다.

장 발장은 침울하지는 않아도 생각에 잠긴 듯한 성격이었는데, 이것은 다정한 사람들의 특성이다. 어쨌든 외관상으로 장 발장에게는 뭔가 꽤 멍하고 꽤 얼빠진 듯한 데가 있었다. 그는 아주 어려서 부모를 여의었다. 어머니는 산욕열을 잘못 치료해서 죽었다. 아버지는 그와 마찬가지로 나뭇가지 치는 일이 직업으로, 나무에서 떨어져 죽었다. 장 발장에게 남은 것이라고는 아들딸 일곱을 두고 과부가 된 누나 하나뿐이었다. 이 누나가 장 발장을 길렀는데, 남편이 있는 동안에는 어린 동생을 자기 집에 데려다 부양했다. 그런데 남편이 죽었다. 일곱 아이 중 제일 큰놈은 여덟 살이고 제일 작은 놈은 한 살이었다. 장 발장은 그때 스물다섯 살이었다. 그는 아버지 노릇을 했고, 이번에는 그가 자기를 길러 준 누나를 부양했다. 그저 의무처럼 그렇게 되었을 뿐, 장 발장에게는 그다지 달가운 일이 아니었다. 그렇게 해서 그는 청년 시절을 벌이도 신통치 않은 고된 노동으로 보냈다. 그 고장에서 그에게 애인이 있는 것을 본 사람은 아무도 없었다. 그는 연애 할 시간이 없었다.

그는 저녁이면 지쳐서 돌아와 말 한마디 없이 수프를 먹었다. 누나인 잔은 그가 먹는 동안 흔히 쇠고기나 돼지고기 조각, 양배추 속 같은, 그의 음식 중 가장 좋은 것을 그의 사발에서 털어 내 자기 아이들에게 주곤 했는데, 그는 언제나 식탁에 몸을 구부려 머리를 수프 속으로 처넣다시피 하고 긴 머리털을 사발 주위로 늘어 뜨려 눈을 가리고 먹으면서 아무것도 못 본 척 누나가 하는 대로 내버려 두었다. 파브롤에는, 장 발장의 초가집에서 멀지 않은 곳 길 건너편에 마리클로드라는 농가 아낙네가 있었다. 장 발장의 아이들은 늘 배가 고파서 가끔 마리클로드한테 가서 어머니 핑계를 대고는 우유를 한 되 씩 가져다가 울타리 뒤나 좁은 길 모퉁이에서 서로 우유 단지를 빼앗아 마시곤 했는데, 너무 급히 서두르는 바람에 어린 계집아이들은 흔히 앞치마나 가슴 위에 우유를 흘렸다. 만약에 어머니가 그러한 속임수를 알았다면 그런 비행을 저지른 녀석들을 호되게 야단쳤으리라. 그러나 장 발장은 퉁명스럽고 잘 투덜대기는 했으나, 아이들 어머니 몰래 마리클로드에게 우윳값을 치렀고, 아이들은 벌을 받지 않았다.
　그는 나뭇가지를 치는 계절에는 하루에 24수를 벌었고, 그런 다음엔 가을 일꾼으로, 잡역부로, 소 치는 일꾼으로, 육체노동자로 고용되었다. 그는 할 수 있는 일은 모두 다했다. 그의 누나 역시 누나대로 일을 했지만, 어린 아이들이 일곱이나 있는데 무슨 일을 할 수 있었겠는가? 어찌할 도리가 없었다. 그들은 차츰차츰 가난에 쫓기고 몰리는 슬픈 군상이 되었다. 그러던 중 혹독한 겨울이 왔다. 장 발장은 일거리가 없었다. 가족은 빵이 없었다. 빵이 없었다. 글자 그대로. 거기에 일곱 아이들.
　어느 일요일 저녁, 파브롤의 성당 앞 광장 쪽 빵집 주인 모베르 이자보가 막 자려고 하는데, 진열대의 창살 친 유리창에서 찰카닥하는 소리가 들렸다. 나와 보니 마침 창살과 유리를 한꺼번에 주먹으로 때려 부순 구멍으로 팔 하나가 쑥 들어와 있는 것이 눈에 띄었다. 그 팔은 빵 하나를 집어 가져갔다. 이자보는 급히 뛰어 나갔다. 도둑놈은 전속력으로 달아났고, 이자보는 그를 쫓아가 붙잡았다. 도둑놈은 빵을 던져 버렸으나, 팔에는 아직도 피가 흐르고 있었다. 그는 장 발장이었다.
　그것은 1795년의 일이었다. 장 발장은 '야간에 가택에 침입하여 절도 행위를 한 혐의로' 당시의 법정으로 보내졌다. 그는 총을 한 자루 가지고 있었는데, 총 솜씨가 천하의 명수였고, 어떤 면에선 밀렵꾼이기도 했다. 이것이 그에게 불리했다. 밀렵꾼에 대해서는 지당한 편견이 있다. 밀렵꾼은 밀수입자와 마찬가지로 비적에 매우 가깝다. 그러나 말이 났으니 말이지만, 그러한 자들과 도회지의 끔찍한 살인자들 사이에는 현격한 차이가 있다. 밀렵꾼은 숲 속에 살고, 밀수입자는 산 속이나 바다 위에 산다. 도회지는 부패한 인간과 흉포한 인간을 만든다. 산과 바다, 숲은 야성인(野性人)을 만든다. 이것들은 인간의 사나운 면을 키워 주기는 하지만 흔히 인간적인 면을 파괴하지는 않는다.

 장 발장은 유죄 선고를 받았다. 법전의 규정은 명백했다. 우리들의 문명에는 무서운 시기가 있다. 형벌이 파멸을 선고 하는 시기가 그렇다. 사회가 생각하는 인간을 회복할 길 없이 버리고 떠나 갈 때, 그것은 얼마나 슬픈 순간인가! 장 발장은 오 년 징역형을 선고 받았다. 1796년 4월 22일, 집정관 정부가 오백인회에 보낸 혁명 제 4년 화월(花月)14) 2일의 통첩에서 부오나파르테라고 불리는 이탈리아군 총사령관이 몬테노테에서 승리했다는 소식이 파리에 전해 졌는데, 바로 그날 비세트르에서는 많은 죄수들이 쇠사슬에 묶였다. 장 발장도 그중 하나였다. 지금은 아흔에 가까울 당시의 한 형무소 간수는 형무소 마당 북쪽 구석의 넷째 줄 맨 끝의, 쇠사슬에 묶인 그 불행한 사나이를 아직도 똑똑히 기억한다. 그도 다른 이들처럼 땅바닥에 앉아 있었다. 그는 자기 처지가 끔찍하다는 것을 제외하고는 아무것도 이해하지 못하고 있는 것 같았다. 그도 역시 십중팔구 아무것도 모르는 불쌍한 사람의 막연한 생각을 통해 자기가 처한 상황에 뭔가 지나친 것이 있다는 것을 알았을 것이다.

 목에 걸린 쇠고리의 못을 기둥에 대고 박느라 머리 뒤에서 망치 소리가 쩌렁쩌렁 울리는 동안, 그는 울고 있었고, 눈물에 목이 메어 말도 못했다. 그는 때때로 단지 이런 말만 할 수 있었다. "나는 파브롤의 가지 치는 사람이었다." 그러고는 흐느끼면서 오른손을 올렸다가 조금씩 일곱 번을 내렸는데, 그것은 마치 키가 다른 일곱 사람의 머리를 차례로 어루만지는 것 같았으며, 그러한 손짓으로 사람들은 그가 저지른 어떤 일이 일곱 명의 어린 아이에게 옷을 입히고 먹을 것을 주기 위해서였다는 것을 짐작했다.

 그는 툴롱으로 떠났다. 목에 쇠사슬을 차고 수레에 실려서 스무 이레

---

14) 혁명력 8월로서, 4월 20일부터 5월 19일까지에 해당한다.

만에 거기에 도착했다. 툴롱에서 그는 붉은 죄수복으로 갈아 입혀졌다. 과거의 생활에 관한 것은 그의 이름까지도 지워졌다. 그는 이제 장 발장이 아니었고 24601호였다. 누나는 어찌 됐을까? 일곱 아이들은 어찌 됐을까? 누가 그걸 걱정할까? 톱으로 밑동이 잘린 어린 나무의 한줌 나뭇잎들은 어찌 되는가?

그것은 언제나 같은 이야기다. 살아남은 그 불쌍한 사람들은, 그 하느님의 피조물들은 그 후 의지가지없고, 인도자도 없고, 은신처도 없이, 바람 불고 물결치는 대로, 누가 알겠는가. 저마다 뿔뿔이 흩어져, 외로운 운명들을 삼키는 저 싸늘한 안개 속에, 인류의 암담한 행진 속에서 수많은 불우한 사람들이 연달아 사라져가는 음산한 암흑 속에 빠져 갔다. 그들은 그 고장에서 떠났다. 그들이 살던 마을의 종루는 그들을 잊었고, 그들이 살던 농촌의 경계석도 그들을 잊었으며, 장 발장조차도 감옥살이 몇 년 끝에 그들을 잊었다. 상처가 있었던 그의 가슴속에는 흉터가 남았다. 그것이 전부였다. 툴롱에서 지내는 내내 그는 고작 한 번 누나의 소식을 들었을 뿐이었다. 그것은 감옥살이 사 년째 되던 해가 다 지나갈 무렵이었다. 그 소식이 어떻게 그에게까지 전해졌는지는 알 수 없다. 다만 고향에서 그들을 알고 있던 어떤 사람이 그의 누나를 보았다는 것이었다. 그 여자는 파리에 있었다. 생쉴피스 근처의 빈민가 인 쟁드르 거리에 살고 있었다. 그녀는 아이를 한 명만, 막둥이인 어린 사내아이 하나만 데리고 있었다. 다른 여섯 아이는 어디에 있었을까? 아마 그녀 자신도 몰랐을 것이다. 그녀는 아침마다 사보 거리 3번지의 어느 인쇄소에 나가서 종이를 접고 책을 매는 일을 했다. 아침 6시에, 겨울이면 해도 뜨기 훨씬 전에 거기에 나가야했다. 인쇄소와 같은 건물 안에 학교가 하나 있어서, 그녀는 이 학교에 일곱 살 먹은 어린 아들을 데리고 갔다. 다만 그녀는 6시 인쇄소에 들어가고 학교는 7시가 돼야만 열렸으므로, 아이는 학교가 열릴 때까지 한 시간을 마당에 서 기다려야했는데, 겨울에 한데에서 보내기에 그 한 시간은 아직 어두웠다. 어린 아이는 인쇄소에 들어갈 수 없었는데, 방해가 되기 때문이었다. 아침에 직공들이 이 가엾은 어린 아이가 잠이 와서 못 견뎌하며 길바닥에 앉아있는 것을, 또는 어둠 속에서 제 보퉁이 위에 몸을 구부린 채 쪼그리고 앉아서 잠들어있는 것을 지나가다가 흔히 보았다. 비가 올 때면 문지기 노파가 측은하게 여겨 자기 오두막에 맞아 들였는데, 거기에는 초라한 침대 하나와 물레 하나, 그리고 두 개의 나무 의자밖에 없었다. 어린아이는 거기 한쪽 구석에서 덜 춥도록 고양이에게 몸을 바짝 붙이고 잤다. 7시에 학교 문이 열리고 아이는 학교에 들어갔다. 장 발장이 들은 것은 이상과 같았다. 어느 날 그는 그런 이야기를 들었으나, 그것은 삽시간의 일이요 번개 같은 일이어서, 마치 그가 사랑했던 그 사람들의 운명에 갑자기 창이 열렸다가 다시 싹 닫혀 버린 것과 같았고, 그 후 다시는 그들의 소식을 듣지 못했는데, 그것도 영원히 그러했다. 더 이상 아무것도 그에게 전해지지 않았다. 그는 한 번도 그들을 보지 못했고, 한 번도 만나지 못했으며, 이 가슴 아픈 이야기의 뒤에도 다시는 그들을 만나지 못할 것이다.

 그 사 년째 연말경에 장 발장이 탈옥할 순서가 왔다. 그의 친구들은 이 비참한 곳에서는 으레 그러하듯이 그를 도왔다. 그는 탈옥했다. 그는 이틀 동안 들판을 자유롭게 헤맸다. 바짝 쫓기고, 줄곧 돌아다보고, 바스락 소리만 나도 부르르 떠는 것도 자유롭다고 한다면. 연기 나는 지붕에, 지나가는 사람에, 개 짖는 소리에, 뛰어가는 말굽 소리에, 시계치는 소리에, 온갖 것이 보이기 때문에 낮에, 아무것도 안 보이기 때문에 밤에, 도로에, 오솔길에, 덤불에, 자는 것에, 모든 것에 겁을 먹는 것도 자유롭다고 한다면 말이다. 이틀째 되던 날 저녁에 그는 다시 붙잡혔다. 그는 서른여섯 시간 동안 아무것도 먹지 못했고 한숨도 자지 못했다. 해사(海事) 재판소는 이 죄로 그의 형기를 삼 년 연장했고, 그의 형기는 팔 년이 되었다. 육년 째에 다시

금 탈옥할 순서가 왔고, 그는 그것을 이용했으나 탈주를 완수하지는 못했다. 점호할 때에 그가 없었다. 비상 대포가 울렷다. 그날 밤 순찰대원이 그가 건조 중인 배의 용골 밑에 숨어 있는 것을 발견했는데, 그는 자기를 붙잡은 간수들에게 저항했다. 탈옥과 반항. 특별법으로 규정되어 있는 이 행위로 인해 그는 오 년의 가중형에 처해졌는데, 그중 이 년은 두겹의 사슬형이었다. 총 십삼 년. 십 년째에 다시 차례가 왔고, 그는 또 그 기회를 이용했다. 이번에도 더 잘 성공하지는 못했다. 이 새로운 탈옥 미수로 말미암아 삼 년이 가형되었다. 합계 십육 년. 마지막으로, 십삼 년째의 해였다고 생각하는데, 그는 마지막으로 한 번 더 탈옥을 시도했으나 네 시간으로 삼 년. 도합 십구 년. 1815년 10월에 그는 석방되었다. 그는 유리창을 부수고 빵 한 조각을 훔친 죄로 1796년에 형무소에 들어갔던 것이다.

간단히 한마디 덧붙인다. 이 책의 저자가 형법 문제와 법률에 의한 처벌에 관해 연구하던 중 빵 한 조각을 훔친 것이 한 사람의 운명이 파멸하는 출발점이 된 예를 접하는 것은 이것이 두 번째이다. 클로드 괴가 빵 한 조각을 훔쳤고, 장 발장이 빵 한 조각을 훔쳤다. 영국의 통계에 의하면, 런던에서는 절도 다섯 건 중 네 건이 굶주림에 그 직접적인 원인이 있는 것으로 확인되고 있다.

장 발장은 흐느끼고 떨면서 감옥에 들어갔고, 무감정한 사람이 되어 거기서 나왔다. 그는 거기서 절망해서 들어갔고, 거기서 침울해져서 나왔다.

이 사람의 영혼 속에서 무슨 일이 일어났었을까?

7. 절망 속에서

그것을 말해보자.

이런 것들을 만들어 내는 것은 사회이니까 사회는 모름지기 그것들을 봐야만 한다.

앞서 말했듯이 그는 무지한 사람이었지만 바보는 아니었다. 타고난 빛이 그의 마음속에 불을 밝히고 있었다. 불행 역시 나름의 빛을 가지고 있는데, 그것이 이 사람의 정신 속에 있는 조금의 빛을 증가시켰다. 곤봉 아래서, 쇠사슬 아래서, 감방 속에서, 피로 속에서, 형무소의 뜨거운 태양 아래서, 죄수들의 마룻바닥 잠자리에서, 그는 양심 속에서 자신을 되돌아보고 심사숙고했다.

그는 자기 자신을 심판대에 올려놓았다.

그는 자기 자신을 심판하기 시작했다.

그는 자기가 부당하게 벌을 받은 결백한 사람이 아니라는 것을 인정했다. 그는 자기가 비난받을 만한 극단적인 행동을 저질렀다는 것을 자인했다. 그는 이렇게 생각했다. 만약에 달라고 했다면 아마 그 빵을 거절하지 않았으리라. 동정심에서든, 일을 해서든, 어쨌든 그 빵을 얻을 때까지 기다리는 것이 좋았으리라. "굶주리는 판에 기다릴 수 있는가?"라고 말하는 건 전혀 이론의 여지가 없는 이유라고는 할 수 없다. 먼저, 글자 그대로 굶어 죽는다는 것은 매우 드문 일이다. 다음으로, 다행인지 불행인지, 인간은 정신적, 육체적 고통을 죽지 않고 오래오래, 그리고 수없이 참아낼 수 있도록 만들어져 있다. 그러므로 참을성이 필요했다. 저 가엾은 어린아이들을 위해서라도 그게 더 나았을 것이다. 사회 전체에 난폭하게 대들고 도둑질로 곤궁에서 벗어나려고 생각한 것은 변변찮고 보잘 것 없는 사람인 그로서는 분별없는 생각이었다. 어쨌든 치욕으로 들어가는 문은 곤궁에서 벗어나기 위한 좋은 문은 아니었다. 요컨대 그는 옳지 않았다.

이어서 그는 자문했다.

이 불행한 사건에서 잘못은 나 한 사람에게만 있었는가? 먼저, 노동자인 나에게 일거리가 없었고, 부지런한 나에게 빵이 없었던 것은 중대한 일이 아니던가? 다음으로, 과오를 범하고 자백하기는 했지만, 징벌이 가혹하고 과도하지는 않았던가? 범죄인 쪽에서 범행에 잘못이 있었던 것보다도, 법률 쪽에서 형벌에 더 많은 잘못이 있었던 것은 아니던가? 한쪽의 저울판에, 속죄가 실려 있는 저울판에 과중한 무게가 실려 있지는 않았던가? 과중한 형벌은 범죄는 조금도 없애지 못하고, 입장을 뒤집어, 범죄자의 잘못을 억압의 잘못으로 바꾸어 놓고, 죄인을 희생자로 채무자를 채권자로 만들어 놓고, 바로 권리를 침범한 자 쪽에서 결정적으로 권리를 부여하는 결과를 초래하지 않았던가? 탈옥 기도로 계속 가중된 그 형벌은 결국 최약자에 대한 최강자의 폭행 같은 것이 되고, 개인에 대한 사회의 죄악이 되고, 매일 되풀이되는 죄악이 되고, 십구 년간 계속된 죄악이 되지 않았던가?

그는 자문했다. 과연 인간 사회는 그 구성원들에게 어떤 경우에는 부조리한 무분별을, 또 어떤 경우에는 무자비한 경계를 모두 똑같이 받아들이게 하고, 결핍과 과다 사이에, 노동의 결핍과 징벌의 과다 사이에 한 가련한 인간을 영원히 붙잡아 놓는 권리를 가질 수 있는가? 우연에 의해 이루어지는 재산 분배에서 가장 적은 몫을 탄, 따라서 가장 배려를 받아 마땅한 구성원들을 사회가 그렇게 대우하는 것은 부당한 일이 아닌가?

이러한 질문들이 제기되고 해결 되었으므로, 그는 사회를 판결하여 유죄를 선고했다.

그는 자신의 증오심으로 사회를 처벌했다.

그는 자기가 겪는 운명을 사회의 책임으로 돌리고, 아마 언젠가는 서슴지 않고 그 책임을 물으리라 생각했다. 그는 자기가 가한 손해와 자기에게 가해진 손해 사이에 균형이 맞지 않는다고 자신에게 선언했다. 마지막으로 그는 자기가 받은 징벌은 사실 부당한 것은 아니지만 확실히 불공정 한 것이라고 결론지었다.

분노는 분별없고 부조리할 수 있으며, 사람은 부당하게 화를 낼 수도 있다. 그러나 결국 어떤 면에서건 옳을 때만 분개한다. 장 발장은 분개하고 있었다.

게다가 인간 사회는 그를 해치기만 했다. 그는 일찍이 사회에 관해서는 사회가 정의라고 일컬으며 타격을 가하는 자들에게 보여주는 저 성난 얼굴밖에 본 적이 없었다. 사람들이 그와 접촉한 것은 오직 해치기 위해서 뿐이었다. 그들과의 접촉 중 그에게 타격이 아닌 것은 하나도 없었다. 그는 어릴 적부터, 어머니의 슬하에서부터, 누나에게 길러질 때부터 단 한 번도 다정한 말과 친절한 눈빛을 접해 본 일이 없었다. 고생에 고생을 겪으면서 차츰 그는 하나의 확신에 도달하여, 인생은 투쟁이고 그 투쟁에서 자기는 패배자라고 생각하기에 이르렀다. 그에게는 증오심 외에 아무런 무기도 없었다. 그는 형무소에서 이 유일한 무기를 날카롭게 갈아 두었다가 나갈 때 가져가기로 결심했다.

툴롱에는 죄수들을 위하여 이뇨랑탱15) 수도사들이 경영하는 학교가 있었는데, 거기서는 불행한 죄수들 중 뜻있는 자들에게 가장 필요한 것을 가르쳤다. 그는 그러한 뜻있는 자들 중의 하나였다. 그는 마흔 살에 학교에 가서 읽기, 쓰기, 셈하기를 배웠다. 그는 자기의 지능을 강화하는 것은 곧 자기의 증오심을 강화하는 것이라고 생각했다. 어떤 경우에는 교육과 지식이 악을 보조하는 구실을 할 수도 있다.

말하기에도 애처롭지만, 그는 자기의 불행을 만들어 놓은 사회를 판결한 후에 사회를 만들어 놓은 신의 섭리를 판결했다.

그는 이것도 역시 비난했다.

그리하여 고통과 예속의 십구 년 동안이 영혼은 상승과 추락을 동시에 겪었

---

15) 생 장 드 디외 교단 수도사들이 자신을 낮추어 부른 말. 본래 이뇨랑탱은 '문맹'이라는 뜻이다.

다. 한쪽으로는 광명이 비쳐 들고 다른 쪽으로는 암흑이 들어왔던 것이다.

장 발장은 앞서도 본 바와 같이 본성이 악하지는 않았다. 형무소에 들어갔을 때 그는 아직도 선량했다. 거기서 그는 사회를 비난하고 자기가 악해졌음을 느꼈다. 거기서 그는 신의 섭리를 비난하고 자기 스스로 신앙심이 없어진 것을 느꼈다.

여기서 잠시 생각해 보지 않을 수 없다.

인간의 성질은 이처럼 근본적으로 완전히 변화할 수 있을까? 신에 의하여 착하게 만들어진 인간이 사람에 의하여 악해 질 수 있을까? 인간의 영혼이 운명에 의하여 완전히 개조되고, 운명이 나쁘기 때문에 영혼도 나빠질 수 있을까? 너무 낮은 천장 아래에서 등골뼈가 구부러지듯이, 사람의 마음도 고르지 못한 불행의 압박 아래에서 비틀어져 불치의 추악과 불구로 변화할 수 있을까? 어떤 본래의 빛이, 이승에서 부패할 수 없고 저승에서 사멸할 수 없는 어떤 거룩한 요소가, 선에 의하여 발전하고, 북돋워지고, 불붙어 타올라 찬연히 빛나며 악에 의하여 결코 완전히 꺼지지 않는 그 어떤 거룩한 빛이 모든 사람의 영혼 속에 없을까? 특히 장 발장의 영혼 속에는 그러한 것이 없었을까?

그것은 중대하고도 분명치 않은 문제들이다. 그중 마지막 문제에 대해서 만약에 생리학자들이 툴롱에서 휴식 시간 중 장 발장의 모습을 보았더라면 누구나 아마 서슴지 않고 그에게 그런 것은 '없었다.'고 대답 했으리라. 그 휴식 시간은 장 발장에게는 몽상의 시간이었다. 그는 땅바닥에 끌리지 않도록 쇠사슬 한쪽 끝을 호주머니 속에 집어넣고서 팔짱을 끼고 권양기의 막대 위에 앉아 있었다. 그는 침울한 얼굴을 하고서 묵묵히 생각에 잠겨있는 엄숙한 죄수였다. 그는 법률에 의하여 모든 권리를 박탈당하여 분노의 눈으로 사람을 바라보는 낙오자였다. 그는 문명에 의하여 영원한 벌을 받아 준엄한 눈으로 하늘을 바라다보는 추락자였다.

확실히, 그리고 나도 그것을 숨기고 싶지는 않은데, 관찰자인 생리학자는 거기에서 구제 불능의 비참을 보았을 것이고, 법률이 만들어 놓은 이 병자를 아마 가엾게 여겼겠지만 치료를 해 보려고 조차도 하지 않았을 것이다. 그는 이 사나이의 영혼 속에 얼핏 엿보이는 동굴에서 눈길을 돌려 버렸으리라. 그리고 마치 지옥문 앞에 선 단테처럼, 신의 손가락이 모든 사람의 이마 위에 써 놓은 '희망'이라는 단어를 그 사나이의 생애에서 지워 버렸으리라.

내가 아까 분석해 본 장 발장의 그러한 영혼 상태는 내가 독자에게 전하려고 한만큼 장 발장에게도 완전히 분명하게 인지되었을까? 장 발장은 자기의 정신적 비참함을 구성하고 있는 그 모든 요소들을 그것들이 형성된 뒤에 똑똑히 보고 있었을까? 그리고 그것들이 형성됨에 따라 그것들을 똑똑히 보았을까? 이 거칠고 무식한 사나이는 연달아 일어난 그 사상을 아주 또렷이 깨달았을까? 그러한 사상에 따라, 그는 차츰차츰 올라갔다가 이미 여러 해 전부터 그의 정신의 내부 세계가 되어 있던 그 처량한 상태까지 떨어져 버렸던 것이다. 그는 자기 속에서 일어난 모든 것을, 자기 속에서 움직이는 모든 것을 또렷하게 의식하고 있었을까? 그건 내가 감히 말할 수 없는 것이고, 그랬으리라고 생각조차하지 않는다. 장 발장은 너무도 무지몽매했기 때문에, 여러 가지 불행을 겪은 뒤에도 그에게는 모호한 것이 많이 남아 있었다. 때로는 자기가 무슨 일을 당하는지조차도 정확히 알지 못했다. 장 발장은 암흑 속에 있었다. 암흑 속에서 괴로워하고 있었다. 암흑 속에서 증오하고 있었다. 말하자면 자기의 앞을 증오하고 있었다고나 할까? 그는 늘 그 어둠 속에서 살고 있었고, 장님처럼, 그리고 꿈꾸는 사람처럼 더듬적거리고 있었다. 다만 간혹 분노의 충동이, 과도한 고통이, 그리고 그의 영혼을 구석구석까지 비춰 주는 희미하고 빠른 빛이 별안간 그 자신으로부터 또는 외부로부터 그에게 닥쳐오는 수가 있었다. 그리하여 그 무서운 빛의 번쩍임 속에, 갑자기 그의 앞뒤에, 그리고 그의 주변 도처에 운명의 무시무시한 절벽과 암담한 전망이 나타나는 것이었다.

번개 같은 빛이 사라지면 다시 어둠이 떨어지고, 자신이 어디에 있는지 그는 알 수 없었다.

무자비한 것, 다시 말해 인간을 우매하게 만드는 것이 지배적인 이러한 종류의 형벌의 특색은 일종의 어리석은 변모를 통하여 인간을 차츰 야수로 변화시킨다. 때로는 맹수로 변화시키기도 한다. 장 발장이 연거푸 끈덕지게 시도한 탈옥 계획은 법률이 인간의 영혼 위에 빚어낸 그 이상한 작용을 증명하기에 충분하리라. 그 계획이 아무리 무익하고 어리석은 짓이라 하더라도 장 발장은 기회가 오는 한 그것을 되풀이했으리라. 그는 그 결과 나 이미 겪은 경험 같은 건 조금도 생각하지 않았다 그는 우리가 열려있는 것을 본 이리처럼 맹렬히 탈출하곤 했다. 본능이 그에게 말한다. 도망쳐라! 이성은 그에게 말했으리라. 그대로 있어라! 그러나 그렇게도 격렬한 유혹 앞에서 이성은 사라져 버리고 본능 밖에 남아 있지 않았다. 오직 수성(獸性)만이 꿈틀거렸다. 다시 잡혔을 때, 새로 내려진 준엄한 판결들은 그를 더욱더 경악하게 할 뿐이었다.

여기서 한 가지 빠뜨려서 안 될 사실은 그가 굉장한 체력의 소유자여서 형무소 내에서 아무도 그에게 미치지 못했다는 점이다. 노역에서나 쇠 밧줄을 풀고 고패를 감는 데서 장 발장은 네 사람에 비길 만했다. 때로는 어마어마한 중량의 물건을 들어 등에 지기도 하고, 때로는 기중기 역할도 했다. 말이 났으니 말이지만, 이 기중기는 옛날에는 '오르괴유'라 불렀는데, 파리 중앙 시장 근처의 몽토르괴유 거리의 이름은 여기에서 유래한 것이다. 친구들은 장 발장에게 '기중기 장인'라는 별명을 붙였다. 예전에 툴롱 시청의 발코니를 수리할 때, 그 발코니를 받치고 있는 퓌제[16]의 유명한 인상주(人像柱) 하나가 밀려나 넘어질 뻔한 일이 있었다. 마침 그 자리에 있던 장 발장은 그 인상주를 어깨로 받치고 일꾼들이 올 때까지 있었다.

그의 유연성은 그의 굳센 힘을 능가했다. 어떤 죄수들은 늘 탈옥만을 꿈꾸어 체력과 수련을 결합하여 마침내 하나의 진정한 기술을 만들어 낸다. 그것은 근육의 기술이다. 일종의 신비한 정역학(靜力學)의 모든 방식이 영원히 파리와 새를 부러워하는 죄수들에 의하여 나날이 적용된다. 반듯한 벽에 기어올라 거의 아무것도 불거져 있지 않은 곳에서 디딜 곳을 찾아내는 것은 장 발장에게 누워서 떡 먹기였다. 벽 한쪽 귀퉁이만 있으면 등과 두 다리를 긴장시키고 팔꿈치와 뒤꿈치를 돌이 파인 곳에 틀어박고서 마치 요술을 부리듯이 4층까지 기어 올라갔다. 때로는 형무소 지붕까지도 그렇게 해서 올라갔다.

그는 말 수가 적었다. 웃지도 않았다. 한 해에 한두 번쯤 극도의 흥을 느끼면 마치 악마의 웃음의 메아리 같은 음산한 웃음이 새어 나왔다. 그를 보면 줄곧 무슨 무서운 것을 바라보고 있는 것 같았다.

그는 사실 무엇엔가 정신이 팔려 있었다.

불완전한 성격과 짓눌린 지성의 병적인 지각을 통하여 그는 어떤 무시무시한 것이 자기 위에 들씌워져 있음을 어렴풋이 느꼈다. 그 어슴푸레하고 희멀쑥한 빛 속에서 기어 다니면서 고개를 돌리고 눈을 쳐들려고 할 때마다, 가지가지의 사물과 법률, 편견, 사람들, 그리고 사실들이 그 윤곽조차 보이지 않을 정도로 무시무시하게 겹치고 서로 쌓여서 무서운 절벽을 이루면서 까마득하게 높이 솟아올라 그 산더미 같은 것들이 자신을 놀라게 하는 것을 그는 분노 어린 공포심을 품고 보았는데, 그것들은 우리가 문명이라 부르는 저 어마어마한 피라미드 외에 아무것도 아니었다. 그 우글거리는 괴이한 전체 속 여기저기에서, 때로는 가까이서, 때로는 멀리서, 그리고 접

---

16) 퓌제(Pierre Puget, 1620~1694), 프랑스의 조각가 이탈리아에서 조각을 공부한 후 주로 툴롱과 제노바에서 작업했다.

근할 수 없는 높은 곳에서, 어떤 집단을, 강렬하게 비친 어떤 세부를 그는 분별할 수 있었다. 여기에는 간수와 그의 몽둥이가 있고, 또 여기에는 헌병과 그의 군도가 있고, 저기에는 관을 쓴 주교가 있고, 훨씬 높은 곳에는 태양처럼 휘황한 배경 속에 왕관을 쓰고 눈부시게 빛나는 황제가 있었다. 그러한 휘황찬란한 것들은 그의 어둠을 없애 주기는커녕 도리어 그것을 더 음산하고 더 캄캄하게 하는 것 같았다. 그 모든 것, 법률, 편견, 사실, 사람, 사물은 신이 문명이라는 것에 부여한 복잡하고 신비로운 운동에 따라 그의 위를 오락가락하면서, 잔인함 속의 무엇인지 모를 고요함과 무관심 속의 말할 수 없는 냉혹함을 갖고서 그의 위를 걸어가 그를 짓밟기도 했다. 더할 수 없는 불행의 구렁텅이에 빠진 영혼들, 아무도 보아주지 않는 나락의 맨 밑바닥에 떨어진 불쌍한 사람들, 법률에 버림받은 자들, 그들은 그 밖에 있는 자에게는 그렇게도 어처구니없고 그 아래에 있는 자에게는 그렇게도 무시무시한 인류 사회가 온 무게로 그들의 머리를 아주 무겁게 짓누르는 것을 느꼈다.

그러한 상황에서 장 발장은 생각에 잠기곤 했으니, 그의 몽상은 어떠한 성질의 것이었겠는가?

만약에 맷돌 아래의 좁쌀에 생각이 있다면 좁쌀은 아마 장 발장과 같은 생각을 했을 것이다.

이러한 모든 것, 환영이 가득 찬 현실, 현실이 가득찬 몽환은 마침내 거의 표현할 수 없는 일종의 내적 상태를 그에게 만들어 주었다.

그는 가끔 형무소에서 한참 일하다가 손을 멈추었다. 그러고는 생각하기 시작했다. 예전보다 한결 성숙하고 동시에 혼란해진 그의 이성이 반기를 들었다. 그에게 닥쳐왔던 모든 일이 부조리하게 보였다. 그를 둘러싼 모든 것이 있을 수 없는 일 같았다. 그는 생각했다. '이것은 꿈이다.' 그는 몇 걸음 떨어져 서있는 간수를 보았다. 간수는 그에게 환영같이 보였다. 그런데 그 환영이 느닷없이 그에게 몽둥이를 한 대 먹이는 것이었다.

눈에 보이는 자연도 그에게는 거의 존재하지 않았다. 태양도, 여름의 아름다운 나날도, 빛나는 하늘도, 4월의 맑은 새벽도 장 발장에게는 아예 없었다고 말해도 거의 거짓말이 아니리라. 무엇인지 모를 채광 환기창의 희미한 빛 같은 것만이 늘 그의 영혼을 비춰 주었다.

끝으로, 내가 여태까지 지적한 모든 것을 확실한 귀결로 줄여서 표현할 수 있는 것을 요약하기 위하여 다음 사실만 기록 해두기로 하자. 파브롤의 소심한 가지 치는 일꾼이자 툴롱의 무서운 죄수였던 장 발장은 십구 년 동안 형무소에서 형성해 놓은 그대로 두 가지 악행을 행할 수 있게 되었다. 첫째는 자기가 받은 악에 대한 보복으로서 행하는 급속하고 반사적이고 무의식적이고 본능적인 악행이요, 둘째는 그러한 불행이 줄 수 있는 그릇된 생각을 가지고서 마음속에서 따져 생각한 나머지의 진지하고 중대한 악행이다. 행동하기 전에 그가 하는 사색은 연속적인 세 단계를 거쳤는데, 그것은 어떤 종류의 기질을 가진 자만이 거칠 수 있는 순서로서, 추리, 의지, 집요함이었다. 그의 행위의 원동력은 상습적인 분노, 마음의 고통, 자기가 당한 불공평에 대한 뿌리 깊은 감정, 반발(심지어 착하고 순진하고 올바른 사람에 대해서까지도, 만약 그런 사람이 있다면 말이지만)이었다. 그의 모든 사상의 출발점은 도착점과 마찬가지로 인간의 법률에 대한 증오였는데, 이러한 증오심은 만약 그것이 발전 중에 하늘의 뜻에 의한 사건으로 말미암아 멈추어지지 않는다면, 어느 때엔가는 사회에 대한 증오가 되고, 다음에는 인류에 대한 증오가 되고, 또 다음에는 천지 만물에 대한 증오가 되어, 마침내는 누구든, 어떤 생물이든 상관없이 해치고 싶은 끊임없고 막연한 야수적 욕망으로 나타났다. 이러한 것으로 미루어 보아 통행권에 장 발장을 극히 위험한 인물이라고 규정해 놓은 것은 무리한 일이 아니었다.

해가 감에 따라 이 영혼은 더욱더, 서서히, 그러나 결정적으로 메말라버렸다. 마음이 메마르면 눈도 마른다. 형무소를 나올 때까지 십 구년 동안 그는 눈물 한 방울 흘린 적이 없었다.

▶▶ 더 읽을거리

빅토르 위고/ 정기수 옮김,『레미자라블』, 민음사, 2012.
윤재설, 「월간기획 세계의 사회주의자(10)-빅토르 위고」 "노동자에게 사랑받는 문학의 거장", 『kdlpnews-74호』, 2001.2.1. (동일기사 『레디앙』, 2006.17.10)
차영선, 「빅토르 위고 작품의 스토리텔링과 OSMU-『레미자라블』을 중심으로」,『한국프랑스학논집』, 제72집, 2010.

http://mybox.happycampus.com/lij3105/2084072
http://mybox.happycampus.com/tosel/401525
http://mybox.happycampus.com/tosel/305500
[네이버 지식백과]빅토르 마리 위고 [Victor-Marie Huge] - 강력한 휴머니즘을 발산한 낭만주의 문학의 거장(인물세계사) 박중서

■ **연습문제**

학과 :_____   학번 : _____   이름 : _____

01 『레미제라블』은 대중적인 인기의 결과로 다른 예술 분야에서 수많은 각색을 만들었다. 다양한 분야에서의 활용방안이 가능했던 이유를 써 보자.

02 현대사회에서 '약속'이라는 단어가 어떠한 의미를 지니고 있는지 적어 보자.

03 장 발장과 코제트는 혈연관계가 없다. 둘의 관계는 일종의 재조합적 가족의 사례로 볼 수 있다. 수평적인 재조합적 가족 속에 작동하는 가족 성원 간의 연결고리에 대한 의견을 써 보자.

제4장 사랑과 증오가 뒤섞인 본성
에밀리 브론테 『폭풍의 언덕』

■ 에밀리 브론테

에밀리 브론테(1818-1848)

에밀리 브론테¹⁾는 요크셔 목사 집안에서 1818년 출생하였다. 1942년 샤를로트와 더불어 브뤼셀에 유학한 후 귀국해 가사를 돌보며 고향 요크셔에서 살았다. 일생을 황량한 황야로 에워싸여져 있는 요크셔 두메마을에서 지냈다. 그녀는 주변의 자연을 사랑해 들판에서 고독한 산책과, 깊은 사념 속에서 영혼의 위안을 발견하고, 그 나름의 신비적인 작품의 세계를 창조했다.

그녀가 남긴 것은 『곤달 시집』, 『칼라, 에리스, 아크턴 벨 시집』(1846년), 그리고 『폭풍의 언덕』 뿐이었다.

『곤달 시집』은 곤달이라 일컬어지는 공상의 섬에 사는 사람들에 관한 이야기 시이다.

---

1) 에밀리 브론테 / 함연진 편저, 『폭풍의 언덕』, 동인, 2003./ 김희보 편저, 『세계의 명작 1』, 종로서적, 1993.

『칼라, 에리스, 아크턴 벨 시집』에 수록되어 있는 에밀리의 시는 21편이다. 그녀의 시는 웅장하고 꿋꿋하면서도 운율미에 뛰어났으며, 자매 중에서도 특히 뛰어났다. 그 중에서도 「회상」, 「노스토아 철학자」, 「최후의 시」는 특히 훌륭한 시로 알려져 있다.

1847년 『폭풍의 언덕』을 출판했다. 이것은 인간의 격정을 무섭도록 그린 비극적인 소설인데 영국 소설사상 가장 독창적일 뿐만 아니라, 세계적인 걸작소설의 하나로 꼽힌다. 그러나 이 소설이 출판 당시에는 거의 인정을 받지 못했다.

『폭풍의 언덕』은 에밀리 브론테 자신의 성장기 환경에서 창조해 낸 시적인 자연묘사를 담은 소설이다. 하워즈에서 생활한 작가의 황량하고 고립된 생활이 투영된 모습이 작품전체를 지배하고 있으며, 작품이 풍기는 이미지는 무시무시하게 휘몰아치는 폭풍의 장면을 연상시킨다.

잉글랜드 요크셔의 황무지 무어 『폭풍의 언덕』의 배경

서로가 사랑하고 증오하며, 선과 악, 영과 육, 천국과 지옥, 음과 양의 대칭적인 극단 사이에서 고통 받는 것처럼 그려져 있다. 요오크셔의 거친 황야가 이 작품의 배경이며 강인하고 야성적인 그 지역의 특성이 작품 속에 드러나 있다. 에밀리 브론테의 내면 세계를 그린 이 작품은 적막한 밤중에 날카롭게 지르는 소리와 같은 순수한 정념에 순응한 인간 본연의 모습을 그리고 있으며 인간의 고뇌를 정신적인 영감으로 나타내고 있다.

주인공으로 설정한 히스클리프와 캐서린 같은 등장인물들의 성격은 자아로서의 어떤 개성이나 전형이 아니며 인간 본성 중의 하나인 애증과 생사 등이 상징적으로 성격화 되어 있다. 폭풍의 언덕은 영혼이 내면에서 분열을 불러오고, 영혼이 외부의 우주와 분열을 느끼는 찰나를 작가의 예술적 상상력을 동원하여 상징적으로 나타낸 작품이다.[2]

『폭풍의 언덕』은 요크셔의 황야에 사는 두 가족의 3대에 걸친 역사가 히스클리프라는 악마적 정열을 가진 인물을 중심으로 펼쳐진다.

이 작품은 작자의 풍부한 상상력과 침착, 냉정하고 날카로운 관찰력과 전기적인 낭만주의 문학에서 받은 영향이 상당히 강력하게 작용하고 있으며, 거칠고 본능적인 요오크셔 지방의 농민들의 실생활이 극히 극적인 형태로 리얼하게 포착되어져 있다.

그런데, 이 작품의 줄거리의 대부분은 '폭풍의 언덕' 저택에서 일하던 하녀가 영국 남부에서 온 노신사에게 이야기하는 형식을 취하고 있다.

작자가 그린 세계는 매우 구체적인 현실의 세계이면서 동시에 그것을 초월한 정신적 세계이며, 자연계와 초자연계와를 융합한 하나의 영혼의 세계이다. 여기에서는 죽음 그 자체도 최후의 것이 아니라 영혼의 개방이며, 사자의 망령은 생자의 영혼과 신비적으로 교류하고 있다.

---

2) 김선순, 「『폭풍의 언덕』에 나타난 구조와 서술기법 연구」, 대신대학교 석사 논문, 2015.

또한 이 작품에서는 요오크셔의 자연 풍경이 구체적으로 묘사되어 있을 뿐만 아니라, 현실을 초월한 차원으로서 상징화되고 있으며, 작중 인물의 모순과 부조리를 내포하면서도 깊은 시적인 진실성을 지니고 있다. 특히, 주인공 히스클리프는 사랑에의 집념과 복수심의 권화(權化)이며, 초인적 의지를 가진 괴물이면서, 특이한 리얼리즘과 상징주의의 융합에 의하여 놀라울 만큼의 생명이 부여되어 있다.

작자가 이 작품에서 표현하고자 한 것은 사회적 현실이나 심리적 진실을 초월한 인간과 세계의 본질에 관한 하나의 비전이라 할 수 있으며, 이런 뜻에서 이 작품은 가장 높은 시적 차원에서 발상된 비극적인 산문시라고도 할 수 있을 것이다.[3]

『폭풍의 언덕』이 당대의 문학 흐름과 다른 특이한 것 중의 하나는 작품의 구도이다. 히스클리프의 독백과 록우드의 독백에서도 자연풍경이 세밀하게 묘사되어 있으며, 히스클리프의 성격과 캐서린의 성격이 매우 사실적으로 묘사되어 있다. 작품 속에 나타난 내용에 대해서 혼동하는 수가 많은데 그것은 바로 이 작품 구조의 특별한 표상 때문이다. 작가의 구조에 대한 특이성으로 인하여 그 구성은 조잡스러운 것이 아니라 지극히 계산적이고 세밀하다. 인간과 자연, 우주가 조화를 이루고 인간은 우주를 구성하고 있는 하나의 구성분자이다. 정신적이든 육체적이든 모두 우주의 창조물은 어떤 살아 있는 정신적인 원리이다. 한편은 거칠고 냉혹하며 야생적인 음의 세계인 반면, 다른 한편은 부드럽고 자비로우며 길들여지고 수동적인 양의 세계이다. 이렇게 이질적으로 대립된 두 세계는 분명히 상반됨에도 충돌하지 않으며, 열정과 이성, 무질서와 조화, 역동적인 힘과 정적인 고요함이 각자의 범주 내에서 질서를 유지하고 『폭풍의 언덕』을 구성하는 공동체의

---

[3] 김일식, 『르네상스 시리즈 세계문학 1』, 대일, 1994.

일원이 된다.

『폭풍의 언덕』의 전체적인 구조는 과거의 목격자 넬리가 현재의 목격자인 록우드에게 그녀의 회고담을 들려주는 형식으로 구성되어 있다. 복잡한 줄거리와 다양한 내레이터들이 등장하고 있으나 매우 짜임새 있고 탄탄하게 구성되어 있다. 에밀리 브론테는 『폭풍의 언덕』을 두 부분으로 나누어서 전개시킨다. 캐서린의 사망을 전환점으로 하여 그 전반은 히스클리프의 복수의 동기를 제시하고 후반은 그의 복수 행위의 전개 과정을 다루고 있다.

실상 『폭풍의 언덕』의 서두에서 에밀리 브론테는 죽은 캐서린의 원혼을 독자에게 소개한다. 책 서두에서부터 독자를 사건의 중심으로 안내하고 또 사건의 결말, 즉 히스클리프의 복수가 종말에 가까이 왔음을 보여주고 나서 회고담을 엮어 나간다는 것은 당시에는 상당히 이색적인 서술방식이었다. 만약 이 기괴한 고딕적인 이야기를 단순히 연대기 순으로 엮어 나간다면 얼마나 무미건조 하겠는가를 작가는 예상했을 것이다. 그러나 전체적으로 자세히 들여다보면 서술층에 균열이 곳곳에 나 있음을 알 수 있다. 이러한 균열은 그들 나름의 독특한 방식대로 이야기를 전개하도록 선택된 내레이터들에 그 원인이 있음을 알 수 있다.

에밀리 브론테의 유일한 작품인 『폭풍의 언덕』은 자연의 독특한 배경과 황야에서 물결치는 모습을 히스클리프와 캐서린의 운명적인 사랑으로 엮어갔다. 그리고 이 소설은 그 당시의 표현 기법과는 다른 자유와 열정을 그리고 있다. 그 후 캐디와 헤어튼의 사랑을 통하여 두 대립되는 집안의 정체성을 이성적이며 합리적인 화합의 성향으로 나타낸다. 에밀리 브론테는 열정적인 사랑의 모습을 세속적이고 조건적인 사랑이 아닌 인간의 순수하고 정신적인 사랑의 강조를 통해서 우주의 질서를 회복시키고 조화시킬 수 있음을 표현했다. 에밀리 브론테는 『폭풍의 언덕』에서 파란만장한 히스클리프의 열렬하고 집요한 애증 드라마를 시간적 순서를 따라 정리하여

사랑의 본질을 규명하려 했다.4)

　작품 속 2명의 주된 화자들로부터 비판적 거리를 유지하는 것은 『폭풍의 언덕』의 올바른 이해에 필수적이다. 작가는 단일 화자를 등장시켜 전복적이고 반동적인 생각을 직접적인 방식으로 전달하는 위험성을 피하는 대신에 가면을 쓰고 있다. 이것은 그녀가 암시적이고 복잡한 방식으로 소설을 써 나가고자 의도하고 있음을 시사한다. 작가나 화자의 마지막 논평이 존재하지 않는 이 소설은 일종의 열린 텍스트가 되며, 독자가 텍스트의 의미를 결정하는 궁극적인 주체가 된다. "나"라는 작가 개인의 감추어진 목소리를 히스클리프와 캐서린의 영혼의 합일이 보여주듯 "우리"의 목소리가 되며 억압 속에서 자유를 갈망하는 "인류 전체"를 대변하는 목소리로 확대되어 간다. 이것은 그녀의 감추어진 목소리와 억압된 욕망이 텍스트 속에 용해되어 존재하며 우주론적인 차원으로 확대되어 가고 있음을 의미한다.

　『폭풍의 언덕』은 사랑의 부재가 초래한 파괴적인 현실의 모습을 보여주는 것으로 시작해서 사랑의 치유적인 힘의 위대함을 확인하는 것으로 끝난다. 에밀리 브론테는 제도권의 히스클리프에 대한 편견과 차별이 암세포적인 존재임을 보여주고 있다. 이 소설에서 구세대의 죽음과 신세대의 탄생이 연속적인 순환적 구조로 맞물려 있다. 이 점은 삶이 단절이 아닌 연속이며, 그것의 목적과 가치가 현상유지가 아닌 진보에 놓여있음을 암시한다. 히스클리프의 죽음으로 사회 내부에 위협적인 요소가 제거된 것처럼 보일 뿐이지 완전히 제거된 것은 아니다. 왜냐하면 그는 유령이 되어 여전히 지상을 떠돌며 파수꾼으로 남아서 기존 사회에 대한 경고와 힐책의 기능을 계속해서 수행하고 있기 때문이다. 그가 두 눈을 뜨고 죽었다는 사실은 자신의 욕망 혹은 미완성의 꿈이 세상을 향해 여전히 열려있음을 그리고 그의 감

---

4) 김선순, 「『폭풍의 언덕』에 나타난 구조와 서술기법 연구」, 대신대학교 석사 논문, 2015.

시기능이 계속되고 있음을 암시한다.5)

『폭풍의 언덕』에서 성적 일탈과 에로틱한 욕망은 사회 질서의 파괴를 초래한다는 면에서 디오니소스가 상징하는 "쾌락과 도취", "수호와 파멸"의 이미지를 띠고 있다. 이 작품의 플롯에 나타난 복수의 진행을 통해 인간의 이중적 본성을 발견하게 된다. 인간의 기본적 욕망에 충실했다는 면에서 연인들의 사랑을 "이성으로 부터의 자유로운 해방"으로 바라 볼 가능성도 열려있지만, 『폭풍의 언덕』의 캐서린과 히스클리프는 인간을 둘러싼 사회 규범을 파괴하고 무시한 행동 때문에 낙원에서 추방되어 우주의 모든 에너지를 파괴의 소용돌이로 몰아넣는 "디오니소스의 부정성"을 상징한다.

캐서린의 세계를 지배하는 '파괴'는 '탈문명'이다. 특히 인간의 욕망 가운데 성적 일탈을 통해 에로틱한 본능을 추구하고자하는 욕망을 함축하고 있다. 그러면서도 사회적 제도의 한계성을 벗어나지 못하기 때문에 세계의 모순적 성향을 반영하고 있다. 사회적 규범과 질서는 전혀 개의치 않는 『폭풍의 언덕』의 세계가 "탈문명의 욕망세계"를 대표한다고 볼 때 탈문명의 형태로 인간 본성의 긍정성과 사악한 부정성의 이중적 면을 여실히 드러내고 있다. 『폭풍의 언덕』은 "디오니소스적 쾌락, 혼돈, 수호와 파괴"의 이중적 세계로 간주될 수 있다. 또한 '이성과 욕망의 경계 허물기', '선과 악의 경계 허물기'를 통해 주인공들의 이중적 감정을 그려내고 있다.6)

『폭풍의 언덕』은 에밀리 브론테의 유일한 소설로서 환상적이고 신비적인 분위기와 치밀한 리얼리즘적 묘사가 결합된 최고의 걸작 중의 하나로 손꼽히는 작품이다. 이 작품은 여러 점에서 있어서 19세기 동시대 작가들

---

5) 박종성, 「에밀리 브론테『폭풍의 언덕』: 감추기와 드러내기의 서술전략」, 『근대영미소설』, 5집 3호, 1998.

6) 이광순, 「'드러내기와 감추기', 야누스적 디오니소스의 세계『폭풍의 언덕』과 『주홍글자』를 중심으로」, 21세기영어영문학회, 『영어영문학』, 21 25권 1호, 2012.

을 능가하는 탁월한 면을 지니고 있다. 특히 구성에 있어서 조셉 콘라드보다 50년이나 앞서는 과단성이 보일 뿐 아니라, 내용에 있어서는 사회적 현실이나 기존의 도덕을 초월한 인간과 세계의 본질에 대한 새로운 시각을 제시한 명작이다.7)

이 작품은 악마적인 독특한 괴기 분위기와 침울한 시적 상상력이 풍부한 소설이다. 주인공 히스클리프의 계획된 복수가 결국 히스클리프가의 비극적인 일로 되풀이 되고 모두들 죽음으로 끝나고 다시 폭풍의 언덕에는 평화와 고요가 찾아온다. 인간의 사악한 마음이 몰고 온 언덕의 폭풍은 인간들의 죽음으로 조용해지는 것이다. 이 소설에는 인간의 보편적인 갈등 요소 문명과 야성, 제도와 원시, 이성과 열정의 처절한 투쟁이 전개된다. 학대와 복수로 점철되는 악의적인 인간들의 삐뚤어진 성격과 운명에 도전하고자 하는 인간의 열정을 깊게 관찰하여 묘사한 작가의 능력은 비록 작품의 구성이 느슨함에도 불구하고 19세기 영국 소설의 한 장을 차지하고 있는 것이다.8)

『폭풍의 언덕』은 추리극과 공포소설을 읽는 듯한 즐거움을 주기도 하지만, 사실은 그 자체가 대단히 반동적인 '격렬한 책'이다. 무엇보다도 내용상으로 볼 때 이 소설에는 빅토리아 사회 현실에 대한 낭만적 반항정신이 스며있다. 그리고 인물의 창조상에 독창성이 있고, 서술의 기법상에 객관성 확보를 목적으로 하는 현대성이 있다. 바로 이런 요소들의 결합을 의식하고 『위대한전통』(The Great Tradition)에서 리비스(F.R. Leavis)는 "에밀리 브론테는 천재이고 놀라운 작품인 『폭풍의 언덕』은 영국소설사의 전통에서 일종의 변종(a kind of sport)"이라고 평했다. '위대한 전통'과 다소 무관한 듯 보이는 이 소설은 오늘날 영문학 정전에서 확고한 위치를 차지하고 있다.9)

---

7) 에밀리 브론테 / 유혜경 옮김, 『폭풍의 언덕』, 소담출판사, 1994.
8) 김성기 외, 『서양문학의 이해』, 한국외국어대학교 출판부, 2004.
9) 박종성, 「에밀리 브론테 『폭풍의 언덕』: 감추기와 드러내기의 서술전략」, 『근대영

등장 인물 사이의 관계도10)

『폭풍의 언덕』은 언쇼 가와 린턴 가의 두 집안 이야기이다. 사랑과 복수로 서로 얽혀 있어서 여러 인물들의 관계를 살펴 볼 필요가 있다.

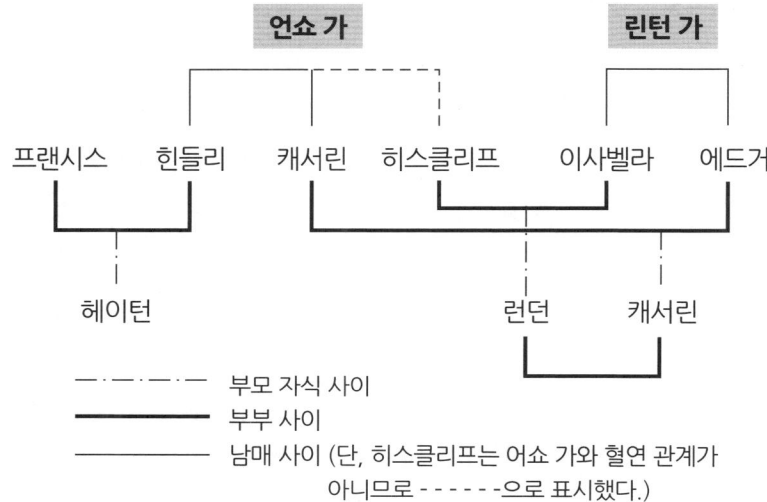

미소설』, 5집 3호, 1998.
10) 에밀리 브론테 / 심영미 엮음, 『폭풍의 언덕』, 예림당, 2005.

■ 작품

폭풍의 언덕[11]

 1801년 - 집주인을 찾아갔다가 막 돌아오는 길이다. 이제부터 사귀어가야 할 그 외로운 이웃 친구를. 여긴 확실히 아름다운 고장이다. 영국을 통틀어도 세상의 소음으로부터 이렇게 완전히 동떨어진 곳을 찾을 수는 없을 것 같다. 사람을 싫어하는 자에겐 다시없는 천국이다. 더구나 히스클리프 씨와 나는 이 쓸쓸함을 나누어 갖기에 썩 알맞은 짝이다. 멋진 친구! 말을 타고 다가가는 나를 보고 그의 시커먼 두 눈이 눈썹 아래에서 미심쩍게 찌푸려지는 것을 봤을 때, 그리고 내가 이름을 대자 그의 손가락들이 잔뜩 경계하며 조끼 속으로 더욱 깊숙이 들어갔을 때, 내 가슴이 얼마나 그에게 호감을 품었는지 그는 상상도 못 했으리라.

 "히스클리프 씨지요?" 내가 물었다.

 그는 고개만 끄덕였다.

 "제 이름은 록우드로, 이번에 새로 세를 든 사람입니다. 도착 즉시 찾아뵙는 것은, 제가 드러시크로스 저택을 빌리고 싶다고 억지로 떼를 써서 거북하지나 않으셨는지 인사말씀을 드리고자 해서입니다. 어제 말씀 들었습니다만 다른 생각이 있으셨다고요."

 "드러시크로스 저택은 내 집이오." 그는 약간 놀란 듯이 말을 막았다. "내 힘으로 막을 수만 있다면 어떤 사람이라도 나를 성가시게 하게 내버려 두지는 않을 거요. 자, 들어오시오!"

---

[11] 에밀리 브론테 / 김종길 옮김, 『폭풍의 언덕』, 민음사, 2016

그 '들어오시오'라는 말은 이를 악물고 내뱉은 터라 '꺼져버려라!'라는 투로 들렸다. 게다가 그렇게 말하면서도 그는 기대고 있던 대문을 열려고도 하지 않았다. 아마도 나는 상대편이 그런 식이니까 도리어 들어가야겠다는 생각을 했던 것 같다. 그가 나보다도 훨씬 무뚝뚝해 보이는 사람이라 더욱 재미가 났던 것이다.

내가 탄 말이 앞가슴으로 대문을 자꾸 밀고 있는 것을 보고서야 그는 비로소 주머니에 꾹 찔렀던 손을 빼고 문에 걸린 사슬을 풀었다. 그러고는 골난 사람처럼 앞서 걸어가다가 안뜰에 들어서자 소리를 쳤다.

"조셉, 록우드 씨의 말을 몰고 가. 그리고 포도주를 좀 가져와."

이렇게 한사람에게 두 가지 일을 시키는 것을 본 나는, '아! 이 집에는 하인이 한 사람뿐이로군. 포석(鋪石) 틈으로 풀이 자라고, 생나무 울타리를 사람이 손질하는 대신 소가 뜯어먹는 것도 무리가 아니야.' 하는 생각이 들었다.

조셉은 나이가 지긋한, 아니 아주 노인이라고 하는 것이 알맞을 것 같았다. 정정하고 근력은 좋지만 아마 굉장히 나이가 많을 터였다.

"아이고, 하나님!" 그는 내 말을 맡을 때 몹시 불쾌한 듯 나직한 어조로 중얼거렸다. 그러고 나서 또 씁쓰름한 얼굴로 나를 바라보는 투로 짐작건대, 가엾게도 이 늙은이는 위가 나빠 점심밥을 잘 소화시켜 주십사고 빌고 있는 것이지, 내가 갑자기 나타난 것이 귀찮아서 하나님을 부른 것은 아닌 것 같았다.

워더링 하이츠란 히스클리프 씨의 집 이름이다. '워더링'이란 이 지방에서 쓰는 함축성 있는 형용사로, 폭풍이 불면 위치상 정면으로 바람을 받아야 하는 이 집의 혼란한 대기를 표현하는 말이다. 정말 이 집 사람들은 줄곧 그 꼭대기에서 일 년 내내 그 맑고 상쾌한 바람을 쐬고 있을 것이다. 집 옆으로 제대로 자라지 못한 전나무 몇 그루가 지나치게 기울어진 것이나, 태양으로부터 자비를 갈망하듯이 모두 한쪽으로만 가지를 뻗고 늘어선 앙상한 가시나무를 보아도 등성이를 넘어 불어오는 북풍이 얼마나 거센지 짐작할 수 있으리라. 다행히 이 집을 지은 건축가는 그것을 감안하여 튼튼히 지었다. 좁은 창들은 벽에 깊숙이 박혀있고 집 모서리는 크고 울퉁불퉁한 돌로 견고하게 되어 있었다. 현관에 들어서기 전에 나는 발걸음을 멈추고 집 정면에, 특히 현관문 주위에 새겨진 수많은 기괴한 조각에 감탄했다. 현관문 위에 부스러져 가고 있는, 사자 몸뚱이에 독수리의 머리를 가진 괴물과 알몸뚱이 사내아이의 조각 가운데, 1500년이라는 연대와 헤어튼 언쇼라는 이름이 눈에 띄었다. 나는 그것에 관해서 몇 마디 칭찬을 하고 퉁명스러운 주인에게 그 집의 간단한 내력을 얘기해 달라고 청하고 싶었지만 문간에서의 그의 태도가 빨리 들어오든지 아니면 나가버리라는 듯한 눈치인데다가, 나로서도 집 내부를 속속들이 보기도 전에 그의 불끈하는 성미를 부채질하고 싶지는 않아 그만두기로 했다.

  한 발짝 안으로 들어선 곳이 가족들의 거실이었고, 거기까지는 현관도 복도도 거치지 않았다. 이 고장에서는 그러한 방을 특히 '하우스'라고 불렀다. 그런 방은 보통 부엌과 응접실을 포함하지만, 워더링 하이츠에서는 부엌을 아주 딴 쪽으로 밀어붙여 버린 것 같았다. 사람들 지껄이는 소리와 부엌살림 덜거덕거리는 소리 정도만 저 안쪽에서 들려오는 것이었다. 큼직한 벽난로에는 굽거나 끓이거나 빵을 구운 흔적이 전혀 보이지 않았고, 벽에는 번쩍이는 구리 냄비와 여과기 따위도 눈에 띄지 않았다. 정작 방 한 귀퉁이에는 커다란 참나무로 만든 시렁에 은주전자와 큰 잔과 커다란 주석접시가 층층이 여러 단으로 천장에 닿을 듯이 쌓여 있어 난로의 불빛과 열을 멋지게 반사하고 있었다. 반자는 처음부터 돼 있지 않아 자세히 쳐다보면 천장속이 그대로 들여다보이고, 귀리떡과 쇠다리와 양고기 그리고 돼지고기가 듬성듬성 놓인 나무 시렁으로 그 일부분이 감추어져 있을 뿐이었다. 벽난로 위에는 여러 가지 낡은 구식 총과 말안장에 다는 두어 자루의 권총이 걸려 있었고 장식 삼아 야단스럽게 빛깔을 칠한 세 개의 차 깡통이 벽 선반에 놓여 있었다. 바닥에는 매끄러운 흰 돌을 깔았고, 의자는 등이 높고 초록빛으로 칠한 원색적인 물건들이었다. 그 밖에도 한두 개의 육중한 검은 의자가 구석에 놓여 있었다. 찬장 밑 아치 모양으로 된 곳에는 큼직한 밤색 어미 포인터 한 마리가 깽깽거리는 강아지 떼에 둘러 쌓인 채 누워 있고, 그 외의 다른 개들은 이 구석 저 구석으로 어슬렁거리고 있었다.

방이며 가구 등속은 투박한 외모와, 바지에 각반이나 차야 어울릴 억센 다리를 가진 소박한 북쪽 농부의 것으로는 조금도 이상할 게 없었다. 저녁 식사가 끝날 무렵이면 이 산중 오륙 마일 안쪽에서는 어느 집에서나 둥근 탁자 위에 거품이 넘치는 커다란 맥주잔을 앞에 놓고 안락의자에 앉아 있는 농부의 모습을 볼 수 있다. 그러한 히스클리프 씨에게는 그의 거처나 생활양식과는 이상하게 어울리지 않는데가 있었다. 얼굴은 집시처럼 검지만 차림새와 태도는 신사이다. 신사래야 시골 유지 정도의 신사로, 단정하다고는 할 수 없을지 모르나 잘생기고 곧은 체구라서 아무렇게나 하고 있어도 어색하지는 않고, 약간 침울한 편이었다. 아마 사람에 따라서는 그를 얼마만큼은 천한 자존심을 풍기는 사람이라고 생각할지도 모르지만 나는 마음속에 공감하는 바가 있어 전혀 그렇게 생각되지 않았다. 그가 무뚝뚝한 것은 감정을 야단스럽게 드러내 보이는 것, 이를테면 서로에 대한 친밀감을 내보인다든가 하는 것이 싫어서라는 것을 나는 직감으로 알고 있었다. 그는 사랑이라든가 미움의 감정을 똑같이 마음속에 접어두고 있으면서 한편으로는 사랑을 받는다든가 미움을 사는 것을 대단치 않은 일로 여기리라. 아니 이건 나의 지나친 속단이고, 너무 내 멋대로 그를 생각하고 있는 셈이다.

히스클리프 씨가 알은체하는 사람을 만날 때 몸을 도사리는 데는, 나와는 전혀 다른 이유가 있을지도 모른다. 나의 성질이 좀 별나다고 해두자. 어머니는 내가 원만한 가정을 이루지 못할 거라고 늘 말씀하셨고, 바로 지난여름만 해도 나는 전혀 그럴 만한 사람됨이 못 된다는 것을 내 스스로 드러내 보이고 말았다.

날씨 좋은 한 달을 해변에서 즐기는 동안, 나는 정말 매혹적인 아가씨와 만나는 사이가 되었다. 그쪽에서 나를 알은체하지 않은 동안은 내 눈에는 정말 여신 같은 아가씨였다. 나는 이른바 사랑한다는 말을 입 밖에 내어 한 적은 없었다. 그래도 눈이 말을 할 수 있다면, 아무리 어리석은 바보라도 내가 제정신이 아니었다는 것은 짐작했으리라. 드디어 그녀도 내 마음을 알게 되었고 나를 돌아다보게 되었다. 이 세상에 다시없을 귀여운 눈길이었다. 그런데 나는 어떻게 했던가? 부끄러운 말이지만 마치 달팽이처럼 냉랭하게 움츠러들어서 그녀의 눈길이 닿을 때마다 더욱 싸늘히 더욱 멀찍이 물러섰던 것이다. 결국 그 순진한 아가씨는 가엾게도 자신이 잘못 짐작했다고 생각하고는 어쩔 줄 몰라 하며 그녀의 어머니를 졸라 해변을 떠나고 말았다.

이런 별난 성격 때문에 나는 일부러 매정스럽게 군다는 소문이 나고 말았는데, 이 소문이 얼마나 부당한 것인지 아는 사람은 오직 나뿐이다.

나는 집주인이 벽난로의 받침돌 있는 데로 다가오자 그 반대편 끝에 앉아서, 한동안의 침묵을 메우기 위하여 그 어미 개나 쓰다듬어주려 했다. 그러자 개는 새끼들을 떼어놓고 내 다리 뒤로 늑대처럼 기어올라서는 잇몸을 드러내고 흰 이빨 사이로 침을 흘리면서 당장이라도 물어뜯을 것처럼 굴었다.

내가 쓰다듬자 개는 길게 목구멍소리로 으르렁거렸다.

"그 개는 내버려 두는 게 좋을 거요." 히스클리프 씨는 개가 더 사납게 덤비지 못하게 발길로 툭 차면서 개와 함께 으르렁대듯 말했다. "그놈은 귀염을 받아본 일이 없거든. 애완용으로 기른 게 아니니까."

이렇게 말하고 나서 그는 옆문으로 성큼성큼 걸어가더니 다시 소리를 질렀다.

"조셉!"

조셉은 지하실 속에서 뭐라고 중얼거렸으니 올라오는 기척이 없었다. 그래서 주인은 지하실로 내려가고, 나는 그 사나게 생긴 암캐와, 아까부터 그놈과 함께 나의 일거일동을 심술궂게 감시하고 있던 두 마리의 험상궂은 털보 셰퍼드와 마주 앉게 되었다.

그놈들에게 송곳니로 물어뜯기고 싶지 않아 나는 가만히 앉아 있었다. 그러다가 제까짓 것들이 말없이 업신여겨도 알 게 뭐냐는 생각에서 경솔하게도 내 멋대로 그 세 놈에게 눈을 깜박거리기도 하고 얼굴을 찌푸리기도 했는데, 내 찌푸린 얼굴이 암놈의 비위를 몹시 거슬렸던지 놈이 갑자기 발칵 성을 내며 두 무릎에 덤벼들었다. 나는 그놈을 냅다 떠밀고는 냉큼 탁자로 막아놓았다. 이렇게 한 것이 벌집을 온통 쑤셔놓은 결과가 되고 말았다. 대여섯 마리나 되는 네 발 돋친 마귀들이 큰 놈, 작은 놈, 늙은 놈, 어린 놈 할 것 없이 굴속에 숨어 있다가 밖으로 튀어나왔으니 말이다. 내 발꿈치와 코트 자락이 주로 놈들의 공격 대상인 모양이었다. 나는 쇠 부지깽이를 들고 솜씨껏 큰 놈들을 막아내면서 이 소동을 가라앉히기 위해서 누구든이 집사람의 도움을 청하느라고 소리치지 않을 수 없었다.

히스클리프 씨와 그의 하인은 부아가 날 만큼 꾸물대면서 지하실 계단을 올라왔다. 난롯가에서는 물어뜯고 짖어대며 온통 대소동이 벌어졌는데도, 그들은 여느 때보다 단 일 초도 더 빨리 움직이는 것 같지 않았다.

다행히 부엌일을 보는 사람 가운데 하나가 좀 더 빨리 와주었다. 옷자락을 걷어 올려 두 팔을 드러내고, 볼에 두 볼이 붉게 익은 억센 여자가 프라이팬을 휘두르며 우리들 한가운데로 뛰어들었다. 무기를 휘두르고 말로 꾸

짖는 그녀의 솜씨가 워낙 훌륭해서 소동은 신기하게 가라앉고 주인이 그 자리에 들어섰을 때 그녀는 그저 강풍이 불고 간 바다처럼 가슴으로 숨을 몰아쉬면서 서 있을 뿐이었다.

"도대체 어떻게 된 거요?" 나는 이런 엉터리 대접을 받은 참이라, 나를 흘겨보며 묻는 주인의 태도를 곱게 참을 수가 없었다.

"정말, 도대체 어찌된 겁니까!" 나는 투덜거렸다. "귀신들린 돼지들도 댁의 저 개들보다 성질이 고약하지는 않을 겁니다. 처음 보는 손님들에게 호랑이 떼를 안기는 거나 마찬가지지 뭡니까!"

"저놈들은 가만히 놔두는 사람에게는 성가시게 굴질 않소" 하고 말하며 그는 포도주 병을 내 앞에 놓고 탁자를 제자리에 고쳐 놓았다. "지키는 게 개들이 할 일이니까요. 포도주나 한잔 드시오."

"됐습니다."

"물리지는 않았소?"

"물렸더라면 나도 놈에게 부지깽이 자국이라도 내주었을 겁니다."

히스클리프의 얼굴이 좀 누그러지며 싱긋이 웃었다.

"자, 자. 좀 당황하셨군, 록우드 씨, 자, 좀 드시오. 이 집엔 찾아오는 사람이 워낙 드물어서 주인이나 개들이나 모두 손님 대접 할 줄을 몰라요. 자, 건강을 위하여!"

나는 고개를 숙이고 그에 대한 축배를 들고 나니, 똥개들의 좋지 못한 행실 때문에 시무룩하게 앉아 있는 것도 멋쩍은 일이라는 생각이 들기 시작했다. 게다가 자진해서 상대편의 재밋거리가 되고 싶지는 않았다. 그는 그러한 눈치였으니 말이다.

아마도 공연히 세입자의 기분을 상하게 하는 것도 어리석은 짓이라는 신중한 생각이 든 탓인지, 대명사나 조동사를 생략해 버리는 그의 딱딱한 말투가 조금 부드러워졌고, 내가 흥미를 가질 만한 화제라고 생각한 듯한 이야기, 말하자면 내가 앞으로 은거할 곳의 장점이라든지 단점 같은 것에 대한 이야기를 꺼냈다.

  우리가 얘기 한 화제에 관해 그는 매우 똑똑해 보였다. 그래서 나는 집에 돌아가기도 전에, 내일 다시 찾아오리라고 스스로 마음먹을 만큼 용기를 얻게 되었다.

  그는 분명 내가 다시 나타나지 않기를 바라는 눈치였다. 그렇지만 다시 찾아 갈 작정이다. 그에 비해 내가 얼마나 사교적인가 하는 생각이 드니 놀라운 일이다.

2

  어제 오후부터 안개가 끼고 추웠다. 나는 히스[12])와 진흙탕을 헤치며 워더링 하이츠로 갈 것 없이 서재의 난롯가에 서 오후를 보낼까도 생각했다. 그런데 오찬을 마치고(나는 12시에서 1시 사이에 오찬을 하는데, 애초에 이 집에 딸린 일종의 비품처럼 집과 함께 맡게 된 마나님 같은 가정부는 5시에 정찬을 했으면 좋겠다는 나의 생각을 이해하지 못했고, 또한 이해하려고 하지도 않았다.) 서재에서 한나절을 보내야겠다고 느긋한 생각을 하면서 계단을 올라와 방에 들어섰는데, 하녀 애가 무릎을 꿇고 빗자루며 석탄 통을 사방에 늘어놓은 채 불을 끄느라고 산더미처럼 탄재를 덮어 지독한 먼지를 피우고 있었다. 그 모양을 보고 나는 얼른 물러 나왔다. 모자를 집어 쓰고 나와 4마일이나 걸어서 히스클리프 씨네 정원 문간에 이르자, 때맞춰 피해 오기라도 한 듯 눈보라의 조짐인 깃털 같은 눈송이가 날리기

---

12) 잎이 까칠한 작은 관목.

시작했다.

그 바람받이 언덕배기는 땅이 거무스름한 서리로 얼어붙었고, 바람이 어찌나 차가운지 온몸이 떨렸다. 나는 문을 맨 쇠사슬을 풀 수가 없어 뛰어넘었다. 그리고 흩어진 까치밥나무 덤불이 경계를 이루고 늘어선, 디딤돌을 깐 길을 뛰어 가서 현관문을 두드렸으나 들어오라는 기척은 없이 주먹만 얼얼했고 개만 짖어 댔다.

'빌어먹을 사람들 같으니 ....' 나는 마음속으로 소리를 질렀다. '이따위로 푸대접을 하니 언제까지나 외톨이로 살 만도 하지. 나 같으면 적어도 대낮에 빗장을 걸어 놓지는 않겠어. 알게 뭐야. 들어가 봐야지!'

이렇게 결심을 하고, 나는 손잡이를 꽉 쥐고 세게 흔들었다. 얼굴을 찡그린 조셉이 헛간의 둥근 창문으로 머리를 내밀었다.

"뭣 땜에 그러슈?" 그는 소리 쳤다. "주인은 양 우리에 가셨소. 그 양반에게 할 얘기가 있거든 헛간을 삥 돌아가슈."

"집 안에는 문 열어 줄 사람이 아무도 없단 말이오?" 나도 여봐란 듯이 딱딱 을러댔다.

"마님 밖에 없소. 날이 저물도록 그렇게 소란을 피워도 그분은 문을 열어 주지 않을 거요."

"아니, 내가 누구라는 걸 그분에게 알려줄 순 없나. 조셉?"

"내가 알게 뭐요! 난 그런 일엔 상관 않소이다." 그는 이렇게 중얼거리며 내밀었던 머리를 도로 넣어 버렸다.

눈발이 심하게 몰아치기 시작했다. 내가 다시 한 번 흔들어 보려고 손잡이를 잡았을 때, 겉저고리도 입지 않고 쇠갈퀴를 어깨에 멘 젊은 사람이 내 뒤에 나타났다. 그는 내게 따라오라고 소리쳤다. 빨래하는 곳과 석탄광, 펌프와 비둘기 집이 있는 돌을 깐 곳을 지난 다음 우리는 마침내 내가 전에 안내받았던 널찍하고 훈훈한 방에 이르렀다.

그 방은 석탄과 토탄과 나무를 함께 지핀 큼직한 벽난로의 불기운으로 기분 좋게 따뜻하였다. 그리고 저녁 식사가 푸짐하게 놓여 있는 식탁 가까이 그 '마님'이 앉아있는 것을 보고 나는 기뻤다. 그녀는, 그 집에 있으리라고는 미처 예상치 못했던 인물이었다.

나는 인사를 하고서 그 부인이 앉으라는 말을 하리라 생각하고 기다렸다. 그러나 그녀는 의자에 기대앉은 채 나를 쳐다보고는 꼼짝도 하지 않고 입도 떼지 않았다.

"날씨가 사납군요. 외람된 말씀입니다만, 히스클리프 부인, 댁의 하인들이 느림보라서 문이 배겨나질 못하겠던데요. 그들에게 들리도록 문을 두드리느라고 애를 먹었습니다."

그녀는 입을 열지 않았다. 나는 그녀를 유심히 쳐다보았고 그녀 또한 나를 응시했다. 하여튼 그녀가 냉정하고도 알은체도 하지 않는 태도로 나를 보는 것이 몹시 거북하면서도 기분 나빴다.

"앉으시오. 주인이 곧 돌아올 테니까." 젊은이가 무뚝뚝하게 말했다.

나는 앉아서 헛기침을 하고는 그 영악한 주노라는 개를 불렀다. 그놈은 두 번째로 만나는 것이어서 내 낯이 익다는 표시로 꼬리를 살짝 흔들어 보였다.

"그놈 잘생겼군. 부인, 이 녀석들을 나누어 주실 생각이 있으신지요?" 나는 다시 말을 걸었다.

"그것들은 제 것이 아니에요." 그 귀여운 안주인은 히스클리프보다도 더 퉁명스럽게 쏘아 붙였다

"아, 부인께서 좋아하시는 것들은 이쪽에 있나 보지요!"

나는 고양이 따위들로 가득한, 구석진 데 놓인 방석을 돌아보면서 말을 이었다.

"참 별난 것도 좋아하네요." 그녀는 비웃듯이 대꾸했다.

재수 없게도 그것은 죽은 토끼들을 쌓아 놓은 것이었다. 나는 다시 한 번 헛기침을 하고는 의자를 난로 쪽으로 당겨 놓고 궂은 저녁 날씨 이야기를 또 다시 꺼냈다.
　"나오지 않으셨더라면 좋았을 걸 그랬지요?" 그녀는 이렇게 말하고 일어서서 화덕 선반에서 칠을 한 차통 두 개를 집으려했다.
　그녀가 지금까지 앉았던 자리는 불빛에 가려져 있었다. 그제야 나는 그녀의 얼굴과 용모를 뚜렷이 볼 수 있었다. 그녀의 몸은 호리호리하고 아직 처녀티가 가시지 않은 듯했다. 그토록 아름다운 자태와 기막히게 예쁜 얼굴은 여태껏 본 적이 없다. 오밀조밀한 이목구비, 희디흰 살결, 곱다란 목덜미에 흩어져 있는, 황갈색이라기보다는 차라리 금빛이 나는 곱슬머리, 그리고 두 눈은 표정만 상냥했던들 사람을 매혹시키고 말았을 것이다. 다정다감한 나의 마음을 위해서는 다행스럽게도 그녀의 눈이 나타내고 있는 감정이란, 그 눈매에는 이상하게도 어울리지 않게, 경멸과 일종의 절망 사이를 방황하는 것 같았다.
　차통은 그녀의 손에 닿을락 말락했다. 나는 그녀를 도우려는 몸짓을 해 보였다. 그러자 그녀는 마치 수전노가 돈을 세고 있을 때 다른 사람이 도와주려하면 기겁하듯 나를 돌아다보았다.
　"도와주시지 않아도 돼요. 저 혼자서도 내릴 수 있으니까요." 하고 그녀는 덧붙였다.
　"실례했습니다." 나는 얼른 대답했다.
　"차를 드시러 오시라고 초대 받으셨나요?" 그녀는 말쑥한 검은 옷에 행주치마를 두르고 주전자에 차를 한 숟가락 퍼 넣으려고 선 채로 다그쳐 물었다.
　"한 잔 주셨으면 좋겠습니다." 나는 대답했다.
　"초대받으셨나요?" 그녀는 다시 물었다. "아닙니다." 나는 살짝 미소를 띠면서 말했다. "초대를 해주셔야 할 분은 부인이시죠."

그녀는 차고 숟가락이고 할 것 없이 내동댕이치듯 치워 버리고 샐쭉해져서 의자에 도로 앉았다. 이맛살은 찌푸리고 붉은 아랫입술은 울상을 한 어린애처럼 삐죽 내밀고 있었다.

그러는 동안 그 젊은 사나이는 아주 초라한 겉저고리를 걸쳐 입고 불 앞에 서서 마치 내게 아직 풀지 못한 사무친 원한이라도 있는 듯이 나를 흘겨보고 있었다. 나는 그가 하인인지 아닌지 의심스러워지기 시작했다. 의복이나 말씨가 모두 거칠어서 히스클리프 내외에게서 볼 수 있는 의젓함이라고는 전혀 없었다. 숱 많은 갈색 곱슬머리는 헝클어졌으나 손질하지 않은 채였고, 곰처럼 구레나룻이 턱에 덮여 있었으며, 손은 볼품없는 노동자의 손처럼 그을려 있었다. 그렇지만 그의 몸가짐은 거리낌이 없어 거의 거만할 지경이었고, 안주인의 시중을 드는 하인의 부지런함이라고는 전혀 찾아볼 수 없었다.

그의 신분에 대하여 명료한 결론을 얻지 못할 바에는 그의 괴상한 거동에 신경을 쓰지 않는 게 상책이라고 생각했다. 오 분쯤 지나서 들어온 히스클리프 씨가 이 어색한 상황에서 어느 정도 나를 해방시켜 준 셈이었다.

"약속대로 찾아 왔습니다." 나는 기분 좋은 체하면서 소리 높여 말했다. "그런데 날씨가 이래서야 한 반 시간은 꼼짝 할 수 없을 것 같은데요, 물론 그동안 머무르게 해주실 수 있다면 말입니다만……."

"반 시간이라고요?" 그는 옷에 묻은 눈을 털면서 말했다. "마치 심한 폭설 속을 산책하려고 일부러 때를 골라잡으신 것 같구려. 진흙탕에서 길을 잃을 위험이 있다는 것을 모르시오? 이런 날 저녁에는 이 근방 지리를 잘 아는 사람들도 길을 잃기 일쑤요. 게다가 지금 같아선 날씨가 좋아질 것 같은 기미도 없단 말이오."

"댁의 젊은 친구들 가운데 한 사람 쯤은 길잡이로 저를 도와 줄 수 있겠죠? 그러면 내 집에서 아침까지 머물러도 괜찮습니다. 한 사람 빌려 주실 수 있을까요?"

"아니, 그럴 수 없소."

"허, 이것 참! 그렇다면 나 혼자 어떻게 해볼 수밖에 없군요."

"흥"

"차를 끓이는 거요?" 초라한 겉저고리를 입은 젊은이가 나를 흘겨보던 시선을 젊은 부인에게 돌리며 다그쳐 물었다.

"저분에게도 차를 드리는 건가요?" 그녀는 히스클리프에게 물었다.

"준비나 하지 못해!" 하고 대답하는 말투가 하도 거칠어서 나는 깜짝 놀랐다. 그 말투 속에는 천성이 고약하다는 것이 드러나 보였다. 다시는 히스클리프를 멋진 친구라고 부르고 싶지 않아졌다.

차 준비가 끝나자, 그는 "자, 의자를 앞으로 당겨 앉으시오" 하면서 나를 청했다. 그 촌티 나는 젊은이도 함께 우리와 식탁에 둘러앉았으나 차를 마시는 동안 딱딱한 침묵만이 깃들 뿐이었다.

내가 이 우울한 분위기를 만든 원인이었다면 그것을 없애는 일도 나의 의무라는 생각이 들었다. 그들이라고 해서 날마다 이렇게 험상궂고 말없이 지낼 리는 없다. 아무리 성미가 고약하다 하더라도 모두 이렇게 찌푸리는 것이 평소의 얼굴일 수는 없다.

"참 이상하지요." 나는 차를 한 잔 마시고 또 한잔을 따라 든 사이에 말을 시작했다. "습관이라는 것이 우리의 취미나 관념을 만들어 버리니까요. 당신처럼 이렇게 세상에서 완전히 외따로 떨어져서 사는 생활에 행복이 있으리라고 생각할 사람은 많지 않을 겁니다. 히스클리프 씨. 하지만 이렇게 가족에 둘러싸여, 그리고 또 이렇게 귀여운 부인에게 집안과 마음을 다스리게 하고……."

"귀여운 부인이라니?" 그는 거의 악마와 같은 비웃음을 흘리며 말을 가로 막았다. "어디에 있단 말이 오, 나의 귀여운 아내가?"

"히스클리프 부인, 선생의 부인 말입니다."

"원, 아, 그렇군! 당신은 집사람이 수호신이 되어 죽고 나서도 워더링 하이츠의 살림을 지켜준다는 말을 하려는 거요? 그런 거요?"

큰 실수를 한 것을 알아차리고 나는 수습해 보려고 했다. 부부라기엔 나이 차이가 너무 크다는 것을 눈치 챌 수도 있었으리라. 한쪽은 마흔 살쯤 되었는데, 그 나이의 분별로는 남자들은 여간해서 젊은 처녀에게 빠져 결혼한다는 생각은 하지 않으며 그러한 꿈은 노년기의 위안으로나 미루어 두는 법이다. 그런데 또 한쪽은 열일곱 살도 돼 보이질 않았다.

내게 이런 생각이 불현듯 떠올랐다. '내 옆에서 대접으로 차를 마시며 씻지도 않은 손으로 빵을 먹고 있는 저 촌스러운 녀석이 그녀의 남편일지도 모르지. 히스클리프의 아들인 것은 말할 것도 없고, 그렇다면 이건 생매장이라도 당한 꼴이군. 달리 더 나은 남자들이 있다는 건 까맣게 모르고 저런 촌뜨기에게 몸을 맡겼으니! 가엾군. 하지만 내가 나타났기 때문에 그녀가 남자를 잘못 택했다고 후회하지는 않도록 조심해야지."

끝의 이런 생각이 건방져 보일지 모르나 사실은 그렇지도 않았다. 내 옆의 친구는 거의 밉살스러울 정도였다. 그런데 지금까지 겪어봐서 아는 일이지만 나는 꽤 매력이 있는 셈이다.

"당신이 말하는 그 히스클리프 부인이란 내 며느리요."하고 히스클리프가 말한 것으로 보아 내 추측이 틀림없다는 것을 알 수 있었다. 그는 그렇게 말하면서 야릇한 표정으로 그녀 쪽을 보았다. 그의 안면 근육이 다른 사람들과는 달리 그의 심중을 나타내지 못할 정도로 비뚤어진 것이 아니라면 그것은 미움의 표정이었다.

"아, 그렇군요. 이제야 알겠습니다. 당신이 바로 저 인자하신 아가씨의 남편이었군요." 나는 내 옆의 친구를 돌아보면서 말했다. 이렇게 말한 것이

도리어 사태를 더 악화시켰다. 그 청년은 얼굴이 새빨개지면서 치고 덤비기라도 할 기세로 주먹을 불끈 쥐었다. 그러나 그는 곧 진정하여 나에 대해 지독한 욕지거리를 중얼거리는 것으로 그 격분을 참았지만 나는 애써 모르는 척했다.

"추측이 틀리셨소! 우리 두 사람 어느 쪽도 당신이 말하는 착한 아씨의 주인이 아니오. 그 주인은 죽고 없소. 내가 내 며느리라고 했으니 그럴 법도 하지요. 저 아이가 내 아들과 결혼한 것은 사실이지만."

"그럼이 젊은이는?"

"물론 내 아들이 아니오!"

히스클리프는 자기를 그 퉁명스러운 녀석의 아비로 보는 것은 좀 지나친 농담이란 듯이 다시 웃음을 띠었다.

"내 이름은 헤어튼 언쇼요." 젊은이는 으르렁대듯 말했다. "그러니 내 이름을 우습게 여기면 안 된단 말이오!"

"우습게 여긴 적은 없는데." 하고 나는 대답하면서 그가 자기 이름을 댔을 때 보인 위엄을 속으로 비웃었다.

그가 너무 오랫동안 나를 빤히 쳐다보자 나는 적당히 얼굴을 돌렸다. 자칫하면 그 녀석의 귀퉁이를 갈겨 주든지 아니면 깔깔 웃어주고 싶어질지도 모르기 때문이었다. 나는 그토록 재미없는 가족 틈에 끼어 있는 것이 아무래도 어색한 느낌이 들기 시작했다. 음산하고 불유쾌한 분위기가 점점 두드러져서 주위의 따뜻하고 아늑한 방 분위기도 아무 소용이 없어지고 말았다. 이럴 바에야 세 번째 방문은 잘 생각해 봐야겠다고 마음먹었다.

식사는 끝났고, 사교적인 말 한마디 하는 이가 없었다. 나는 날씨를 살피러 창가로 갔다. 바깥 날씨는 아주 나빴다. 여느 때보다도 일찍 어둠살이 잡히고, 하늘과 언덕은 바람과 눈발이 한꺼번에 매섭게 회오리 치는 가운데 서로 분간할 수도 없었다. "이래서야 길잡이가 없이는 집으로 돌아갈 수 없겠군." 하고 나는 탄식하지 않을 수 없었다. "길은 이미 눈에 묻혔을 테고, 설사 묻히진 않았더라도 거의 한 치 앞도 내다 볼 수 없을 텐데."

"헤어튼, 저 열두 마리 양을 헛간 안으로 몰아넣어. 밤새 우리에 두었다 간 묻혀버리겠어. 판자나 한 장 앞에 막아둬." "히스클리프가 말했다."

"나는 어쩐다?" 나는 점점 초조해하면서 말을 이었다. 내 질문에는 아무도 대답하지 않았다. 돌아다보니 조셉이 개한테 주려고 죽을 한 통 들여오고 있었고, 히스클리프 부인은 차통을 제자리에 갖다 놓으면서 마침 벽난로 위 시렁에서 떨어진 한 묶음의 성냥을 불 위쪽으로 몸을 기울이고는 심심풀이로 태우고 있을 뿐이었다.

조셉은 죽통을 놓고는 방을 유심히 한 번 둘러보고 갈라진 목소리로 지껄여 댔다.

"다들 밖으로 나가버렸는데, 왜 할 일없이 서 있나 몰라! 하지만 당신은 쓸모없는 사람이니 말해봤자 소용없지. 그렇다고 버릇이 고쳐지진 않을 테니, 당신 어미처럼 바로 지옥에나 가는 거지!"

한순간, 내게 하는 욕지거리라는 생각에 화가 머리 끝까지 치밀어 올라 그 늙은 악한을 문밖으로 차낼 작정으로 다가섰다.

그런데 히스클리프 부인의 대답이 나를 말린 셈이 되었다.

"되지못한 늙은 철면피야! 악마의 이름을 말하면 그대로 끌려간다는데 무섭지도 않아? 나를 건드리는 건 삼가는 게 좋을 거야. 그렇지 않으면 악마한테 특청을 해서 당신을 잡아가게 할 테니까. 가만있어. 이봐, 조셉."

그녀는 말을 이으면서 시렁에서 길쭉하고 까만 책을 한 권 끄집어냈다.

"내가 얼마나 마술에 익숙해졌는지 보여주지. 머지않아 마술에 통달할 거야. 그 붉은 암소가 죽은 것도 우연은 아니야. 당신 신경통도 하나님의 뜻이라고 생각하면 잘못이야!"

"에이, 망측해! 하나님 아버지! 우리를 악에서 건져주옵소서!" 늙은이는 신음하는 소리로 말했다.

"안 돼, 빌어먹을 늙은이 같으니! 당신은 하나님이 버린 사람이야, 썩 비켜! 비키지 않으면 단단히 혼을 내줄 테니까! 밀랍과 진흙으로 온통 본을 떠버리겠어. 내가 정해 놓은 걸 맨 처음 깨뜨리는 자는, 어떻게 된다고 말은 않겠지만, 곧 알게 될 거야! 썩 꺼져 버려. 내가 보고 있을 거야!"

이 귀여운 마녀가 아름다운 눈에 짐짓 악의를 띠자 조셉은 정말 무서워 벌벌 떨면서 기도를 하더니 "망측해." 라고 소리를 지르면서 허둥지둥 나가 버렸다.

그녀의 행동은 따분해서 장난을 친 것에 지나지 않는다고 나는 생각했다. 게다가 이제 우리 두 사람만이 남았기에 나는 그녀에게 내 고민에 관심을 갖게 하려고 애썼다.

"히스클리프 부인, 성가시게 해서 미안 합니다만 당신의 그 미모라면 마음씨가 곱지 않을 수 없겠군요. 제가 집으로 돌아가는 길을 알 수 있게 무슨 표지가 될 만한 것을 가리켜주세요. 부인이 런던에 가는 길을 모르시듯이 저도 어떻게 집으로 돌아갈지 전혀 모르겠군요!"

"오신 길로 해서 가세요." 그녀는 이렇게 대답하고서 초 한 자루를 들고 그 길쭉한 책을 펴놓고 의자에 앉았다. "간단한 충고지만 그 이상 확실한 충고를 드릴 수 없답니다."

"그렇다면 제가 늪이나 눈구덩이에 빠져 시체로 발견됐다는 소식을 들어도 부인께선 조금도 양심의 가책을 느끼지 않으실 거라는 겁니까?"

"어째서 제 잘못일까요? 동행을 해드릴 수는 없어요. 집안 사람들이 저를 담 밖에는 내보내지 않으니까요."

"부인께서 동행을 하시다니요. 이런 날 밤에 집 밖에 나오시라고 청하는 것도 제 양심으로는 할 수 없는 일이지요. 저는 길을 가르쳐 주십사 하는 거지 안내를 해달라는 게 아닙니다. 그렇지 않으면 히스클리프 씨에게 말씀드려서 길잡이를 한 사람 붙여 주셔도 좋겠습니다."

"누구를 붙여달란 말씀이에요? 여기 있는 사람이라고는 그 사람과 언쇼, 질라와 조셉 그리고 저뿐인데, 그중에 누구를 원하시는 거죠?"

"농장에 젊은 사람들은 없습니까?"

"없어요. 지금 말씀드린 사람이 전부인걸요."

"그렇다면 자고 갈 수밖에 없겠군요."

"그건 주인어른과 상의해 보세요. 저는 뭐라고 말씀드릴 수 없으니까요."

"이번 일을 교훈 삼아 경솔히 이 산중을 돌아다니지 않는 게 좋을 거요" 하고 부엌 현관에서 히스클리프의 엄한 목소리가 울려 왔다. "여기서 잔다고 하지만 손님을 위한 시설은 없으니, 만약 자야겠다면 헤어튼이나 조셉과 침대를 같이 써야만 하오."

"난 이 방에 있는 의자에서도 잘 수 있어요." 나는 대답했다.

"아니 안 돼요! 부자든 부자가 아니든 낯선 사람은 낯선 사람이오. 내가 보고 있지 않을 때 누구라도 이 집 안을 맘대로 돌아다니게 할 수는 없소!" 그 무례한 사내는 말했다.

이렇게까지 모욕을 당하고서는 나도 더 이상 참을 수가 없었다. 나는 싫은 소리를 하면서 그의 옆을 지나 뜰로 나섰으나 너무 서두르다가 그만 언쇼와 부딪쳤다. 하도 어두워서 출구도 보이지 않았다. 그렇게 헤매는 동안 이 집 사람들이 서로 얼마나 예의바른가 하는 또 하나의 표본과 같은 대화를 들었다.

처음에는 그 젊은이가 내 편을 드는 것 같았다. "내가 함께 숲 있는 데까지 가지요." 그는 말했다.

"아예 함께 지옥에라도 가지!" 그의 주인인지 아니면 무슨 관계인지 알 수 없는 사내가 소리쳤다. "그러면 말은 누가 돌보지, 응?"

"한 사람의 생명을 위해 하루 저녁쯤 말은 내버려 두어도 괜찮지 않나요?

하여튼 누군가는 가야 해요." 히스클리프 부인이 뜻밖에 친절하게 중얼거렸다.

"당신 명령으로는 가지 않아!" 헤어튼이 비꼬았다. "그 사람이 소중하거든 잠자코 있을 일이지."

"그런 소리하면 그이가 죽어서 유령이 되어 당신을 찾아올 거야. 그리고 아버님에게는 그 저택이 폐허가 될 때까지 다시는 세 들 사람이 없을 거예요!" 그녀는 앙칼지게 대답했다.

"들어, 들어봐요, 모두를 저주하고 있소." 조셉이 중얼거렸다. 그때 나는 조셉에게 가고 있었다.

그는 그들의 말소리가 들리는 곳에 앉아서 초롱 불빛 아래 소젖을 짜고 있었다. 나는 아무 말 없이 그 초롱을 집어 들고 내일 돌려보내겠다는 말을 던지고는 가장 가까운 뒷문 쪽으로 달음질쳤다.

"주인님, 주인님, 저이가 초롱을 훔쳐 갑니다!" 하고 그 노인은 내 뒤를 따라오며 소리쳤다. "어이, 내셔! 멍멍아! 울프! 저자를 잡아라, 잡아!"

작은 문을 열자 두 마리의 털북숭이 개가 내 모가지에 덤벼들어 나를 넘어뜨리고 초롱불도 꺼버렸다. 그때 히스클리프와 헤어튼이 함께 웃는 소리가 들려왔다. 나는 모욕감과 분노가 머리끝까지 치밀었다.

다행히 개들은 나를 산 채로 잡아먹기보다는 앞발을 쭉 뻗고 하품을 하고 꼬리라도 흔들고 싶은 듯이 보였다. 그러나 일어날 여유는 주지 않았다. 나는 악랄한 그놈들의 주인들이 구출하러 올 때까지 누워 있을 수밖에 없었다. 모자도 날아간 채 분노로 몸을 떨면서 나는 "일 분만 더 나를 이대로 두기만 해봐." 라고 앞뒤가 맞지 않는 복수의 위협을 몇 마디 뇌까리며 그 악한들에게 나를 어서 풀어내라고 명령했다. 내 위협의 말인즉 그 적의 한량없는 깊이에서는 리어 왕의 절규를 방불케 하는 것이었다.

너무 격분한 탓에 나는 심한 코피를 흘렸다. 그런데도 히스클리프는 껄 껄 웃고 있었고, 나는 계속 고래고래 고함을 질렀다. 만약 그 자리에 나보다 더 냉정하고 그 집 주인보다 더 인자한 사람이 없었더라면 그 장면이 어떻게 끝났을 것인지 알 수 없다. 그 사람은 건장한 가정부 질라였다. 마침내 그녀가 무슨 소동인가 하고 나타났던 것이다. 그녀는 누가 내게 난폭한 짓을 한 것이라고 생각한 모양이었다. 그러나 감히 주인에게 덤빌 수는 없고 해서 젊은 녀석에게 퍼부어 댔다.

"자, 언쇼 도련님, 다음엔 어쩔 작정이에요! 바로 우리 집 문간에서 사람을 죽이려는 거예요? 이 집은 내가 있을 곳이 못 되나 봐. 저 불쌍한 젊은 분을 봐요. 거의 숨이 막힐 지경 아니에요. 가만있어요. 가만히! 정말이지 그렇게 떠들고만 있을 일이 아니에요. 들어오세요. 내가 치료해 드릴 테니, 자, 자, 가만히 있어요."

이렇게 말하면서 그녀는 내 목덜미에 세 홉 가량 되는 얼음물을 확 끼얹고는 나를 부엌으로 끌고 들어갔다. 히스클리프씨도 따라 왔으나, 아까는 웬일로 웃나 싶었던 사람이 어느새 평소의 침울한 표정으로 되돌아가 있었다.

나는 몹시 아프고 현기증이 나서 까무러칠 것만 같았다. 그리하여 하는 수 없이 그 집에서 잘 수밖에 없었다. 그는 내게 브랜디를 한잔 주라고 질라에게 말하고 안방으로 들어가 버렸다. 질라는 내가 봉변당한 것을 위로해 주고 주인이 시킨 대로 브랜디를 주었고, 내가 약간 원기를 회복하자 잠자리로 데려다 주었다.

▶▶ 더 읽을거리

김선순, 「『폭풍의 언덕』에 나타난 구조와 서술기법 연구」, 대신대학교 석사 논문, 2015.
김성기 외, 『서양문학의 이해』, 한국외국어대학교 출판부, 2004.
김일식, 『르네상스 시리즈 세계문학 1』, 대일, 1994.
박종성, 「에밀리 브론테『폭풍의 언덕』: 감추기와 드러내기의 서술전략」, 『근대영미소설』, 5집 3호, 1998.
에밀리 브론테/ 함연진 편저, 『폭풍의 언덕』, 동인, 2003./ 김희보 편저/『세계의 명작 1』, 종로서적, 1993.
에밀리 브론테/ 김종길 옮김, 『폭풍의 언덕』, 민음사, 2016.
에밀리 브론테/ 심영미 엮음, 『폭풍의 언덕』, 예림당, 2005.
에밀리 브론테/ 유혜경 옮김, 『폭풍의 언덕』, 소담출판사, 1994.
이광순, 「'드러내기와 감추기', 야누스적 디오니소스의 세계-『폭풍의 언덕』과 『주홍글자』를 중심으로」, 2세기영어영문학회, 『영어영문학』, 21 25권 1호, 2012.

■ **연습문제**

학과 : _____ 학번 : _____ 이름 : _____

01 소설과 영화의 비교를 통해 작품의 특성을 분석해 보자.

02 소설의 배경이 되는 폭풍의 언덕을 둘러싼 계절과 자연 묘사에 대해 각자의 견해를 써 보자.

03 사랑의 본질적 의미에 대한 각자가 생각하는 의견들을 적어 보자.

제5장 사랑의 대서사시

톨스토이 『안나 카레니나』

■ 톨스토이

레프 니콜라예비치 톨스토이 (1828~1910)

　1828년 러시아 야스나야 폴랴나에서 톨스토이 백작 집안의 넷째 아들로 태어났다. 1844년 카잔대학교에 입학하나 교육에 실망, 1847년 고향으로 돌아갔다. 진보적인 지주로서 새로운 농업 경영과 농노 계몽을 위해 일하려 했으나 실패로 끝나고 이후 3년간 방탕한 생활을 했다. 1851년 맏형이 있는 카프카스에서 군인으로 복무했다. 이듬해 잡지 『동시대인』에 익명으로 연재를 시작하면서 작가로서 첫발을 내디뎠다. 작품 집필과 함께 농업 경영에 힘을 쏟는 한편, 농민의 열악한 교육 상태에 관심을 갖게 되어 학교를 세우고 1861년 교육 잡지 『야스나야 폴랴나』를 간행했다. 1862년 결혼한 후 문학에 전념해 『전쟁과 평화』, 『안나 카레니나』 등 대작을 집필, 작가로서의 명성을 누렸다. 이 무렵 삶에 대한 회의에 시달리며 정신적 위기를 겪었다. 그리하여 1880년 이후 원시 기독교 사상에 몰두하면서 사유재산 제도와 러시아 정교에 비판을 가하고, 『교의신학 비판』, 『고백』 등을 통해

'톨스토이즘'이라 불리는 그의 사상을 체계화했다. 또한 술과 담배를 끊고 손수 밭일을 하는 등 금욕적인 생활을 지향하며, 빈민 구제 활동도 했다. 1899년 종교적인 전향 이후의 대표작『부활』을 완성했고, 수익은 당국의 탄압을 받던 두호보르 교도를 캐나다로 이주시키는 데 쓰였다.『부활』에 러시아 정교를 모독하는 표현이 들어 있다는 이유로 1901년 종무원(宗務院)으로부터 파문을 당했다. 사유재산과 저작권 포기 문제로 시작된 아내와의 불화 등으로 고민하던 중 1910년 집을 떠나 폐렴을 앓다가 아스타포보 역장의 관사에서 영면했다.[1]

톨스토이 가문의 영지 야스나야 폴랴나에서 태어난 그는 어려서 부모를 여의고 친척들 손에서 자라며 가정교사에게 교육을 받았다. 16세에 카잔 대학교에 입학했으나 형식적인 수업에 실망한 나머지 영지를 관리하며 독학할 목적으로 1847년 야스나야 폴랴나로 돌아왔다. 그러나 시골의 삶보다는 도시의 떠들썩한 생활을 더 좋아해 이 두 가지 목표는 이루지 못했다. 그는 자기의 도덕적인 죄악을 일기에 기록했는데, 이 무렵 써내려간 내용은 자신의 행동을 억압하는 동기를 사실적으로 탐구하는 뛰어난 분석력을 보여준다.

『안나 카레니나』의 서술기법과 문체는『전쟁과 평화』와 비슷하지만 예술적인 통일성에서는 훨씬 돋보이는 작품이다. 톨스토이의 인생철학은 이 두 작품을 저술하는 동안 변화했다.『전쟁과 평화』는 삶을 긍정하는 낙관적인 소설이며 주요 등장인물은 도덕적으로 굳건하고 자기 내부의 갈등을 제어하는데 능숙하다. 반면에『안나 카레니나』는 비관적이며, 그 주인공들은 흔히 내부갈등을 해소하지 못함으로써 때론 인간적 파멸에 이른다. 안나와 브론스키의 불륜의 사랑은 비극적인 운명을 피할 수 없다. 안나가 큰

---

[1] 레프 톨스토이 / 연진희 옮김,『안나 카레니나』, 민음사, 2016.

대가를 치르는 것은 도덕률을 깨뜨렸다기보다는 자신이 속한 위선적인 상류사회가 불륜의 관계에서 지켜야할 관습적인 예절을 거부했기 때문이다. 브론스키를 향한 안나의 사랑은 깊고 지속적인 열정이다. 안나는 위선을 취할 수 없었기에 서슴지 않고 진실된 사랑으로 상류사회에 맞서지만, 상류사회의 독선적인 비난은 사건의 비극적인 결말로 이어진다. 안나와 브론스키의 불행한 로맨스는 톨스토이 자신의 결혼생활을 바탕으로 기술한 키티와 레빈의 행복한 사랑과 결혼에 대비된다. 또한 삶의 의미에 대한 레빈의 고통스러운 의문, 뇌리를 떠나지 않는 자살 생각, 농부들과 어울리고자 하는 욕망 등은 당시 톨스토이가 겪고 있던 갈등이 뚜렷이 반영된 것이다.[2]

작가는 무엇보다 사람의 마음을 바꾸어야 한다고 믿었다. 모든 사람은 정신적으로 완성되어야하며, 자신을 자각하고 자기 마음속의 악과 싸워야만 하는 것이다. 톨스토이는 이를 '도덕적 자기완성'이라고 지칭했다.

그의 이론의 주요 사상 중 하나는 '상류 계층의 검소화'이다. 작가는 귀족층에게 소유와 착취를 거부하고, 농민층과 화합하여 노동하며, 그들의 세계관과 도덕성을 받아들일 것을 호소했다.

톨스토이는 자신의 철학적 원칙을 1880-90년대 논문과 예술작품들, 특히 장편소설『부활』을 통해 피력하였다. 이 작품에서 러시아의 사회제도를 신랄하게 비판 하였으며, 민중과 화합한 인간의 도덕적 부활의 과정을 묘사하였다. 이 소설로 인해 톨스토이는 교회에서 파문당했다.[3]

1880년대 톨스토이 작품은 다양한데 그는 귀족사회의 정신적 위기와 인간의 정신적 완성, 삶의 의미 모색에 대한 희곡과 중편 소설들을 썼다. 철학적 원칙을 소박하게 표출시켰고, 농민들을 위한 작품을 창작했다.

---

[2] 장호상,『브리태니커 세계 대백과사전』, 1992, pp.531-532.
[3] 홍기순·장한,「레프 니꼬라예비치 똘스또이」,『러시아 문학사Ⅰ』, 보고사, 2004, pp.270-271.

그는 농민들을 돕고 폭력과 사형을 반대하였으며, 대학생들과 사병, 혁명주의자들을 대변했다. 그 시대의 사람들은 그의 도덕적 권위를 매우 높게 생각했다. 다양한 연령과 계층의 사람들이 그에게 편지를 보내왔고 또는 대화하기 위해 야스나야 폴랴냐로 찾아오기도 했다.

톨스토이는 자신의 이론에 따라 살려고 노력했고, 자신이 가진 토지 소유권과 저작권을 포기했다. 그러나 가족들은 그를 따르지 않았고, 톨스토이는 서민들 가운데에서 생을 마감하기 위해 집을 떠나기로 결심했다.[4]

톨스토이 작품인『안나 카레리나』는 대중적이고 문학적으로 높은 평가를 받는다. 이 책에는 톨스토이의 신념과 가치관을 엿볼 수 있고, 당대의 러시아 사회상과 인간의 감정을 집약시켰다고 볼 수 있는 걸작이다.

특히, 작가로서의 결혼관, 종교관, 인생관, 나아가 세계관까지 파악할 수 있는 중요한 요소들이 담겨져 있다. 세상사의 모든 드라마를 함축하고 있는 것은 물론 정념의 총체라 부를 정도로 방대한 서사를 자랑한다. 1878년 출간된 이후, 영화와 드라마, 연극, 뮤지컬, 오페라 등 여러 예술 장르로 재탄생하면서 톨스토이의 위대함의 가치를 증명시켰다.

진실의 탐구자, 전도자로서 세계는 톨스토이의 주장에 귀를 기울였는데, 가정 내에서 자신의 주의를 실천하고자 아내와 충돌하고, 자신의 교설대로 말년을 보내고자 가출 했는데, 여행의 중간쯤에서 러시아의 한 시골역 아스타포보(현재는 톨스토이라고 개칭)에서 폐렴으로 사망했다.『전쟁과 평화』는 나폴레옹 전쟁의 역사를 배경으로 하여, 톨스토이 자신의 정신적 모색이 두 명의 주인공 안드레이와 피에르에 투영되고 있다.『안나 카레니나』는 러시아 귀족의 생활을 묘사한 사회소설인데, 주인공인 레빈은 바로 톨스토이의 분신이며, 인생의 의미를 구하고자 고뇌하는데, 소박한 농민의 지혜에

---

[4] 홍기순·장한, 앞의 책, p.271.

의해 구원받게 된다.

　『참회』 이후 톨스토이는 신학에 관한 논문이나 정치적·도덕적 팸플릿에 많은 정력을 쏟고, 시대의 문제와 깊이 관계하며, 다양한 시사적 발언을 했다. 그는 죽음의 실상에 다가간 걸작『이반 일리이치의 죽음』 등을 창작했다. 경향성이 강한『크로이처 소나타』,『부활』 같은 작품에서 독자를 감동시키는 것은 그의 예술가적인 창조력이다.5)

---

5) [네이버 지식백과]톨스토이 [Lev Nikolaevich Tolstoi] (종교학대사전, 1998. 8. 20., 한국사전연구사)

■ 작품

안나 카레니나[6]

1

　행복한 가정은 모두 모습이 비슷하고, 불행한 가정은 모두 제각각의 불행을 안고 있다.
　오블론스키의 집은 모든 것이 뒤죽박죽이었다. 아내는 남편이 전에 자기 집의 가정교사로 있던 프랑스 여자와 바람이 난 것을 알아차리고, 남편에게 더 이상 한집에서 살 수 없다고 선언했다. 이런 상황이 벌써 사흘째 이어지자, 당사자인 부부뿐아니라 다른 가족과 하인들까지 못 견디게 괴로웠다. 가족과 하인들은 모두 오블론스키 부부가 함께 사는 것이 무의미하다고 느꼈다. 심지어 여인숙에서 우연히 만난 사람들도 오블론스키 가의 부부, 가족, 하인들보다는 사이가 더 좋을 것이라고 그들은 생각했다. 아내는 자기 방에서 한 발짝도 나오지 않았고, 남편은 사흘째 집에 들어오지 않았다. 아이들은 부모 잃은 고아처럼 온 집안을 뛰어다녔다. 가정교사인 영국 여자는 가정부와 다투더니 친구에게 새 일자리를 구해 달라는 편지를 썼다. 요리사는 어제, 그것도 저녁 식사 시간에 맞춰 집을 나가 버렸다. 그리고 허드렛일을 하는 하녀와 마부는 급료를 계산해 달라고 성화였다. 부부싸움이 벌어진 지 사흘째 되는 날, 스테판 아르카지치 오블론스키[7] 공작 -세간에

---

6) 레프 톨스토이 / 연진희 옮김, 『안나 카레니나』, 민음사, 2016.
7) 러시아의 인명은 '이름, 부칭(아버지의 이름+-에비치, -오비치), 성'으로 표기한다. 여성의 부칭과 성에는 특별한 접미사가 붙는다. 부칭일 경우엔 -예브나, -오브나가 붙고, 성에는 -아, -아야 등이 붙는다. 가령, 알렉산드르 쉐르바츠키 공작의 딸들의

서는 그를 스티바 라고 불렀다.－은 평상시처럼 아침 8시에 눈을 떴다. 그가 누운 곳은 아내의 침실이 아닌, 자기 서재의 모로코산 가죽 소파 위였다. 그는 소파의 스프링 위에서 온실 속의 화초처럼 연약한 살진 몸뚱이를 뒤집어 돌아눕더니, 다시 한숨 푹 자고 싶은지 베개를 꼭 끌어안고 거기에 뺨을 파묻었다. 그러다 갑자기 벌떡 일어나 앉아 눈을 떴다.

'그래, 그러니까, 어떻게 됐더라?' 그는 꿈을 떠올리며 생각에 잠겼다. '그래서 어떻게 됐지? 맞아, 알라빈이 유리 테이블에서 만찬을 베풀었어. 그래, 그리고 그 유리 테이블들이 노래를 불렀어 「Il mio tesoro」[8]였지. 아니, 「Il mio tesoro」가 아니라 더 멋진 노래였는데. 그리고 유리로 된 작은 술병들이 있었어. 그 술병들은 모두 여자였고,' 그는 기억을 더듬었다.

스테판 아르카지치의 두 눈이 명랑한 빛으로 반짝이기 시작했다. 그는 미소를 지으며 다시 생각에 잠겼다. '아, 멋있었어. 정말 좋았지. 또 거기에는 굉장한 것들이 많았어. 말로 표현할 수도 없고, 현실에서는 상상조차 할 수 없는 것들이었지.'

그는 나사 커튼 사이로 새어 든 한 줄기 빛을 보고는, 즐거운 마음으로 소파에서 다리를 내리고 아내가 지어 준 슬리퍼를, 금빛 모로코 가죽으로 테를 두른 그 슬리퍼를 두 발로 찾았다.(아내가 지난해에 생일 선물로 지어 준 것이었다.) 그리고 9년 동안 몸에 밴 오랜 습관에 따라 그 자리에 그대로

이름은 다리야 알렉산드로브나 쉐르바츠카야, 카체리나 알렉산드로브나 쉐르바츠카야가 되는 것이다. 그러나 부칭은 -에비치, -오비치 대신 -이치로 축약해 부르기도 한다. 그래서 스테판 아르카지예비치를 스테판 아르카지치로, 뒤에 등장할 레빈의 맏형 세르게이 이바노비치를 세르게이 이바니치로 부르기도 한다. 단, 결혼한 여성의 경우에는, 아버지의 성 대신 남편의 성에 '-아, -아야'를 붙인 성을 갖게 된다.

[8] '나의 보물'.(이탈리아어). 아마도 모차르트의 『돈 조반니』 가운데 2막 2장에서 돈 오타비오가 부르는 「내 연인을 위해(Il mio tesoro intanto)」를 가리키는 것 같다. 이 아리아에 "그사이 나의 사랑하는 사람을 위로해 주시오. 내가 원수를 갚았다는 말을 전해 주시오."라는 대목이 있다.

앉은 채, 그의 침실에서 늘 실내복을 걸어 두는 곳으로 손을 뻗었다. 그는 그제야 갑자기 자기가 왜 아내의 침실이 아니라 자신의 서재에서 잠들었는지 생각해 냈다. 그의 얼굴에서 미소가 사라졌다. 그는 이마를 찌푸렸다.

"아, 아, 아! 아아……!" 그는 그동안 일어난 모든 일을 떠올리며 신음소리를 냈다. 그러자 머릿속에서 아내와 싸울 때의 세세한 장면, 꼼짝달싹할 수 없게 된 자신의 처지가 새삼 떠올랐다. 특히 자신의 잘못을 떠올리자 못 견디게 괴로웠다.

'그래! 아내는 용서하지 않을 거야. 아니, 용서할 수 없겠지. 가장 끔찍한 건, 모든 원인이 내게 있는데도, 내가 잘못하긴 했어. 그렇다고 해서 내 책임은 아니라는 거야. 여기에 모든 드라마가 있지.' 그는 생각했다. "아, 아, 아!" 그는 그 다툼에서 가장 고통스러웠던 순간을 떠올리며 절망적인 어조로 중얼거렸다. 무엇보다 불쾌했던 것은 최초의 순간이었다. 그가 아내에게 줄 큼직한 배를 들고 즐겁고 흐뭇한 기분으로 극장에서 돌아 왔을 때였다. 아내는 응접실에 없었다. 아내가 서재에도 없자 그는 깜짝 놀랐다. 그리고 마침내 침실에서 그는 그 모든 것을 폭로한 불행의 편지를 손에 든 아내를 발견했다.

그녀가, 언제나 걱정이 많고 부산스럽고 다소 멍청하다고 생각했던 돌리9)가, 손에 편지를 쥔 채 꼼짝 않고 앉아 공포와 절망과 분노가 뒤섞인 표정으로 그를 바라보았다.

"이게 뭐죠? 이것 말이에요." 그녀는 편지를 가리키며 물었다. 이 회상 장면에서 스테판 아르카지치를 괴롭힌 것은, 흔히 있는 일이긴 하지만, 사건 자체보다 자신이 아내의 말에 보인 태도였다.

그 순간, 갑자기 너무나 부끄러운 일을 들킨 사람들에게 나타나는 현상

---

9) 다리야의 영어식 애칭. 러시아식 애칭은 돌렌카, 돌린카, 다셴카 등이다.

이 그에게 일어났던 것이다. 그의 죄가 드러난 지금, 그는 아내 앞에서 자신이 처한 상황에 어울리는 표정을 지을 수 없었다. 화를 내거나 부인하거나 변명하거나 용서를 빌거나 차라리 태연했더라면 좋았을 텐데. 어떻게 했든 그가 한 행동보다는 나았을 것이다. 그러나 그렇게 하는 대신, 그의 얼굴은 완전히 무의식적으로(생리학10)을 좋아하는 스테판 아르카지치는 '뇌신경의 반사작용'이라고 생각했다.) 그야말로 완전히 무의식적으로 갑자기 평상시의 선량한 미소를, 그 선량함 때문에 철없어 보이는 미소를 지었다.

그 철딱서니 없는 미소는 그 스스로도 용서할 수 없는 것이었다. 그 미소를 본 돌리는 육체적인 고통이 엄습하기라도 한 듯 부들부들 떨더니 격렬한 분노를 터뜨리며 지독한 말을 퍼붓고는 방에서 뛰쳐나가고 말았다. 그때부터 그녀는 남편을 보려 하지 않았다.

'이게 다 그 멍청한 미소 때문이야.' 스테판 아르카지치는 생각했다.

"하지만 어떻게 해야 하지? 어떻게 하나?" 그는 절망에 빠져 중얼거렸지만 해답을 찾을 수 없었다.

2

스테판 아르카지치는 스스로에게 솔직한 사람이었다. 그는 자신을 속이지 못했고, 자신의 행동을 후회한다고 스스로에게 단언하지도 못했다. 여섯해 전쯤 처음으로 부정을 저질렀을 때 후회하던 것에 대하여, 이제 그는 후회하지 않는다. 그는 쉽게 사랑에 빠지는 서른네 살의 미남인 자신이 다섯 아이와 죽은 두 아이의 어머니이자 자기보다 겨우 한 살 적은 아내를

---

10) 1863년 I.M. 세체노프가 『뇌의 반사작용』이라는 책을 출간했다. 당시 러시아에서는 유물론적 생리학에 대한 관심이 높았다.

더 이상 사랑하지 않는 것에 대해 후회하지 않았다. 그는 다만 아내에게 자신의 부정을 더 잘 속이지 못한 것에 대해 후회했다. 그러나 그는 자신의 괴로운 처지를 충분히 절감했고, 아내와 아이들과 자신이 가엾다는 생각을 했다. 그 소식이 그녀에게 그토록 강한 충격을 줄 거라고 생각했다면, 어쩌면 그도 자신의 죄를 아내에게 더 잘 감출 수 있었을지 모른다. 그는 결코 그 문제를 깊이 생각한 적 없었고, 다만 막연히 아내가 오래전부터 자기의 부정을 알면서도 모른 척하는 거라고 여겼을 뿐이다. 심지어 그는 더 이상 아름답지도 않고 나이도 많고 쇠잔한 그녀가, 뛰어난 구석이라고는 전혀 없이 그저 선량한 가정주부에 지나지 않는 평범한 그녀가 공정심을 발휘하여 관대함을 보여야 한다고 느꼈다. 그러나 상황은 정반대였던 것이다.

"아, 끔찍해! 아아, 아아, 아아! 끔찍한 일이야!" 스테판 아르카지치는 계속 똑같은 말만 되풀이할 뿐 아무런 묘안도 생각해 내지 못했다. '그 일이 있기 전에는 모든 것이 얼마나 순조로웠던가, 그리고 우리는 얼마나 잘 지냈던가! 아내는 아이들에게 만족하며 행복해했고, 나는 무슨 일이든 아내를 간섭하지 않은 채 아내가 아이들과 집안 살림에 전념하도록 내버려 두었지. 사실, 상대가 우리 집 가정교사였다는 점은 과히 기분 좋은 일이 아냐. 볼썽사나워! 자기 집 가정교사를 쫓아다니다니, 어딘지 모르게 진부하고 저속한 구석이 있어. 하지만 그녀는 얼마나 멋진 가정교사였던가!(그는 mademoiselle[11] 롤랑의 교활한 검은 눈동자와 미소를 생생하게 떠올렸다.) 그래도 그녀가 우리 집에 있는 동안에는, 나 역시 아무 짓도 하지 않으려 했어. 그런데 더욱 나쁜 건, 그녀가 이미……. 이 모든 일이 마치 의도적으로 이루어진 것 같아. 아, 아, 아! 아아아아! 하지만 도대체 어떻게, 어떻게 해야 하지?'

---

11) '마드무아젤.'(프랑스어)

달리 해답이 없었다. 지극히 복잡하고 도저히 해결할 수 없는 모든 문제에 대해 삶이 부여하는 그런 일반적인 대답만 있을 뿐이었다. 그 대답이란, 그날그날의 요구에 따라 살아가는 것, 즉 잊어버리는 것이다. 더 이상 잠으로 잊을 수는 없다. 적어도 밤이 올 때까지는, 유리 술병 여인들이 부르는 노래로 되돌아갈 수 없다. 그러니 삶의 꿈으로 잊는 수밖에 없다.

"이제 곧 알게 되겠지." 스테판 아르카지치는 혼잣말을 했다. 그리고 자리에서 일어나, 하늘색 명주로 안감을 댄 회색 할라트[12]를 걸치고 허리끈을 아무렇게나 묶고는 떡 벌어진 가슴으로 공기를 한껏 들이마셨다. 그리고 뚱뚱한 체구를 아주 거뜬히 싣고 다니는 구부러진 두 다리로 평상시처럼 활기차게 걸으면 창문으로 다가간 후, 커튼을 걷어 올리고는 요란스럽게 벨을 울렸다. 벨이 울리자마자, 오랜 벗이자 시종인 마트베이가 옷과 부츠와 전보를 들고 들어왔다.

"관청에서 서류가 왔나?" 전보를 받아 든 스테판 아르카지치가 거울 앞에 앉으며 물었다.

"책상 위에 있습니다." 마트베이는 동정 어린 눈빛으로 뭔가 묻고 싶은 듯 주인을 흘깃 쳐다보았다. 그리고 잠시 후 교활한 미소를 덧붙였다.

"삯마차 주인이 사람을 보냈습니다." 스테판 아르카지치는 아무 대답도 하지 않고 거울에 비친 마트베이를 힐끔 쳐다보았다. 거울 속에서 마주친 그들의 시선에서, 그들이 얼마나 서로를 잘 아는지 엿보였다. 스테판 아르카지치의 눈빛은 마치 이렇게 묻는 것 같았다. '왜 그런 말을 하지? 정말 몰라서 그러는 거야?'

마트베이는 모닝코트 주머니에 두 손을 찔러 넣고 한쪽 다리를 벌린 채, 선량한 표정으로 알 듯 모를 듯 말없이 미소를 지으며 주인을 바라보았다.

---

12) 실내복으로 이용되는 헐렁하고 긴 상의.

"일요일에 오라고 했습니다. 그때까지는 주인님을 성가시게 하지 말고 공연히 헛걸음하지 말라고 일렀습니다." 아마도 그는 할 말을 미리 준비해 둔 것 같았다.

스테판 아르카지치는 마트베이가 우스갯소리로 주의를 끌고 싶어 한다는 것을 깨달았다. 그는 전보의 겉봉을 뜯은 후, 언제나처럼 오자(誤字)를 짐작으로 정정해 가며 전보를 읽었다. 곧 그의 얼굴이 환하게 빛났다.

"마트베이, 내 누이 안나 아르카지예브나가 내일 온다는군." 그는 이발사의 포동포동하고 반질반질한 손을 잠시 멈추게 하고 이렇게 말했다. 이발사는 길고 굽실굽실한 구렛나룻 사이로 장밋빛 길을 내던 참이었다.

"고마운 일이군요." 마트베이가 말했다. 그는 주인과 마찬가지로 이 방문의 의미를 잘 알고 있었다. 스테판 아르카지치의 사랑스러운 누이 안나 아르카지예브나는 부부의 화해를 도울 수 있을 것이다. 마트베이는 이 대답으로 자신이 그 방문의 의미를 잘 알고 있음을 넌지시 알린 것이다.

"혼자 오십니까, 아니면 남편분과 함께 오십니까?" 마트베이가 물었다.

스테판 아르카지치는 이발사가 윗입술 주위를 면도하고 있어 대답할 수 없었다. 그래서 손가락 하나를 들어 올렸다. 마트베이는 거울을 향해 고개를 끄덕여 보였다.

"혼자 오시는군요. 위층에 방을 마련해 둘까요?"

"다리야 알렉산드로브나에게 어디 방을 마련할지 물어봐."

"다리야 알렉산드로브나 마님에게요?" 마트베이는 미심쩍은 듯 되물었다.

"그래. 아내에게 물어봐. 여기 전보를 가져가. 그리고 아내와 방에 있는 다른 사람들이 뭐라고 하는지 전해 줘."

'마음을 떠보려나 보군.' 마트베이는 주인의 마음을 알아차렸다. 하지만 그는 그저 이렇게 말할 뿐이었다.

"알겠습니다, 주인님."

마트베이가 손에 전보를 든 채 부드러운 양탄자 위로 부츠를 삐걱거리며 느릿느릿 방으로 돌아왔을 때, 스테판 아르카지치는 이미 세수를 하고 머리를 깨끗이 빗은 후 막 옷을 갈아 입으려는 참이었다. 이발사는 이미 방에서 나가고 없었다.

"다리야 알렉산드로브나 마님이 외출할 거라고 전해 드리랍니다. 그리고 그이, 그러니까 주인님이 좋으실 대로 하라고 하셨습니다."

그는 눈으로 실실 웃으며 이렇게 말했다. 그리고 두 손을 호주머니에 찔러 넣고 고개를 옆으로 기울인 채 주인을 응시했다.

스테판 아르카지치는 잠시 침묵했다. 잠시 후 그의 잘생긴 얼굴에 선량하면서도 다소 가련해 보이는 미소가 떠올랐다.

"그래, 자네 생각은 어때?" 그는 머리를 가볍게 끄떡이며 말했다.

"다 잘될 겁니다, 주인님." 마트베이가 말했다.

"잘될 거라고?"

"그럼요."

"그렇게 생각한단 말이지? 거기 누구야?" 스테판 아르카지치는 문밖에서 여자의 옷자락 스치는 소리를 듣고 물었다.

"저예요." 강인하고도 경쾌한 여자 목소리가 들렸다. 그리고 곰보 자국이 난 근엄한 얼굴이 문 뒤에서 불쑥 튀어나왔다. 보모인 마트료나 필리모노브나였다.

"마트료샤[3], 무슨 일이야?" 스테판 아르카지치는 그녀를 향해 문 쪽으로 걸음을 옮기며 물었다.

스테판 아르카지치가 아내에게 전적으로 잘못했고 그 스스로도 그 사실

---

[3] 마트료나의 애칭.

을 잘 알고 있는데도, 집안사람들은 모두 거의 모두, 심지어 다리야 알렉산드로브나의 둘도 없는 친구인 보모마저 그의 편이었다.

"무슨 일이지?" 그는 침울한 어조로 말했다.

"주인님이 가서 한 번 더 용서를 빌어 보세요. 틀림없이 하느님이 도우실 거예요. 다들 힘들어하고 있어요. 보기에도 딱할 정도죠. 게다가 집안 꼴이 말이 아니에요. 주인님, 아이들이 불쌍하지 않으세요? 주인님, 용서를 비세요. 어쩌겠어요! 썰매타기를 즐기려면14)……."

"그래, 하지만 아내가 용서해 주지 않을 텐데……."

"그래도 할 수 있는 데까지는 해 봐야죠. 하느님은 자비로우세요. 하느님께 기도하세요. 주인님, 제발 하느님께 기도하세요."

"알았어. 그만 가 봐." 스테판 아르카지치는 갑자기 얼굴을 붉히며 말했다. "자, 그럼 옷을 입어 볼까?" 그는 마트베이 쪽으로 돌아서서 결연한 모습으로 할라트를 벗었다.

마트베이는 이미 준비해 둔 루바슈카15)를 무거운 짐인 양 들고 눈에 보이지 않는 무언가를 후후 불어 냈다. 그리고 노골적으로 만족스러운 표정을 지으며 주인의 소중한 몸에 루바슈카를 입혔다.

---

14) 러시아 속담에 '썰매 타기를 즐기려면 썰매를 끌어라.'가 있다. 즐거움에는 수고가 따른다는 뜻이다.
15) 블라우스와 비슷한 러시아의 남성용 겉저고리.

▶▶ 더 읽을거리

레프 톨스토이/ 연진희 옮김, 『안나 카레니나』, 민음사, 2016.
장호상, 『브리태니커 세계 대백과사전』, 1992.
홍기순·장한, 「레프 니꼬라예비치 똘스또이」, 『러시아 문학사Ⅰ』, 보고사, 2004.

[네이버 지식백과] 톨스토이[Sev Nikolaevich](종교학대사전, 1998.8.20., 한국사전연구사)

■ **연습문제**

학과 : _____ 학번 : _____ 이름 : _____

01 『안나 카레니나』에 등장하는 철도역의 상징성에 관해 써 보자.

02 사랑과 결혼에 대한 올바른 선택과 현명한 삶의 방향에 대해 적어 보자.

03 레빈의 삶에 녹아있는 19세기 러시아 사회가 지향한 주제에 대해 써 보자.

제6장 고뇌와 방황을 통한 자아 찾기
헤르만 헤세 『데미안』

■ 헤르만 헤세

헤르만 헤세 (1877-1962)

헤르만 헤세는 1877년 독일 칼프에서 태어났다. 헤세가 4세 때 아버지가 바젤로 발령받으면서 가족과 함께 이주해 약 5년간 그 곳에서 살았다. 기운이 넘치는 악동이었던 그는 7세 때 바젤의 선교사들이 운영하는 기숙사제 초등학교에 들어갔으나 잘 적응하지 못했다. 그러나 부모는 그의 기질을 억누르는 학교에 만족해했다고 한다. 9세 때 외할머니를 잃고 쓸쓸해하던 외할아버지의 요청으로 가족은 다시 칼프로 이주했다. 헤세는 조용한 시골 마을 칼프에서 뛰놀고, 신학자로서 거대한 서가를 가지고 있던 외할아버지의 집을 드나들며 자랐다. 외할아버지와 서가는 헤세에게 많은 영향을 미쳤고, 후일의 작품에도 이따금 자전적 요소로 등장하곤 한다.

13세 때 라틴어 학교에 입학했고, 이듬해 마울브론의 신학교에 들어갔는데, 신학교 생활을 하면서 헤세는 방황을 거듭했다. 탈출 소동을 벌이고, 신경쇠약에 걸리고, 자살 시도까지 한 것이다. 결국 학교를 그만두고 집에 있다가 다시 고등학교에 들어갔으나 1년도 지나지 않아 그만두고, 공장 견습공, 서점 직원 등 여러 직업을 전전했다.

서점에서 일하며 책의 세계에 빠져들었고, 특히 낭만주의 문학에 심취했다. 1899년 첫 시집 『낭만적인 노래』를 자비로 출판했다. 또한 같은 해에 산문집 『자정 이후의 한 시간』이 출판되면서, 릴케의 호평을 받았다. 그러나 두 권의 책은 거의 판매가 되지 않았다. 이후 헤세는 바젤로 옮겨가 고서점에서 일하며 시를 발표했다. 1904년에는 장편소설 『페터 카멘친트』가 출간되면서 작가로서 성공을 거둔다. 이 작품은 문학적 재능을 갖춘 청년 페터가 도회지의 대학으로 진학했다가 도시 문명의 허위를 깨닫고 자연의 삶을 찾아 다시 돌아온다는 성장소설이다. 젊은 시절 헤세의 모습이 투영되어 있으며, 개인의 개성과 현실과의 균형 찾기, 자연에 대한 동경, 젊은 예술가의 고뇌 등이 그려져 있다.

1904년 마리아 베르누이와 결혼했고, 스위스 접경 지역의 가이엔호펜이라는 작은 마을에 정착했다. 이곳에서 헤세는 장편소설 『수레바퀴 아래서』, 『게르트루트』를 비롯해 단편소설, 시, 에세이 등을 쓰며 활발히 작품 활동을 했다. 『수레바퀴 아래서』에서는 학교생활에 적응하지 못한 고독한 소년을 그리고 『게르트루트』에서는 예술가의 내면을 탐구한다.

가이엔호펜에서 헤세는 마리아와의 사이에서 아들 셋을 낳고 안락하고 평화로운 나날을 보낸다. 그러나 그 안락한 생활에 권태를 느끼고 만족하지 못해 방황을 거듭했다. 헤세는 책임감 있는 가장과 괴팍한 작가로서의 삶 양쪽을 오갔고, 남편의 계속 바뀌는 태도에 마리아와의 사이도 점점 벌어졌다. 1911년, 헤세는 친구인 화가 슈투르체네거와 함께 인도와 스리랑카 등지를 여행했고, 여행에서 돌아온 후 셋째 아들이 태어났음에도 다시 유럽 여행을 떠났다. 결혼 생활은 완전히 파탄이 났고, 그는 이런 상황을 『로스할데』라는 작품에 그렸다. 그는 예술가에게 과연 결혼 생활을 할 자질이 있는가라는 문제의식에서 이 글을 썼다고 밝혔다. 또한 인도 여행은 『싯다르타』에 반영되었다.

1914년 8월, 독일이 러시아와의 전쟁을 선포했다. 전 세계가 전쟁의 포화에 휩싸였으며, 민족주의, 군국주의가 독일을 휩쓸었다. 인도주의자, 평화주의자였던 헤세로서는 이런 식의 극단적인 애국주의에 동조할 수 없었고, 독일 국민에게 평화를 호소하는 글을 스위스에서 발표했다. 그러나 평화주의적 반전론(反戰論)을 받아들이지 못한 독일인들에게 매국노, 반역자라는 비난을 받았다. 전쟁 기간에는 독일에서 헤세의 글을 발표할 통로가 일체 막혔고, 스위스로 건너가 전쟁포로 구호소에서 일을 도왔다. 이 시기 아버지의 죽음과 아들의 투병, 아내의 정신병 등 고난이 이어졌고, 헤세는 신경쇠약에 걸려 카를 융의 제자 J. B. 랑 박사에게 정신분석을 받았다. 이때의 경험은 그의 작품에 많은 변화를 주었고, 그 변화는 1919년 『데미안』으로 나타난다. 소년의 고뇌와 자기 인식을 탐구하는 과정을 그린 이 성장소설은 제1차 세계대전 후 혼란과 우울에 빠진 독일 국민에게 큰 영향을 끼치며 유럽 전역에서 베스트셀러가 되었다. 독일에서 글을 발표할 수 없었던 헤세는 당초 이 작품을 '에밀 싱클레어'라는 필명으로 발표했다가 이 작품이 신인 작가에게 수여하는 폰타네상을 수상하게 되자 진짜 작가가 자신임을 밝히고 상을 반환했다.

헤세는 전쟁이 끝난 후 가족을 떠나 스위스 남부 루가노 호반의 작은 마을 몬타뇰라에서 지냈다. 이곳에서 『클라인과 바그너』, 『클링조어의 마지막 여름』, 『싯다르타』 등을 썼다. 『싯다르타』는 한 청년이 자기실현을 하는 철학적 과정을 그린 작품으로, 동서양의 철학이 결합되어 있다.

수채화를 그리기 시작한 것도 이 무렵부터였다. 1920년에 첫 개인 전시회를 연 이후 파리, 마드리드, 뉴욕, 도쿄, 몬트리올, 함부르크 등에서 전시회를 열었고, 제2차 세계대전으로 생활에 위협을 받던 시기에는 그림을 팔아 생계를 꾸리기도 했다.

1923년, 아내 마리아와 이혼하고 루트 벵어와 두 번째 결혼을 했으나 이 결혼 생활도 4년 만에 끝이 났다. 1931년에 니논 돌빈과 세 번째 결혼을 한 후 헤세는 비로소 안정적인 결혼 생활을 영위하게 된다.

종전 이후부터 제2차 세계대전이 발발할 때까지 헤세는 물질 과잉의 현대 문명사회에 대한 비판적 견지를 담은 초현실주의 작품『황야의 늑대』, 두 인물의 교류를 통해 지성과 감정, 종교와 예술 등의 대립을 다룬『지와 사랑(나르치스와 골드문트)』를 썼다.

제2차 세계대전이 발발하고 히틀러의 광란이 독일을 비롯한 유럽 전역을 잠식하자 헤세는 인간의 정신적 산물을 적극적으로 보존하는 유토피아를 그린 장편소설『유리알 유희』를 쓰면서 견뎠다. 이 작품은 1943년 스위스에서 출간되었고, 독일에서는 전쟁이 끝나고 나서야 출간되었다. 철학, 역사, 수학, 음악, 문학, 논리학 등 광범위한 지적 유희를 토대로 한 이 작품은 유럽 지식인들의 열광적인 지지를 받았으며, 헤세의 노벨 문학상 수상에 기여했다.

전쟁이 끝난 후에도 헤세는 전후 독일, 냉전 체제에 대한 공포심을 조장하는 정부에 대한 비판을 계속했고, 이에 불만을 품은 사람들로부터 수많은 협박 편지를 받았다. 그러나 헤세는 어떤 정치적 입장도 표방하지 않았고, 몬타뇰라의 집에서 칩거 생활을 했다. 1962년 8월 9일, 뇌출혈로 사망했다.[1)]

『데미안』의 주인공 에밀 싱클레어는 내부에 두 개의 상반되는 세계를 가지고 그 대립 때문에 괴로워한다. 그것은 선과 악의 세계이다. 신앙심이 깊고 청결하며 예의 바른 부모로부터 영향받은 선의 세계와 하녀·장인들의

---

1) 이한이,『문학사를 움직인 100인』, 청아출판사, 2014.
http://100.daum.net/encyclopedia/view/63XX19000079

입을 통해 듣는 부랑자·주정뱅이·강도 등의 악의 세계가 자기의 내면에서 대립되고 있는 것을 느낀다.

　내면에 상반되는 두 개의 혼을 가지고 있는 싱클레어는 위태로운 방황을 계속하지만, 데미안으로부터 '새는 알을 깨고 나온다. 알은 새의 세계이다. 태어나려는 자는 하나의 세계를 파괴하지 않으면 안 된다.'라는 메시지를 받고 자기 인식의 눈을 뜨게 된다. 내면에 울려 퍼지는 운명의 목소리에 눈을 뜨게 된 것이다. 싱클레어는 자기 운명을 개척하고 자기 발견의 길을 걷기 위해 기성의 모든 것, 혼을 잃은 유럽의 문화를 철저하게 비판해야만 했다.

　이 소설은 세계 제1차 대전이 끝난 후에 정신적인 폐허 속에서 헤매던 젊은이들에게 깊은 감동을 주었다. 특히 싱클레어의 인식 과정을 통해 물질 문명만을 추구한 유럽의 현실을 비판하고 있으며, 인간 자신의 내면에 귀를 기울일 것을 강조하고 있다.

　『데미안』의 특성은 서사적 자아인 '나'를 통한 기억과 고백의 담론이라는 점이다. 청소년기의 싱클레어가 젊음의 고뇌와 방황이 고스란히 담긴 고통스런 성장통을 겪으며, 상처와 번뇌, 방랑 속에서의 성장의 풍경이 모순과 혼돈, 무질서 그리고 부조리한 세계에 대한 반항으로 표출된다. 결론적으로 내면의 발견을 통한 독자적인 길을 모색하는 성장소설의 면모를 갖추고 있다. 즉, 일인칭 서술자이자 화자인 '나'라는 젊은 주인공이 통과의례를 치르며 정신적 성장을 일구는 과정을 단계적으로 보여주며 자아의 문제와 인간정신 그리고 인간정신과 예술과의 관계를 탐색하는 자세를 드러낸다.

　이 작품에 나타난 성장소설의 요소는 성장기에 겪어야 하는 젊은이들의 방황과 고뇌를 중심 주제로 내세우면서 주인공의 낭만적 행보 역시 내세우고 있다. 소설을 관통하는 중심 테마는 자아정체성을 찾기 위해 자신과 벌이는 힘겨운 투쟁이다. 또한 자기 생의 방향을 스스로 가늠하기도 전에 벌어진 사건으로 인하여 "일종의 궤도이탈"의 방황 시기도 보여주고 있다. 서사적 내용구성 역시 초등학교부터 시작된 혼란기를 거쳐 방황의 김나지움 시절을 보내고 대학 입학에 이어 군입대와 전쟁에 참여하여 부상당하며 자각하는 싱클레어의 성장을 순차적으로 그려주고 있다.

지난한 삶의 고행을 통해 『데미안』에서 가장 중요하게 부각되는 점은 내면화 과정, 즉 "자기 자신에 이르는 것"을 집요하게 추구하며 자기실현 및 자기완성을 일구려는 점이다. 그러나 문제는 싱클레어의 방종과 타락이 진정한 의미에서 권위적인 부권 상징과 전통적인 기독교적 가치관을 벗어나려는 것을 인정한다고 하더라도, 자율적이고 독립적인 삶을 추구하고자 하는 자기실현 그 이상은 아니라는 것이다.

또한 싱클레어는 유미적 취향과 예술적 삶을 지향한다. 싱클레어는 어린 나이에도 플라톤, 성 아우구스틴, 헤로도투스는 물론 단테, 노발리스, 니체, 하이네 등의 지적 유희는 물론이며, 음악감상, 글쓰기, 그림그리기 등의 탐미적 세계에 발을 담그는 귀족적인 삶의 행보를 한다. 특히 힘겨운 일상과의 이름 모를 반항과도 같은 사투를 벌이면서도 그는 "몽환적 붓놀림"으로 "이 유희적 행위 속에 완전히 몰입했으며, 물감 통에 어린아이처럼 행복했다"고 밝히고 있다. 이러한 지적 편력은 성장의 한 획을 보여준다.[2]

소설 속 주인공은 단순히 사춘기나 청년기의 치기어린 자신들의 질풍노도와 같은 시기만을 기억하는 것이 아니라, 끊임없이 세계를 뒤흔든 지성들의 흔적을 되새기며 삶의 좌표를 가늠하는 인물이다. 또한 이러한 과정에서 인도자로서 이끌어 주는 주변 인물들과 조우하는 행운을 갖는다. 싱클레어가 '어둠의 자식'처럼 헤맬 때, 가장 먼저 그에게 다가온 인물은 바로 데미

---

[2] 이완근, 이학준의 희망의 문학, 문학교육사이트,
http://www.seelotus.com/gojeon/oe-kuk/novel/de-mi-an.htm

안이다. 신비적이고 초시간적인 인물인 그는 성장의 고행길에 들어선 싱클레어에게 압락사스의 존재, 전통적인 기독교 가치관이나 기존의 성경 해석에 딴죽을 걸며, 비판의식을 심어준다. 피스토리우스 역시 상대주의적 종교관과 내재적 신비주의 종교성을 대변하는 인물로 싱클레어의 성장에 많은 밑거름을 제공하는 인물이다.

'자아의 문제'를 부각시키고 근원적인 인간탐구 정신을 필두로 한 이 작품에서 확연하게 드러나는 것은 시대상의 조건을 통해 주인공의 방황의 원인을 다르게 추론할 수 있다는 점이다. 싱클레어가 보여준 방황과 고행은 분명 제1차 세계대전이라는 사회적, 역사적 조건에 기인한다. 당시 유럽은 이미 집단적 갈등 상황을 드러내고, 인류의 큰 전쟁을 자초한 시대정신과 관련이 있다.

싱클레어의 곡절 많은 방황의 흔적은 낭만적 충동에 기인한 성장사이다. 싱클레어는 김나지움 시절 "저항의 형식"처럼, "비참의 한가운데서 해방이자 봄 같은 그 무엇을 혼란스럽게 느꼈"으며, 자신도 모르는 악의 세계에서 "희망 없이 노는 학생"으로 "깨진 맥주잔과 독설"로 밤을 지새울 뿐만 아니라 "술집에 앉아 의기양양하게 굴면서 나는 세상과 싸움을 벌이고 있었던 것이다."라고 지난날을 술회한다. 이런 방탕하고 무절제한 젊음의 유희는 결국 싱클레어가 "최종적으로 학교에서 쫓겨나는 일"로 치닫게 된다.

즉, 싱클레어가 정신적 파탄으로 자신의 좌표를 정하지 못하고 부유하는 인생처럼 술과 허풍 등에 매달리다가 가까스로 대학에 입학한 것, 김나지움 학생들과 "자신을 파괴하는 방탕"의 끝에서 불꽃같은 해방감을 겪게 된 것, 이는 결코 해결책이 아니며 더 큰 혼란을 몰고 오게 한 것이다. 불완전하고 찰나적인 세계 속에서 완전하고 근원적인 것을 추구하는 낭만적인 모습은 결국 허무로 귀결됨을 보여 준 것이다. 이러한 '낭만주의적 세계인식'은 허무주의와 연결된다.

또한 주인공은 심리적 불안과 좌절 속에서 '자살에의 동경과 유혹'을 통해 그 해법을 찾는 극단적인 모습을 보인다. 이는 성장소설 내지 발전소설의 일반적인 특징으로서 인생의 상실과 분노를 자살여행의 실패로 극복하며, 벼랑 끝에서 삶의 의미를 되찾는 과정을 담고 있다. 한편, 싱클레어는 실존적 삶의 본질과 실체를 구하려는 "구도자"적 행로에서 운명이나 숙명을 거슬러 가고자 몸부림을 친다. 이것은 자아 집착적이고 나르시시즘적 꿈이 묻어나는 형상이다.

결국, 주인공은 "불꽃같은 인식"을 통해 "자기 자신을 찾고, 자신 속에 확고해지는 것, 자신의 길을 앞으로 더듬어 나가는 것"이 관건이 된다. 그러기 위해 "자신의 운명을 찾아내는 것이며, 운명을 자신 속에서 완전히 그리고 굴절 없이 다 살아내는 알"에 관심을 가져야 한다는 결론을 내린다.

이렇듯, 이 소설에는 사회현실이나 이념 간의 갈등 등의 외재적 문제보다는, 자기인식이나 자기실현을 완성하기 위한 내면성을 윤회하는 자폐적 탐구서라 할 수 있다.

『데미안』에는 주인공 싱클레어의 종교적인 갈등과 고뇌를 치유하고 성숙되게 하는 과정에서 성서의 모티브들이 사용되고 있다. 지도자들의 성서에 대한 재해석, 혹은 성서 뒤집어 읽기를 통해서 갈등에서 벗어나도록 인도한다. 특히 카인과 아벨, 야곱의 싸움 등에 관한 새로운 해석을 통해서 싱클레어에 대한 교육은 진행되며 사과(선악과), 에바 등을 통하여 싱클레어의 교육은 앞으로 나아간다.

선악과의 모티브는 제1장 '두 개의 세계'에 등장하는 사과의 의미에서 찾을 수 있다. 싱클레어는 또래들로부터 보다 우월한 동질성이나 영웅심을 당당히 인정받으려는 어린 아이처럼 불량소년 프란츠 크로머와 함께 있었던 두 명의 친구들에게 사과를 훔쳤다는 거짓말을 한다. 그 후 크로머의 협박 속에 옭매이게 되고 결국 데미안은 평화롭던 "밝은 세계"에서 "어두운 세계"로 쫓겨난다. 싱클레어는 자신이 이제까지와 사뭇 다른 어두운 세상 속에 있음을 깨닫고, 그는 죽음과도 같은 고통을 느낀다. 그것은 인식하는 인간으로서의 새로운 탄생을 위한 고통이다. 이 고통은 인식으로 가는데 필연적으로 거쳐야만 되는 고통으로, 이 소설에서 '사과'는 주인공을 인식의 길로 이끄는 매체가 되는 것이다.

창세기 4장에 등장하는 카인과 아벨의 내용을 데미안은 싱클레어에게 전혀 다른 각도로 해석하며 설명해 준다. 데미안은 카인이 힘과 용기, 개성을 지닌 사람이고 이마에 있는 표식은 살인의 표시가 아니라 탁월함을 나타내는 표식이라고 설명한다. 그리고 카인과 같은 기질을 갖지 않은 많은 인간들이 카인과 그의 후예들을 두려워하면서 그를 악인으로, 표식을 부정식으로 표현한 것은 그들의 열등감을 해소하고자 한 것이라고 말한다.

인류 최초의 살인자로 낙인찍힌 카인이 고귀한 사람이고 반대로 아벨은 겁쟁이라는 데미안의 해석으로 싱클레어는 처음에는 크게 당황해하면서 오랫동안 혼돈 속에서 생각한다.

이런 데미안의 해석은 싱클레어를 용기 있는 젊은이로 발전할 수 있게 이끌어주기 위한 것이다. 성스런 영역에서조차 다양하게 전개할 수 있는 사고로의 발전과 기독교의 이원론으로부터의 탈출, 수동적 있는 그대로만을 받아들이는 자세가 아니라 무엇이든 자기의 주관에 맞추어 받아들이고 생각할 수 있는 적극적인 자세를 싱클레어에게 요구하기 위한 것이다. 즉 선한 것만 인정하였던 기독교의 이원론에서 벗어나 선과 악이 섞여 있는 인간의 본능을 자연스럽게 인정하라는 것이다.

작품 속에 등장하는 에바부인은 싱클레어를 고통스러운 각성의 상태에서 더 높은 곳으로, 대립이 지양된 행복의 상태로 이끈다.

꿈에서 본 여인의 모습이 바로 데미안의 어머니인 에바부인의 모습이었다. 에바부인은 싱클레어에게 힘들었던 여정에 대해 태어나는 일은 언제나 어려운 일이며, 삶 역시 그에 못지 않게 어려운 것이라고 말한다. 이 말로 그녀는 싱클레어에게 자신의 삶에 대한 성찰의 기회를 제공함과 동시에 자기 인생의 소중함과 그러한 인생의 주인은 바로 자신이라는 주인의식과 책임감을 심어준다. 그리고 이제까지의 과정을 다시 생각해보고 오로지 힘들기만 했던지 자문해 보라고 한다.

에바부인이 싱클레어에게 언급하는 태어난다는 의미는 육체적이며 생명적인 탄생만을 의미하는 것이 아니라, 정신적인 탄생 역시 의미하는 것이다. 정신적인 탄생이란 한 인간으로의, 인격체로의 성숙과 동일하게 해석할 수 있다. 그녀는 이 한 마디를 통하여 인생은 고달프지만 그 과정 속에서 기쁨을 찾고, 긍정적으로 꿈을 실현시켜야 한다고 싱클레어에게 전달한다. 그 뜻은 자기 인생을 행복하고 가치 있게 만드는 것은 바로 자신이므로 자기 자신을 사랑하고 존경하라는 의미이기도 한다.

에바부인은 싱클레어에게 사랑에 관해 가르친다. 그녀가 들려주는 두 가지 사랑 이야기 중 첫 번째는 별을 사랑한 한 청년에 관한 것이다. 별을 사랑한 청년은 그리움이 별까지 다달아 별을 행하여 하늘로 날아가게 되었지만 별을 가슴에 안는다는 사실이 불가능한 것은 아닐까 하는 순간에 그 청년은 떨어져서 죽고 말았다는 내용이다. 두 번째는 절망적인 사랑을 하였던 한 남자의 이야기이다. 그의 열렬한 사랑은 자신의 모든 것이 한 여자에 대한 사랑 때문에 태워 없어지는 것을 느끼지만, 그 사랑은 힘이 점점 강해져서 그 여인을 끌어당기게 되어 결국 그의 품안에 안게 되었다.

사랑에 대한 두 이야기를 통하여 에바부인은 싱클레어에게 진정한 사랑에 대해 일깨워준다. 사랑은 집착이 아니라 마음속에서 우러나며, 진심을 지녔다면 그 사랑은 이루어 질 것이라는 것이다. 그 보다 더 중요한 것은 자기 자신을 사랑하는 것과 그가 속한 세계에 대해 정확히 이해하는 것이다. 에바부인의 역할은 한 동안 방황했던 싱클레어로 하여금 가장 높은 단계로, 고양된 인격체로 발전하게끔 도와주고 인도해 주는 것이다.

『데미안』에서 주도적인 역할을 하고 있는 상징인 그노시스파의 신 압락사스는 데미안과 밀접하게 결합되어 있다. 이 신성의 성격을 규정하는 중요한 요소들인 감정과 이성의 조화로운 통일, 신중함 그리고 절제된 체력 등은 그대로 데미안의 특징이기도 하다. 이 소설의 그노시스주의의 세계관은 존재의 근본원리로서 이원론에 바탕을 두고 있다. 거룩한 신의 불꽃이 물질의 세계 속에 속박되어 있다는 전체에서 출발하는 그노시스주의에 있어, 밝은 정신의 세계와 어두운 물질의 세계 모두에 참여하는 인간의 진정한 과제는 모든 대립을 극복하고, 속박되어 있는 그 불꽃을 본래의 모습대로 되찾는 것이다. 이 과정에서 선악의 구분이 지양되며, 개체의 정신 속에 내재되어 있는 수많은 가능성들이 활발하게 실현된다. 싱클레어의 개인화 과정 역시 이런 도식에 따라 진행된다. 자신의 내적 대립을 인식하고 또 그것을 긍정적으로 받아들인 연후에 그 극복의 과정이 뒤따르고 있는 것이다.

싱클레어가 압락사스에게 관심을 기울이게 되는 것은 데미안을 통해서이며, 친구 데미안을 닮으려고 노력함으로써 싱클레어는 압락사스에 대한 탐구가 그의 마음속에 불러내었던 한계 초월의 소망을 점차 이룰 수 있게 된다.[3] 즉, 싱클레어는 데미안을 통하여 양극성을 극복하고 신비주의 종교적 전일성을 지향하는 자기실현의 길을 가게 되는 것이다.

데미안은 싱클레어에 의해 초시간적인 신비적 인물로 그려지는데, 싱클레어의 신비적 지도자 데미안은 싱클레어로 하여금 종교적 관점에서 무엇보다도 전일성을 지향하라고 말한다. 이에 데미안은 결정적으로 '압락사스'라고 하는 신비주의적 신성을 싱클레어에게 제시한다. "새가 알에서 나오

---

[3] 노태한, 「헤르만 헤세의 『데미안』-달리보기의 미학」, 한국헤세학회, 『헤세연구』, 제 1집, 1998.

려고 싸운다. 알은 곧 세계이다. 태어나려고 하는 자는 하나의 세계를 파괴해야만 한다. 그 새는 신을 향해 날아간다. 그 신의 이름은 압락사스다."

작품에서 데미안이 싱클레어에게 보낸 것으로 간주되는 위 구절에 나오는 압락사스는 이제 싱클레어가 종교적으로 추구하는 이상적 표상이 된다. 이 압락사스는 신비주의적 전일성을 상징하는 것으로 "신적인 것과 악마적인 것을 결합시키는 상징적 과제를 가지고 있는 신성인 것이다.

소설의 전반부에 문제가 되고 있는 기독교적 관점의 양극성의 문제를 후반부에서는 압락사스라는 신비주의적 신성의 상징을 통하여 해결하고자 하는 작가의 의도는 담겨 있는데, 모든 신비주의는 일원론을 그 근간으로 하고 있다. 이 압락사스는 『데미안』 이후 헤세가 일생 동안 지향하는 양극성 너머의 전일사상 및 일원론적 신비주의 종교 사상을 보여 주는 최초의 문학적 상징인 것이다.

『데미안』에는 헤세가 융의 종교심리학으로부터 받은 영향이 많이 나타나 있다. 강한 종교적 특성을 지니고 있는 융의 심리학은 헤세의 종교적 인식 및 사상과 접목이 되었으며, 헤세의 종교적 인식과 사상을 체계화하면서 확장했으며, 헤세로 하여금 인습적인 종교적 세계관으로부터 벗어나도록 도와주었다.

융의 종교심리학적 견해는 작품에서 무엇보다도 피스토리우스를 통해 나타난다. 피스토리우스는 과거 심리분석 치료를 받은 바 있는 랑 박사를 모델로 하여 그린 인물로 알려져 있는데, 그는 싱클레어의 자기실현을 융의 종교심리학적 관점으로 인도하는 인물이다. 결국 싱클레어가 종교적 차원의 자기실현에서 도달한 것은 전통적인 기독교 이분법적 관점의 양극성을 넘어선 신비주의적 전일성과, 융의 종교심리학과 연계된 내재적 신비주의의 종교성을 바탕으로 한 상대주의적 종교관인 것이다. 이와 같이 싱클레어가 지향하게 되는 자기실현은 한 마디로 말해서 신비주의적 차원의 자기실현이다.

한편 작품의 끝 부분에서 데미안과 싱클레어는 전쟁에 나가게 된다. 죽어가는 데미안은 부상당한 싱클레어에게 에바부인의 키스를 전달한다. 이 또한 신비적 인물인 에바부인과 하나가 되었다는 것을 상징적으로 보여준다. 그것은 싱클레어가 자기실현의 과정에서 지향했던 신비적 인물 에바부인과 마침내 동일한 수준에 도달하여 하나로 일치되었다는 것을 말해준다. 이로써 신비주의적 차원에서 싱클레어의 자기실현이 완성되었음을 의미한다.

■ 작품

데미안[4)]

새는 알에서 나오려고 투쟁한다.

　내가 그린 꿈 속의 새는 내 친구를 찾아 날아가고 있었다. 너무 놀랍게도 나에게로 답장이 왔다.
　학교 우리 반 교실 내 자리에서, 한 번은 쉬는 시간이 끝난 뒤 다음 수업이 미처 시작되기 전에 쪽지 하나가 내 책에 꽂혀있는 걸 발견했다. 그것은 우리 반 학생들이 수업 시간 중에 몰래 서로 쪽지 편지를 보낼 때 흔히 접는 것과 똑같이 접혀 있었다. 내가 놀랐던 건 다만, 누가 나한테 그런 쪽지를 보냈을까 하는 생각에서였다. 나는 어떤 학우와도 그런 식으로 사귀는 사이가 아니였기 때문이다. 나야 끼지 않을테지만, 그 어떤 학생다운 장난을 하자는 것이겠거니 하고 쪽지를 읽지도 않은 채 앞쪽 책 속에 끼워 넣었다. 수업 도중에 우연히 그 쪽지가 다시 손에 들어왔다.
　종이를 만지작거리다 아무 생각 없이 펴게 되었는데 그 안에 몇 마디 말이 적힌 것을 보았다. 그 위로 한 번 시선을 던지고는 말 하나에 사로잡혀 버렸다. 놀라 읽었다. 그사이 나의 가슴은 운명 앞에서, 큰 추위가 닥친 때처럼 오그라들었다.
　<새는 알에서 나오려고 투쟁한다. 알은 세계이다. 태어나려는 자는 하

[4)] 헤르만 헤세 / 전영애 옮김, 『데미안』, 민음사, 2015.

나의 세계를 깨뜨려야 한다. 새는 신에게로 날아간다. 신의 이름은 압락사스>

이 글줄을 몇 차례 읽은 뒤 나는 깊은 생각에 빠졌다. 어떤 의심도 불가능했다. 이건 데미안이 보낸 답장이었다. 나와 그 말고 그 새에 대해 아는 사람이 있을 수 없었다. 내 그림을 그가 받은 것이다. 그는 이해하였고 내가 풀이하는 것을 도운 것이다. 하지만 이 모든 것이 서로 무슨 관련이 있단 말인가? 그리고 무엇보다 나를 괴롭힌 것은 압락사스란 무엇인가 하는 의문이었다. 들어본 적도 읽어본 적도 없는 말이었다. <신의 이름은 압락사스!>

수업을 조금도 듣지 못한 채 그 시간이 갔다. 다음 시간이 시작되었다. 오전의 마지막 수업이었다. 그 시간은 젊은 보조 선생님 담당이었다. 대학을 갓 졸업했는데, 그렇게 젊다는 것, 그리고 우리들에 대해서 거짓 품위를 보이려 들지 않았다는 것만으로도 벌써 우리들의 호감을 산 분이었다.

우리들은 그 폴렌 선생의 지도로 헤로도투스를 읽고 있었다. 이 강독은 내가 흥미를 가진 몇 안 되는 과목의 하나였다. 그러나 이번에 나는 정신이 딴데 팔려 있었다. 기계적으로 책을 폈으나, 번역을 따라가지 않고 내 생각에 빠져 있었다. 아무려나 나는 데미안이 그때 종교 수업시간에 말했던 것이 얼마나 옳은지 이미 몇 차례 경험을 통해 알고 있었다. 사람이 충분히 강렬하게 소망하는 것, 그것은 정말 이루어졌다. 수업 중에 내가 아주 강렬하게 내 자신의 생각에 열중하고 있으면, 선생님도 나를 그대로 내버려둘 만큼 열중해 있으면, 나는 조용히 있을 수 있었다. 그렇다, 산만하거나 졸고 있을 때는 선생님이 갑자기 거기와 계셨다. 여느 때 나도 겪던 일이다. 그러나 정말 생각하고, 정말 침잠해 있을 때, 그럴 때는 지켜져 있었다. 뚫어질 듯 바라보는 일은 나도 벌써 시험해 보았고 믿을 만한 것임을 알았다. 그때 데미안과 만나던 시절에는 되질 않았었는데, 이제는 자주, 시선과 생각으로 아주 많은 것을 달성할 수 있다는 것을 느꼈다.

그때도 나는 그렇게 앉아 헤로도투스로부터 그리고 학교로부터 멀리 떨어져 있었다. 그러나 나도 모르는 사이 선생님의 목소리가 번개처럼 내 의식을 치고 들어왔다. 화들짝 깨어났다. 선생님의 목소리가 들렸다. 바로 내 곁에 바싹 다가와 서 계시는 것이었다. 내 이름을 부르신 줄 알았는데 선생님은 나를 보시지 않았다. 나는 안도의 한숨을 내쉬었다.

그때 선생님의 목소리가 다시 들렸다. 그 목소리는 커다랗게 <압락사스>라는 말을 하고 있었다.

처음 부분은 내가 듣지 못했는데 폴렌 선생은 계속 설명하고 있었다. 「우리는 저 종파의 세계관과 고대의 신비주의적인 합일을, 합리주의적인 관찰의 입장에서 보듯이 그렇게 단순하게 상상해서는 안 됩니다. 오늘날 우리가 말하는 의미의 학문이란 고대에는 존재하지도 않았습니다. 그 대신 아주 고도로 발달되었던, 철학적 신비주의적 진실들을 다루는 연구가 있었습니다. 거기에서 부분적으로는, 아마 자주 사기와 범죄로도 이어지는 주술과 게임도 나왔습니다. 주술에도 고귀한 유래와 깊은 사상이 있는 것입니다. 내가 앞서 예로 들었던 압락사스 학설도 그렇습니다. 오늘날도 사람들은 이 이름을 그리스의 주문과 연관시켜 일컫습니다. 오늘날도 미개 민족들이 믿고 있는 마술 부리는 악마의 이름쯤으로 생각하는 것입니다. 그러나 압락사스는 훨씬 더 많은 의미를 가지고 있는 것 같습니다. 우리는 그 이름을 신적인 것과 악마적인 것을 결합시키는 상징적 과제를 지닌 어떤 신성의 이름쯤으로 생각할 수 있겠습니다」

그 조그만 학식 많은 분은 섬세하고도 열정적으로 계속 이야기를 해나갔다. 주목하고 있는 사람은 아무도 없었다. 그리고 압락사스라는 이름이 더 이상 나오지 않자, 나의 주의력도 곧 다시 내 자신 안으로 가라앉았다.

<신적인 것과 악마적인 것을 결합한다>는 말의 여운이 귀에 남아 있었

다. 여기서 나는 연결시킬 수 있었다. 그 말은 우리 우정의 맨 마지막 시절 데미안과 나누었던 대화들에게서 친숙한 것이었다. 데미안은 당시에 말했었다. 우리는 아마도 우리가 존경하는 신 하나를 가지고 있겠지만, 그는 함부로 갈라놓은 세계의 절반만 나타낸다고(그것은 공식적이고, 허용된 <환한>세계였다), 그러나 세계 전체를 존중할 수 있어야 한다고 그러니까 악마이기도 한 신 하나를 갖든지, 아니면 신에 대한 예배와 더불어 악마에 대 한 예배도 만들어야 한다는 것이었다. 그러니까 압락사스는 신이기도 하고 악마이기도 한 신이었다.

한동안 나는 아주 열성적으로 계속 그 자취를 찾았다. 진전은 없었다. 압락사스를 찾아 온 도서관을 성과 없이 뒤지기도 하였다. 그렇지만 기껏해야 손 안에 든 돌 하나에 머물러 있는 진실만을 찾아내는 식의 직접적이고 의식 탐구에 나의 본질이 깊이 열중하지는 못했다.

얼마 동안 내내 그토록 열렬히 열중했던 베아트리체의 영상이 이제 서서히 가라앉았다. 아니면 오히려 천천히 나로부터 떠나갔다. 점점 더 지평선에 접근해 가서, 더 그림자 같고, 더 멀어지고, 더 빛바래 갔다. 이제는 영혼을 충족시키지 못했다.

이제 특이하게 나 자신 속으로 자아를 넣은 현존 속에서, 내가 몽유병자처럼 영위하고 있는 현존 속에서 새로운 형성이 이루어지기 시작했다. 삶에의 동경이, 아니 그보다는 사랑에의 동경이 내 안에서 꽃 피었다. 그리고 한동안 베아트리체 숭배를 통해 해소될 수 있었던 성욕이 새로운 영상과 목표를 요구하고 있었다. 아직 여전히 그 어떤 성취도 이루지 못했다. 동경을 기만하고 내 친구들이 그들의 행복을 찾는 그런 소녀들로부터 무엇인가를 기대하는 것은 나로서는 그 어느 때보다 더 불가능했다 나는 다시 심하게 꿈을 꾸었다. 그것도 밤보다 낮에 더 많이, 상상이, 영상들 혹은 소망들이, 내 안에서 솟아올라 나를 바깥 세계로부터 분리시켰다. 현실의 환경보다

내 마음속의 이 영상들, 이 꿈들 혹은 그림자들과 더 현실적으로, 더 생생하게 교류하며 살았다.

특정한 꿈, 혹은 거듭 나타나는 환상의 유희 하나가 나에게는 극히 중요해졌다. 이 꿈, 내 인생의 가장 중요하고 또 가장 불길한 꿈은 대략 이런 것이었다. 내가 부모님 댁으로 돌아간다. 현관 문 위에는 문장의 새가 푸른 바탕 위에서 노란색으로 빛을 내고 있다. 집 안에서는 어머니가 나를 향해 오신다. 그러나 내가 들어서며 어머니를 포옹 하려 했을 때, 그것은 어머니가 아니라 한 번도 본 적 없는 인물이었다. 키 크고 힘 있는 인물, 막스 데미안이나 내가 그린 그림과 비슷한데도 또 달랐다. 그리고 힘이 있는데도 완전히 여성적이었다. 이 인물이 나를 자기에게로 끌어 당겨 전율을 일으키는 깊은 사랑의 포옹을 했다. 희열과 오싹함이 뒤섞였다. 그 포옹은 예배였고 또 그만큼 범죄였다 나를 포옹한 인물 속에는 어머니에 대한 너무 많은 추억, 내 친구 데미안에 대한 너무 많은 추억이 유령처럼 서려 있었다. 그 인물의 포옹은 모든 경외심을 배척했으나, 그럼에도 축복의 희열이었다. 자주 나는 깊은 행복감을 느끼며, 죽음의 두려움 과격 심한 양심의 가책을 느끼며, 무서운 죄악에서 벗어나듯이 꿈에서 깨어났다.

다만 서서히 그리고 무의식적으로, 이 완전히 내면적인 영상과 바깥으로부터 내게로 온, 찾아야 할 신에 대한 신호 사이에서 하나의 결합이 이루어졌다. 그리고 이 결합은 그 후 더 긴밀해지고 더 내밀해졌으며 나는 내가 바로 이 예감의 꿈속에서 압락사스를 불렀음을 느끼기 시작했다. 희열과 오싹함이 섞이고, 남자와 여자가 섞이고 지고와 추악이 뒤얽혔고 깊은 죄에는 지극한 청순함을 통해 충격을 주며, 나의 사랑의 꿈의 영상은 그러했다. 그리고 압락사스도 그러했다. 사랑은 이제 더 이상, 처음에 겁을 먹고 느꼈던 것처럼 동물적인 어두운 충동이 아니었다. 그리고 그것은 이제 또한 더 이상 내가 베아트리체의 영상에다 바친 것 같은 경건하게 정신화된 숭배

감정도 아니었다. 사랑은 그 둘 다였다. 둘 다이며 또 훨씬 그 이상이었다. 사랑은 천사상이며 사탄이고, 남자와 여자가 하나였고 인간과 동물, 지고의 선이자 극단적 악이었다. 이 양극단을 살아가는 것이 나에게는 운명으로 정해져 있는 것처럼 보였다. 이것을 맛보는 것이 나의 운명으로 보였다. 나는 운명을 동경했고, 운명을 두려워했지만, 운명은 늘 거기 있었다. 늘 내 위에 있었다.

이듬해 봄에 나는 김나지움을 떠나 대학으로 가게 되었다. 아직 어디서 무얼 해야 할지 몰랐다. 코 밑에는 작은 수염이 자랐다. 나는 성인이었다. 그렇지만 완벽하게 무력했고 목표가 없었다. 단 한 가지, 내 속의 목소리, 그 꿈의 영상만 확실했다. 그 영상의 인도에 맹목적으로 따라 가야한다는 임무를 느꼈다. 그러나 어렵게 느껴졌다. 그리고 날마다 나는 반항했다. 내가 돌았나보다고 때때로 생각했다. 어쩌면 내가 다른 사람들과 같지 않은 걸까? 그러나 다른 사람들이 해내는 것은 나도 모두 할 수 있었다. 약간 열심히 애쓰면 플라톤을 읽을 수 있었고 삼각법 과제를 풀거나 화학 분석을 따라갈 수 있었다. 단 한 가지만 나는 할 수 없었다. 내 안에 어둡게 숨겨진 목표를 끌어내어 내 앞 어딘가에 그려내는 일, 교수나 판사, 의사나 예술가가 될 것이며, 그러자면 얼마나 걸리고 그것이 어떤 장점들을 가질 것인지 정확하게 아는 다른 사람들처럼 그려내는 일, 그것은 할 수 없었다. 어쩌면 나도 언젠가 그런 무엇이 될지도 모르지만, 어떻게 내가 그걸 안단 말인가 어쩌면 나도 찾고 또 계속 찾아야겠지. 여러 해를, 그러고는 아무것도 되지 않고, 어떤 목표에도 이르지 못하겠지. 어쩌면 나도 하나의 목표에 이르겠지만 그것은 악하고 위험하고 무서운 목표일지도 모른다.

내 속에서 솟아 나오려는 것, 바로 그것을 나는 살아보려고 했다. 왜 그것이 그토록 어려웠을까?

자주 나는 내 꿈속 강렬한 사랑의 영상을 그려보려 했다. 그러나 한 번도 성공하지 못했다. 성공 했더라면, 나는 그 그림 종이를 데미안에게 보냈을 텐데. 그는 어디에 있는 것일까? 나는 알지 못했다. 내가 아는 건 오직 그가 나와 결합되어 있다는 것뿐. 언제 그를 다시 볼 수 있을까?

베아트리체 시절의 저 몇 주일, 몇 달의 다정한 안정이 오래전에 사라졌다. 하나의 섬에 도달했고 평화를 찾아냈다고 그때 나는 생각했다. 그러나 늘 그랬다. 하나의 상태가 나에게 좋아지자마자 하나의 꿈이 내게 편안해지자마자 그것은 어느새 벌써 시들고 흐려졌다. 부질없다, 그 뒷모습을 보며 탄식함은! 나는 이제 가라앉지 않은 욕망, 팽팽한 기대의 불 속에서 살고 있었다. 그것은 자주 나를 완전히 난폭하게 미치게 만들었다. 꿈의 연인의 영상이 자주 살아있는 연인의 모습보다 더 똑똑하게 눈앞에 보였다. 내 자신의 손보다 훨씬 더 똑똑하게 그 영상과 더불어 나는 이야기했고 그 앞에서 울었고 거기서부터 도피했다. 나는 그것을 어머니라고 부르고 그 앞에서 눈물 흘리며 무릎 꿇었다. 연인이라고 불렀고 모든 것을 이루어 주는 그 성숙한 입맞춤을 예감했다 그것을 악마며 창녀, 흡혈귀며 살인자라고 부르면, 그 영상은 더할 나위 없이 애정 어린 사랑의 꿈으로 파렴치한 황음(荒淫)으로 나를 유혹했다. 그 무엇도 그 영상에게는 지나치게 선하고 귀하지 않았다. 그 무엇도 너무 나쁘고 저열하지 않았다.

온 겨울을 나는 묘사하기 어려운 내면의 폭풍 속에서 보냈다. 외로움에는 오래전부터 익숙해 있었다. 외로움은 나를 짓누르지 않았다. 나는 데미안과, 새와, 내 운명이자 내 연인이었던 위대한 꿈속의 영상과 함께 살았다. 그 안에서 살기에 충분했다. 모든 것이 위대함과 광대함을 지향하고 있었고 모든 것이 압락사스의 암시였다 그러나 이 꿈들 중 어느 것도, 내 생각들 중 어느 것도 나에게 복종하지 않았다. 어느 것도 내가 부를 수는 없었다. 어느 것에도 내가 마음대로 그 색깔을 줄 수 없었다. 그것들이와 서 나를 가졌다. 나는 그것들의 다스림을 받았다. 그것들에 의해 살았다.

바깥으로는 내가 아마 안정되어 있었을 것이다. 사람을 무서워하지 않았다. 그것을 내 학우들도 알아서 내게 남모르는 존경을 보내어, 자주 나의 미소를 자아냈다. 원한다면 나는 그들 대부분을 아주 잘 꿰뚫어 볼 수 있었고 이따금씩 그렇게 해서 그들을 깜짝 놀라게 할 수 있었다. 다만 내게 그러고 싶은 마음이 드물게 생기거나, 전혀 생기지 않았다. 나는 늘 나에게 열중 해 있었다. 늘 나 자신에게 그리고 이제 마침내 한 번 인생의 한 토막을 살아보기를 나에게서 나온 무엇인가를 세계 안에 다주기를, 세계와 관계를 가지고 싸움을 벌이게 되기를 열렬히 갈망했다. 이따금씩, 저녁에 거리를 걸을 때 그리고 초조로 자정까지도 집으로 돌아올 수 없을 때, 그럴 때 나는 이따금씩 생각했다. 지금 바로 지금 틀림없이 나의 연인이 내게로 오고 있을 거라고, 다음 모퉁이를 지나고 있을 거라고 다음 창문에서 나를 부를 거라고, 그 모든 것이 때로는 견딜 수없이 고통스러워 죽어버릴 작정도 했었다.

당시에 나는 흔히들 말하는 대로 <우연>에 의해서 특이한 도피처를 찾아냈다. 그러나 그런 우연이란 존재하지 않는다. 무엇인가를 절실하게 필요로 하는 사람이 자신에게 정말로 필요한 것을 찾아내면, 그것은 그에게 주어진 우연이 아니라 그 자신이, 그 자신의 욕구와 필요가 그를 거기로 인도한 것이다.

두세 번 시내를 오가는 길에 어느 교외의 자그마한 교회에서 오르간 연주 소리를 들었다. 거기 머물지는 않았었다. 다음번에 지나갈 때, 그 소리를 또 들었다. 그리고 바하가 연주되고 있다는 것을 알았다. 나는 문으로 갔다. 문은 잠겨 있었다. 그리고 골목에는 거의 사람이 없어 교회 옆 방충석(防衝石)에 앉아, 외투 깃을 세우고는 귀 기울였다. 크지는 않지만 그래도 좋은 오르간이었다. 그런데 연주가 놀라웠다. 최고도로 개인적인 의지와 끈질김의 표현이어서 마치 기도처럼 들렸다. 이런 생각이 들었다. 저기서 연주하고 있는 사람은 이 음악 안에 보물 하나가 숨겨져 있다는 것을 안다. 그래서 자신의 생명을 얻듯 이 보물을 얻어 내려고 구하고, 가슴 뛰고, 애쓰고 있다고 나는, 테크닉 면에서는 음악을 별로 많이 이해하지 못하지만 바로 이런 영혼의 표현은 어린 시절부터 본능적으로 이해했으며 내 속에서 음악적인 것을 자명한 것으로 느끼고 있었다.

음악가는 이어서 현대 음악도 연주했다. 레거의 곡인 것 같았다. 교회는 거의 완전히 어두웠다. 다만 아주 엷은 빛줄기 하나가 바로 옆 창문을 뚫고 들고 있었다. 음악이 끝날 때까지 기다렸다. 그 다음에는 이리저리 거닐고 있자니, 마침내 오르간 연주자가 나오는 것이 보였다. 나보다 나이가 들었어도 아직 젊은 사람이었다. 체격이 다부지고 땅딸막하였는데, 힘차면서도 내키지 않는듯한 걸음으로 급히 그곳을 떠났다.

그때부터 이따금씩 나는 저녁 시간에 그 교회 앞에서 앉아 있거나 오락가락했다. 한 번은 문이 열려 있는 것이 보였다. 그 오르간 연주자가 높은 곳에 매달린 빈약한 가스등 불빛 속에서 연주를 하는 동안, 나는 떨면서도 행복하게 반 시간을 교회 회중석에 앉아 있었다. 그가 연주하는 음악에서 내가 들은 것은 그 사람 자신만이 아니었다. 그가 연주하는 모든 것이 자기들끼리 밀접한 관계를 맺고 있는 듯했다 남모르는 연관을 가지고 있는 것 같았다. 그가 연주하는 모든 것에 신앙심이 담겨 있었다. 헌신적이고 경건했다. 그러나 교회 가는 사람들이나 목사님들처럼 경건한 것이 아니라 중세의 걸인 순례자처럼 경건했다. 모든 종파를 초월하는 세계 감정에의 남김 없는 헌신으로 경건했다. 바하 이전의 대가들 그리고 옛 이탈리아인들의 음악이 노련하게 연주되었다. 그리고 모든 연주곡들이 한결같이 같은 것을 말하고 있었다. 모두가 그 음악가의 영혼 속에 담긴 것을 드러내고 있었다. 그리움, 더없이 열렬한 세계의 포착, 세계와의 가장 난폭한 재결별, 자신의 어두운 영혼에 대한 절실한 귀기울임, 헌신에의 도취와 경이로움에 대한 깊은 호기심을.

한번은 교회에서 나서는 오르간 연주자를 몰래 따라 갔는데, 멀리 도시 외곽의 작은 선술집으로 들어가는 것이었다. 마음에 맞서지 못하고 이끌린 듯 그를 뒤따라갔다. 거기서 처음으로 그 사람의 모습을 똑똑하게 보았다. 작은 술집 한 모퉁이에 있는 주인 맞은 편 테이블에, 머리에는 까만 펠트직 모자를 쓰고 포도주를 한 잔 앞에 놓은 채 그는 앉아 있었다. 그의 얼굴은 내가 기대했던 것과 같았다. 못생겼고, 약간 거칠었으며, 탐색적이고, 완고하고 고집스럽고, 의지에 차 있었다. 그러면서도 입 주위는 부드럽고 어린 아이 같았다. 남성다운 강함은 모두 눈과 이마에 모여 있었다. 얼굴의 아래 부분은 여리고 미완성이었다. 자제되지 않고 부분적으로는 약간 약했다 우유부단함이 여실히 보이는 턱은 이마나 시선과는 대조적으로 소년다웠다. 자부심과 적의에 찬, 짙은 갈색 눈이 호감을 주었다.

말없이 나는 그 맞은편에 앉았다. 술집에는 다른 사람은 아무도 없었다. 마치 쫓아 버리려는 듯이, 그는 나를 쏘아 보았다. 그렇지만 나는 버텨냈으며 마침내 그가 우악스럽게 툴툴거릴 때까지 눈을 떼지 않고 그를 바라보았다. 「대체 무엇 때문에 그렇게 빌어먹게 쏘아 본단 말요. 나한테 뭐 원하는 거라도 있소?」

「선생님한테서 원하는 건 없습니다.」 내가 말했다. 「벌써 선생에 대해 많은 것을 알고 있는데요.」

그가 이마를 찌푸렸다

「그래, 음악 팬이오? 음악에 얼빠지는 것이 난 구역질나는데」

나는 놀라 물러서지 않았다.

「벌써 자주 선생님 음악을 들었습니다. 저 바깥 교회에서요」 내가 말했다. 「아무튼 귀찮게 해드릴 생각은 없습니다. 선생님 곁에서 어쩌면 무얼 찾아낼지도 모른다고 생각했지요. 뭔가 특별한 것, 뭔지는 잘 모르겠지만

요. 그런데 선생님께서는 제 말은 전혀 듣고 싶지 않으신 것 같군요! 저는 선생님께 귀 기울이는데요. 교회에서 말입니다.」

「난 언제나 문을 잠그는데.」

「최근에 그걸 잊어 버리셨습니다. 저는 안에 앉아 있었구요. 보통 때는 바깥에 서 있거나 방충석 위에 앉아 있습니다.」

「그래요? 다음번에는 들어오시구려, 안은 한결 따뜻하오. 그럴 때는 그냥 문을 노크하시오 노크는 힘차게 해야 해요, 내가 연주하는 동안은 하지 말고. 자 시작합시다. 무슨 말을 하려 했소? 아주 젊은 사람이로군. 아마 학생이거나 대학생이겠군. 음악가요?」

「아뇨 음악을 즐겨 듣습니다. 그러나 그냥, 선생님이 연주하시는 것 같은 거요. 아주 절대적인 음악을요. 거기서는 한 인간이 천국과 지옥을 흔들고 있다고 느껴지는 그런 음악요. 음악이 몹시 좋아요. 음악은 별로 도덕적이 아니기 때문이라고 생각합니다. 다른 모든 것은 도덕적이지요. 저는 도덕적이지 않은 무엇인가를 찾고 있습니다. 저는 도덕적인 것에는 늘 시달렸거든요. 자신을 잘 표현할 수가 없는데요. 아시죠, 신이면서 동시에 악마인 신이 있음에 틀림없다는 것? 그런 신이 있었다지요. 그런 이야길 들었습니다.」

음악가는 넓은 모자를 약간 뒤로 젖히고 짙은색 머리카락을 넓은 이마로부터 흔들어 쓸어냈다. 그러면서 나를 꿰뚫듯 바라보며 테이블 너머 나에게로 얼굴을 숙이는 것이었다. 나직하면서도 호기심에 찬 목소리로 그가 물었다. 「조금 전에 말한 신의 이름이 뭐요?」

「유감스럽게도 그 신에 대해서는 거의 모릅니다. 사실 이름 밖에 몰라요 그 이름은 압락사스입니다.」

음악가는 미덥지 않다는 듯 주위를 둘러보았다. 마치 누군가가 우리를 엿듣기라도 하듯이. 그러더니 나에게로 다가와 속삭이듯 말했다. 「그러려니 했소. 당신은 누구요?」

「저는 김나지움 학생입니다.」

「압락사스는 어디서 알았소?」

「우연히 알았습니다.」

그는 테이블을 쳤다. 그의 술이 잔에서 넘쳤다.

「우연이라구!…… 멍청한 소리하지 말아, 이 사람아! 압락사스는 우연히 알게 되는 게 아니야. 알아 두게. 압락사스에 대해 더 이야기를 할 테니, 난 압락사스에 대해 좀 알거든.」

그가 입을 다물고 자기가 앉은 의자를 뒤로 밀었다. 잔뜩 기대에 차서 그를 바라보고 있자니, 그는 얼굴을 찌푸렸다.

「여기서는 아니고! 다음번에, 그때 들으시오」

그러면서 그는 벗어놓은 자기 외투 호주머니를 뒤져 군밤 몇 개를 꺼내어 내게로 던졌다.

나는 아무 말도 하지 않고 그걸 받아서 먹었고 매우 만족했다.

「그러니까!」 그가 한참 뒤에 나직이 말했다. 「어디서 알았소, 그에 대해서?」 나는 망설이지 않고 말했다.

「저는 혼자였고 어쩔 줄 모르고 있었습니다.」 나는 이야기를 시작했다. 「그때 예전의 친구 하나가 떠올랐습니다. 아는 게 많다고 생각했던 친굽니다. 무언가를, 새 한 마리를 그려 놓았거든요. 지구를 뚫고 나오려는 새였습니다. 그 그림을 그에게 보냈습니다. 얼마 뒤, 이제 답장을 받으리라고 기대도 안하게 되었을 때쯤, 쪽지 하나를 손에 받았는데, 거기에 이렇게 적혀 있었습니다. <새는 알에서 나오려고 투쟁한다. 알은 세계이다. 태어나려는 자는 한 세계를 깨뜨려야한다. 새는 신에게로 날아간다. 그 신의 이름은 압락사스> 라고요.」

그는 아무 대꾸가 없었다. 우리는 밤 껍질을 벗겨 포도주에 곁들여 먹었다.

「한 잔 더 할까?」 그가 물었다.

「괜찮습니다. 술을 좋아하지 않아요.」

그는 다소 실망하여 웃었다.

「좋으실 대로! 난 술을 좋아하지. 난 여기 좀 더 있겠으니 먼저 가보시오!」

그 다음번 오르간 음악이 끝난 뒤 그와 함께 걸었을 때, 그는 별로 이야기하려고 하지 않았다. 그는 나를 어느 오래된 골목 안, 낡았지만 위풍 있는 집 위층으로 인도해 올라갔다. 커다랗고, 다소 황량하고 지극히 보잘것없는 방 안으로, 거기에는 피아노 한 대 외에는 음악과 상관있어 보이는 것은 아무것도 없었다. 한편 커다란 책장과 책상이 있어 무언가 학자의 방 같은 분위기를 풍겼다.

「책이 참 많으시군요!」 나는 감탄하며 말했다

「그 일부는 우리 아버지 장서요. 아버지 댁에 살고 있거든. 그래, 젊은이, 난 아버지 어머니 집에서 살아. 그러나 자네를 부모님께 소개 할 수는 없어, 나의 교우 관계가 여기 집안에서는 큰 존중을 못 받거든. 나는 버려진 자식이오, 아시겠지. 우리 아버지는 빌어먹게 존경할 만한 분이시지, 이 도시에서 유명한 신부님이고 설교자시지. 그런데 나는, 바로 환히 알아 두시도록 말하자면, 그 분의 재능 있고 장래가 촉망되는 아드님이시고 그러나 궤도를 벗어나 어느 정도 돌아 버린 아들이지. 나는 신학도였는데 국가 고사 직전에 그놈의 답답한 대학을 그만두어버렸소, 사실, 개인적인 연구를 얘기한다면, 나는 여태도 신학도인데 말이오. 때에 따라 사람들이 어떤 신들을 그때그때 생각해 내었는지, 그것이 나에게는 늘 가장 중요한 관심사였소 그 이외에 나는 지금 음악가이며, 곧 자그마한 오르간 연주자 자리를 얻게 될 것 같소. 그러면 나도 다시 교회에 돌아가게 되는 거지.」

나는 꽃힌 책들을 작은 스탠드의 약한 불빛이 밝혀주는 데까지 죽 살펴보았다. 그리스어, 라틴어, 히브리어 책 제목들이 보였다. 그 사이 그 사람은 벽 곁 방바닥 캄캄한데 엎드려 무언가를 하고 있었다.

「이리와 보시오」 그가 한참 뒤에 말했다. 「우리 지금 철학을 좀 해봅시다. 철학한다는 건 <아가리 닥치고 배 깔고 엎드려 생각하기>라고 하오」

그는 성냥을 켜서 그의 앞에 있던 벽난로 속의 종이와 장작에 불을 붙였다. 불꽃이 높이 솟았다. 그는 아주 조심스럽게 불을 쑤석였다 나는 그 곁, 낡아 올이 풀린 양탄자 위에 드러누웠다. 그는 불을 응시했다. 불은 내 마음도 끌어당겼다. 우리들은 말없이 아마 한 시간은 배를 깔고 타닥거리는 장작불 앞에 엎드려, 불길이 활활 타오르고 싯싯거리고 가라앉아 휘어지고 가물거리고 움칫거리다 마침내는 사그라진 조용한 화염 속에서 잦아드는 모습을 바라보았다.

「배화(拜火)는 인간이 창안해 낸 것 중 가장 멍청한 짓만은 아니었어.」 그가 혼자서 한번 웅얼거렸다. 그 밖에는 우리들 누구도 한마디도 말이 없었다. 굳어진 눈으로 불을 응시하며 꿈과 정적 속으로 침잠하며, 연기 속에서 어떤 영상들을 보았고 재 속에서도 영상들을 보았다. 한 번은 내가 화들짝 놀랐다. 함께 불을 보고 있던 그 사람이 이글거리는 불 속에 송진을 조금 던졌던 것이다. 조그맣고 날렵한 불꽃이 솟았다. 그 속에서 나는 노란색 매 머리를 가진 그 새를 보았다. 꺼져가는 난롯불이 황금빛으로 작열하는 실 가닥을 한데 모아 그물로 만들었다. 문자와 영상들이 나타났다. 얼굴들, 동물들, 식물들, 벌레와 뱀들에 대한 추억이 나타났다. 문득 정신이 들어 상대방 쪽을 바라보자 그는 턱을 두 주먹 위에 놓은 채, 몰두하여 신들린 듯 재속을 응시하고 있었다.

「이제 가야겠는데요」 내가 나직이 말했다.

「그럼, 가시오. 또 봅시다!」

그는 일어나지 않았다. 등불이 꺼졌기 때문에 어두운 방과 어두운 복도며 계단을 가까스로 지나, 그 저주받은 낡은 집을 더듬어 나왔다. 거리에서 멈추어 그 낡은 집을 쳐다보았다. 어느 창에도 불빛이 없었다. 주석으로 만든 작은 문패가 문 앞의 가스등 불빛 속에서 반짝였다.

<수석 신부 피스토리우스>라고 적혀 있었다.

집에 와서, 저녁을 먹고 혼자 내 작은 방에 앉아 있을 때 비로소, 내가 압락사스에 대해 저도 피스토리우스에 대해서도 아무것도 듣지 못했으며 우리가 주고받은 말이 열 마디도 안 된다는 생각이 들었다. 그러나 나는 그 집을 찾아 갔던 것에 아주 만족했다. 게다가 그는 다음번에는 아주 뛰어난 오래된 오르간 음악 작품인 북스테후데의 파사칼리아를 들려주겠다고 약속했던 것이다.

나는 몰랐지만, 내가 그와 함께 벽난로 앞 그의 침울한 은둔자 방의 방바닥에 누워 있던 그때 오르간 연주자 피스토리우스는 나에게 첫 수업을 해준 것이었다. 불을 들여다보고 있는 것이 나는 기분 좋았다. 불을 들여다보고 있는 것은, 내 안에 잠재되어 있었지만 사실 한 번도 보살핀 적 없었던 내면의 성향들을 강화하고 확인시켜 주었다. 차츰 내게는 부분 부분 그것들이 명확해졌다.

어린아이였을 때부터 나는 때때로 기괴한 형태를 가진 자연물을 바라보는 버릇이 있었다. 그냥 관찰하는 것이 아니라 그 고유한 마력, 그 얽히고설킨 깊은 언어에 온통 몰두하여 관찰했다. 고목처럼 드러난 길다란 나무뿌리, 암석 속의 색색깔 광맥, 물 위에 뜬 기름 얼룩, 유리에 난 금──그런 것들이 종종 나에게 커다란 마력을 발휘하였다. 특히 물과 불, 연기, 구름, 먼지, 그리고 눈을 감으면 보이는 아주 특별하게 선회하는 색 얼룩이 피스토리우스를 처음 찾아간 뒤 며칠 동안 그런 것들 생각이 다시 떠올랐다. 왜냐하면 그 이후 내가 느낀 활기와 기쁨 내 감정의 고조는 그대로 드러난 불을 오래 응시한 덕분이라는 것을 알아 차렸기 때문이다. 불을 응시하는 것은 이상하게도 기분 좋고 풍요로워지는 느낌을 주었던 것이다!

내가 그때까지 본래의 삶의 목표로 가는 길에서 찾아낸 얼마 안 되는 경험들에 이 새로운 경험이 추가되었다. 그런 모습을 가만히 바라보는 것, 비이성적이고, 얽히고설킨, 기이한 자연의 형태들에 몰두하는 것은 우리들 내면에서, 이 영상을 이루어지게 한 우리 내면의 의지와의 일치감을 낳는다──우리는 곧 그 일치감을 우리들 자신의 기분으로, 우리들 자신의 창조로 여기려는 유혹을 느낀다──우리는 우리와 자연 사이의 경계가 흔들리고 흐려지는 것을 보고 분위기를 알게 된다. 그 분위기 속에서 우리 망막 위의 이 영상들이 바깥의 인상들로부터 비롯된 것인지 내면의 인상에서 비롯된 것인지 구분할 수 없게 된다. 그 어디서도 이런 연습에서처럼 간단하고 쉽게 발견해 낼 수 없다. 우리가 얼마나 창조자인지, 우리 영혼이 얼마나 지속적으로 세계의 끊임없는 창조에 관여하는지를 우리들 안에서 그리고 자연 안에서 활동하는 것은 오히려 똑같은 불가분의 신성이다. 바깥 세계가 몰락한다 하여도 우리들 중 하나는 그 세계를 다시 세울 능력이 있다. 산과 강 나무와 잎, 뿌리와 꽃, 자연의 모든 영상이 우리들 마음속에 미리 만들어져 있어서 영혼에서 나오기 때문이다. 영혼의 본질은 영원이며, 그 본질을 우리는 알 수 없다. 그러나 그 본질은 대개 사랑하는 힘과 창조력으로 우리가 느낄 수 있도록 주어진다.

몇 해가 지나서야 나는 어느 책에서 이 관찰을 뒷받침 할 여러 근거들을 발견하였다. 즉 많은 사람들이 침을 뱉어 놓은 담벼락을 바라보는 것이 얼마나 훌륭하고 깊이 자극을 주는지에 대해서 언젠가 이야기 한 레오나르도 다빈치, 축축한 담벼락에 있는 그 얼룩들 앞에서 그는 피스토리우스와 내가 불 앞에서 느낀 것과 똑같은 것을 느꼈다. 우리들이 다음번에 함께 있게 되었을 때 그 오르간 연주자는 설명했다.

「우리는 우리의 개성의 경계를 늘 너무나도 좁게 긋고 있어! 우리는 늘,

우리가 개인적이라고 구분해 놓은 것, 상이하다고 인식하는 것만 개성이라고 생각해. 그러나 우리는 세계의 총체로 이루어져 있어. 우리 하나 하나가 말이야. 그리고 우리 몸이 진화의 계보를, 물고기에 이르기까지 그리고 훨씬 더 멀리까지, 자신 안에 지니고 있는 것과 꼭 마찬가지로, 우리 영혼도 일찍이 인간 영혼들 속에 살았던 모든 것을 지니고 있지 그리스인 들이나 중국인들에게서든 아프리카 토인에게서든 일찍이 존재했던 모든 신과 악마, 모두가 우리들 속에 함께 있어. 거기 있는 거야. 가능성으로, 소망으로 탈출구로 인류가 멸종하고, 아무런 교육도 받지 않았지만 상당한 재능을 지닌 어린 아이 하나만 남는다면 이 아이는 사물들의 전체 과정을 다시 찾아 낼 거야. 그 애가 신이 되어 수호신, 낙원, 계율과 금기, 신약과 구약, 모든 것이 다시 만들어질 수 있을 거야」

「좋습니다.」 내가 이의를 제기했다. 「하지만 어디에 개인의 가치가 있겠습니까? 우리가 모든 것을 우리들 속에서 이미 완성 된 상태로 가지고 있다면 왜 우리는 아직도 죽는 거지요?」

「그만!」 피스토리우스가 격하게 외쳤다. 「세계를 그냥 자기 속에 지니고 있느냐 아니면 그것을 알기도 하느냐, 이게 큰 차이지. 미친 사람이 플라톤을 연상시키는 생각을 내놓을 수 있고 헤른후트파 학교의 신앙심 깊은 조그만 학생이 영지(靈知) 파나 조로아스터에서 나타나는 심오한 신화적 연관을 창조적으로 숙고할 수도 있어. 그러나 그들은 세계가 자기 안에 있다는 사실은 몰라. 한 그루 나무거나 돌인 거지, 기껏해야 동물이고 그 사실을 모르는 한에서는 말야. 그러나 이런 인식의 첫 불꽃이 희미하게 밝혀질 때, 그때 그는 인간이 되지 자네는 그렇다고 모두를, 저기 거리를 걸어다니는 두 발 달린 것 모두를, 그들이 똑바로 걷고 새끼를 아홉 달 뱃속에 품고 있다고 해서 인간이라고 여기지는 않겠지? 그들 중 얼마나 많은 사람이 물고기거나 양, 버러지거나 거머리인 줄은 아시겠지. 얼마나 많은 사람이 개미들인지 얼마나 많은 사람이 벌들인지! 자아, 그들 하나하나 속에 인간이 될 가능성이 있지. 그러나 각자가 그 가능성들을 예감함으로써, 부분적으로는 심지어 그것들을 의식하는 것을 배움으로써 비로소 그 가능성들은 자기 것이 되는 거라네.」

우리의 대화는 대략 이런 식이었다. 대화에서 완전히 새로운 것, 전적으로 놀라운 것이 나오는 일은 드물었다. 그러나 모두가 가장 진부한 대화도 나직하고 꾸준한 망치질로 내 마음속의 한 점을 계속 두드렸다. 모든 대화가, 나의 형성에 도움이 되었다. 모든 대화가 내 허물을 벗는 일에 알 껍데기를 부수는 일에 도움이 되었던 것이다. 그리고 대화 하나하나에서 짓부수어진 세계의 껍데기를 뚫고 마침내 나의 노란색 새가 머리를 조금 더 높이, 조금 더 자유롭게 쳐들어, 그 아름다운 맹금의 머리를 불쑥 내미는 것이었다.

빈번히 우리들은 서로의 꿈을 이야기했다. 피스토리우스는 꿈 풀이를 할 줄 알았다. 놀라운 예 하나가 아직도 기억에 남아있다. 내가 날 수 있는 꿈을 꾸었다. 나는 알 수 없는 힘에 의해서 어느 정도 큰 도약으로 대기를 가르고 내던져졌다. 이 비상의 느낌은 기운을 북돋우는 것이었으나, 내가 의지도 없이 위태로운 고공을 획획 날게 되자 그것은 곧 두려움으로 변했다. 그러나 호흡을 멈추었다가 한꺼번에 힘껏 토하는 식으로 내가 나의 상승과 하강을 조절할 수 있다는 구원 같은 발견을 했다.

그 꿈에 대해 피스토리우스는 말했다. 「자네를 날게 만든 도약 그것은 누구나 가지고 있는 우리 위대한 인류의 재산이지. 그것은 모든 힘의 뿌리와 연결되어 있다는 느낌이지. 그러나 그러면서도 곧 두려워져! 그것은 빌어먹게 위험하지! 그래서 대부분의 사람들은 저렇듯 차라리 날기를 포기하고 법 규정에 따라 인도(人道) 위를 걷는 쪽을 택하지. 그런데 자네는 아니야. 자네는 계속 날고 있어. 유능한 젊은이에게 합당한 대로 말이야. 그리고 보게, 자네는 놀라운 것을 발견하네. 자네가 점차 그 주인이 되는 것을 말이야. 자네를 계속 낚아채 가는 커다랗고 알 수 없는 보편적인 힘에다가 하나의 섬세하고 작은 자신의 힘이 더 해지는 것을 발견하네. 하나의 기관, 하나의 방향키 말일 세! 이건 대단한 거야. 그것이 없다면 그냥 공중에 떠 있을 테지, 미친 사람들이 그러듯이 말이야. 자네에게는 인도를 걸어 다니고 있는 사람들에게보다 더 깊은 예감이 주어졌어. 그러나 거기에 맞는 열쇠와 방향키가 없어. 바닥없는 곳으로 쏴 빨려 들고 있지. 그러나 자네는 말이야, 싱클레어, 자네는 그 일을 하고 있어! 그런데 어떻게냐구? 그건 자네가 아직 전혀 모르겠지. 자네는 그것을 새로운 기관, 즉 하나의 호흡 조절기를 가지고 하고 있어. 이제 자네의 영혼이 근본에 있어서 얼마나 <개인적>이지 못한가를 알 수 있을거야, 이런 조절기를 고안해 낸 게 자네 영혼은 아니니까 말이야. 조절기란 새로운 게 아니야! 그것은 일종의 차용이지. 수천 년 전부터 존재하는 거야. 그것은 물고기의 평형 기관──부레지. 실제로, 부레가 동시에 허파여서 상황에 따라서는 정말로 숨 쉬는 데 부레를 이용하는, 진화가 덜 된 희귀 한 물고기 몇몇 종류가 오늘날에도 있지. 그러니까 자네가 꿈에서 날 때 비행용 기포로 사용한 허파와 한 치도 안 틀리고 똑같이 말이야.」

그는 나에게 동물학 책까지 한 권 가져와 그 진화가 덜 된 물고기들의 이름과 도판도 보여 주었다. 나는 마음속에서 한 가닥 특이한 전율을 느끼며 진화의 초기 단계에서 나온 기능 하나를 생생하게 느꼈다.

▶▶ 더 읽을거리

노태한, 「헤르만 헤세의 『데미안』- 달리보기의 미학」, 한국헤세학회, 『헤세연구』, 제1집, 1998.
이한이, 『문학사를 움직인 100인』, 청아출판사, 2014.
헤르만 헤세/ 전영애 옮김, 『데미안』, 민음사, 2016.

이완근, 이학중의 희망의 문학, 문학교육사이트
http://www.seelotus.co/gojeon/oe-kuk/novel/de-mi-an.htm

■ **연습문제**

학과 :＿＿＿＿＿　학번 :＿＿＿＿＿　이름 :＿＿＿＿＿

01 성장소설의 특성에 대해 써 보자

02 진정한 나를 찾아가는 인식의 단계에 대해 적어 보자

03 싱클레어와 데미안에 대한 각자의 생각을 써 보자.

제7장 인간은 파괴될 수는 있어도 패배할 수는 없다
헤밍웨이 『노인과 바다』

■ 헤밍웨이

헤밍웨이(1899-1961)

 헤밍웨이는 1899년 7월 21일에 미국 시카고 오크파크에서 태어났다. 1917년에 고등학교를 졸업한 헤밍웨이는 시카고로 가서 신문기자로 취직한다. 저널리즘 특유의 건조하고 간결한 문체로 갖가지 사건에 관한 기사를 신속하게 작성한 이때의 경험이야말로 훗날 이른바 "헤밍웨이 문체"로 일컬어지는 독특한 문체의 밑거름이 되었다.
 제1차 세계대전이 발발하자 모험심에 불타던 헤밍웨이는 전쟁 영웅이 되기를 꿈꾼다. 그러나 현역 입대가 불가능해지자, 그는 궁리 끝에 적십자 소속의 운전요원으로 자원한다. 운전요원은 비전투원이었기 때문에 총을 지급받지도 못했고 제복의 생김새 자체가 달랐다. 그래도 그는 전쟁에 나간다는 사실에 흥분과 자부심을 느꼈다.
 그러나 정작 이탈리아 북부 스키오의 전선에 배치된 헤밍웨이의 임무는 굴욕적이었다. 기껏해야 참호에 있는 병사들에게 담배나 간식을 배달하는 잔심부름뿐이었기 때문이다. 1918년 7월 8일, 헤밍웨이는 평소와 같은 임무를 수행하다가 적군의 포격으로 다리에 부상을 입었다. 그는 다른 부상자를 도운 공으로 훈장을 받았고, 다리에 박힌 파편을 제거하기 위해 병원으로 후송되었다.

1919년 헤밍웨이는 미국으로 돌아왔다. 미국인으로서는 최초로 제1차 세계대전에서 부상을 입었다는 사실 때문에 그는 졸지에 "전쟁 영웅" 대접을 받았다. 진짜 군인도 아닌 적십자 운전요원에게 바치는 찬사 치고는 과도한 감이 없지 않았지만, 그는 명성을 만끽하며 보험금에 의지해 한동안 고향에서 빈둥거렸다.

1920년대의 파리는 예술가의 천국, 특히 미국인 예술가의 천국이었다. 전후에 달러의 가치가 크게 상승하며 가난한 미국인 예술가의 수입으로도 파리에서는 넉넉한 생활을 누릴 수 있었다.

1921년 헤밍웨이는 갓 결혼한 아내 해들리 리처드슨과 함께 파리에 도착한다. 레프트 뱅크에 정착한 그는 거트루드 스타인과 실비아 비치를 비롯한 이 지역의 터줏대감들과 안면을 익혔고, 제임스 조이스를 비롯한 당대의 저명한 작가 및 출판인과 어울리며 습작에 열중했다. 물론 그의 본업은 <토론토 데일리 스타> 지의 파리 주재 특파원이었기 때문에, 무솔리니를 인터뷰하거나 그리스-터키 전쟁을 취재하는 등의 일을 위해 종종 유럽 전역으로 뛰어다녀야 했다.

파리 체류 시절에 헤밍웨이는 첫 번째 작품집『세 편의 단편과 열 편의 시』(1923)를 한정판으로 펴냈고, 이듬해에 첫 아들 존을 얻었다. 하지만 그는 여전히 생활고에 시달리는 무명작가에 불과했다. 당시에 그의 친구 중에서 최고의 인기를 구가하던 작가는『위대한 개츠비』(1925)의 저자인 피츠제럴드였다. 역시 파리에 머물던 피츠제럴드는 헤밍웨이의 문학적 재능에 감탄한 나머지, 자기 책을 펴내던 대형 출판사에 소개해 주었다.

헤밍웨이는 『우리 시대에』(1925)와 『봄의 급류』(1926), 그리고 베스트셀러가 된 첫 장편 『해는 또다시 떠오른다』(1926)를 펴내 명성을 얻는다.

1927년 헤밍웨이는 해들리와 이혼하고 <보그>의 편집자인 폴린 파이퍼와 재혼했다. 재력가의 딸인 폴린 덕분에 헤밍웨이는 보다 경제적으로 안정된 상태에서 창작에 전념할 수 있었다. 이듬해에 헤밍웨이는 파리를 떠나 휴양지로 유명한 미국의 최남단 마이애미 주 키웨스트로 갔으며, 이후 12년간 이곳에 살면서 『무기여 잘 있거라』와 『오후의 죽음』(1932)을 비롯한 중기의 대표작을 발표한다. 1928년 말에 우울증에 시달리던 헤밍웨이의 아버지가 권총으로 자살해 가족에게 큰 충격을 주었다.

1933년 헤밍웨이는 아프리카를 여행했다. 이때의 경험이 반영된 그의 대표적인 단편 『킬리만자로의 눈』(1936)과 『프랜시스 맥코머의 짧고 행복한 생애』(1936)는 훗날 모두 영화로도 제작되었다.

재즈 시대가 끝나고 한때 최고의 인기를 누리던 작가 F. 스콧 피츠제럴드가 몰락하면서, 헤밍웨이는 현존하는 미국 최고의 중견 작가라는 명성을 확보했다. 그러나 정작 그는 이 명성에 걸맞을 정도의 걸작을 한동안 내놓지 못하고 있었다. 초조해진 그는 다시 한 번 자신의 피를 끓게 만들 소재를 찾아서 유럽으로 향한다. 마침 1936년부터 에스파냐에서 내전이 시작되어 전 세계의 관심을 끌고 있었다. 헤밍웨이는 1937년부터 1938년까지 특파원 자격으로 네 차례에 걸쳐 에스파냐를 방문했다.

헤밍웨이는 이 취재 여행에서 작품 소재뿐만 아니라 새로운 애인까지 얻었다. 함께 전장을 누비던 미국의 여성 특파원 마서 겔혼과 사랑에 빠졌던 것이다. 헤밍웨이는 폴린과 헤어지고 1940년에 9세 연하의 마서와 결혼했으며, 이번에는 아예 쿠바로 건너가서 아바나의 핀카 비히아라는 작은 농장에 정착했다. 건장한 외모와 넉넉한 미소를 지닌 "파파" 헤밍웨이는 쿠바의 유명인사가 되었으며, 에스파냐 내전을 소재로 한 장편 『누구를 위하여 종은 울리나』(1940)를 완성해서 비평과 판매 모두에서 성공을 거두었다.

1944년 연합군이 노르망디 상륙 작전에 성공하자, 헤밍웨이 부부는 종군 특파원이 되어서 나란히 유럽으로 떠난다. 종군기자는 본래 비전투원이었지만, 헤밍웨이는 평소의 버릇대로 자체 의용대를 조직해서 총기를 휴대하고 마치 지휘관인 척했다. 심지어 파리 해방 당시에는 최고급 호텔인 리츠를 장악하고 마치 전쟁 영웅처럼 행세하다가, 급기야 연합군 사령부에 의해 계급 사칭 혐의로 군법회의에 회부되었다. 비록 실형이 선고되지는 않았지만, 이 사건이 헤밍웨이의 명성에 적잖은 먹칠을 한 것은 사실이다.

유명 작가의 부인으로서보다는 언론인으로서의 명성을 더욱 바랐던 마서가 결국 그의 곁을 떠났고, 헤밍웨이는 전쟁 말기에 만난 신문기자 메리 웰시와 1946년 재혼해서 계속 쿠바에 머물렀다.

헤밍웨이 말년의 걸작은 『노인과 바다』(1952)였다. 이 작품의 인기에 힘입어 헤밍웨이는 1953년 퓰리처상을 수상했고, 1954년에는 노벨 문학상이라는 영예를 차지한다. 이로써 그는 확고한 전설로 자리 잡았다. 백발에 턱수염을 기른 그의 외모는 마치 신화 속의 예언자를 연상시켰고, 그의 일거수일투족은 대중의 관심과 감탄의 대상이 되었다. 명성이 절정에 이르렀던 그 즈음에 헤밍웨이의 정신은 이미 피폐해질 대로 피폐해져 있었다. 우울증에 시달리며 폭음을 일삼았고, 더 이상은 짧은 문장조차도 제대로 쓸 수 없는 지경이 되었다.

1959년 쿠바 혁명이 일어나면서 피델 카스트로가 정권을 잡는다. 카스트로는 『누구를 위하여 종은 울리나』를 통해서 게릴라전에 대해 많은 것을 배웠다고 말하면서 헤밍웨이를 향한 존경을 드러낸다. 하지만 헤밍웨이는 결국 이듬해에 쿠바를 떠나 미국으로 돌아왔고, 이후 아이다호 주 케첨에 정착한다.

케첨에 정착한 이후로 과대망상증과 우울증은 더욱 심각해졌다. 1960년과 1961년에 그는 우울증 증세 때문에 급기야 병원에 두 번이나 입원했고, 여러 차례 전기충격요법을 받았다. 이 즈음부터 헤밍웨이는 자살 충동을 노골적으로 드러내서 주위 사람들을 걱정스럽게 만들었다. 두 번째로 입원했다 퇴원한 지 이틀 뒤인 1961년 7월 21일 새벽, 아내 몰래 아래층에 내려와 장총을 꺼낸 다음, 총구를 입에 물고 발사하는 것으로 최후를 마감했다. 그의 나이는 61세였다.

문학적인 측면에서 보자면 헤밍웨이는 20세기 미국 문단의 거장이며, 문체의 혁신가였고, 당대의 유행을 주도한 베스트셀러 작가였다.

특히 신문기자 시절에 습득한 건조하고 간결한 특유의 문체를 구사한 것으로 유명하다. 이런 독특한 문체의 매력이 매우 잘 발휘된 단편 『살인자들』(1927)은 하드보일드 소설의 전형이며 걸작으로 유명하다.

헤밍웨이는 문체에서 신선한 충격을 불러왔지만, 매우 심오하거나 위대한 작가의 경지에는 이르지 못했다. 작품마다 대중적인 성공을 거두고 영화로도 제작되었지만, 그 각각의 완성도는 고르지 못하고 들쭉날쭉했다. 전설로서의 헤밍웨이가 대중의 감탄을 자아낸 반면, 작가로서의 헤밍웨이는 비평가들의 실망을 자아냈다.

흔히 그의 문학세계를 말할 때 언급되는 것이 냉정하고 비인간적인 초연함을 보여주는 남자 주인공의 모습이다. 때로 스토아적 극기나 용기에 비견되기도 하는 이런 강인한 남성의 모습은 현실 공간에서든 문학 공간에서든 점차 만나기 힘든 자질이 되어가고 있다. 헤밍웨이에게 어떤 자세로 죽음을 맞느냐 하는 것은 평생 따라다닌 관심사이자 문학적 주제였다. 그는 자본주의나 공산주의 같은 이념 문제를 포함해서 모든 정치 사회적 현안을 배격한 채 비극적 세계에서 고독한 영웅주의를 추구하는 인물을 소설에 구현하고자 했다. 그에게 그 외의 것들은 다 협잡물에 다름 아니었다. 그런 점에서

이 작가는 미국문학에서 아담적 전통(AdamicTradition)을 가장 잘 계승한 작가라 할 수 있다. 쿠바의 한적한 어촌의 오두막에 누워 아프리카 초원의 사자를 꿈꾸며 잠든 초라한 늙은 어부의 모습에서 우리가 오랜 시련에 단련된 인간만이 지닐 수 있는 위엄을 보게 되는 것도 그 때문이다.[1]

『노인과 바다』는 쿠바의 노어부(老漁夫) 산티아고(Santiago)가 84일 동안이나 바다에 나갔지만 아무런 어획도 없었고 85일째 되는 날 바다 가운데까지 멀리 나갔다가 마침내 거대한 물고기를 잡게된다. 노인은 거대한 청새치에 이끌려 바다를 헤매고 낚시줄을 잡은 손에는 극심한 통증을 느끼며 이를 견뎌낸다. 삼일간의 고투 끝에 그 거대한 물고기에 작살을 찍어 선측에 매어 끌고 돌아온다. 얼마 후에 상어가 나타나 그 물고기를 노리는데, 노인은 칼로 상어 몇 마리를 죽이고, 항구에 돌아와 보니 또 다른 상어들이 그 물고기를 다 뜯어먹고 머리와 뼈만 남아 있었다는 이야기이다. 노인은 자신이 바다로 너무 멀리나간 것을 후회하며 그것이 비극의 원인이라고 생각한다. 항구로 돌아온 노인은 해변가의 소년 마놀린에게 거대한 청새치를 잡은 비법을 설명한다. 그리고 집으로 돌아가 지친 몸과 마음을 침대에 뉘어 잠을 청한다. 그는 아프리카 해변에서 어슬렁거리는 사자들의 꿈을 꾼다.

이 작품에 등장하는 노인은 한계를 극복하는 위대한 인간으로 묘사되어져 있다. 작품에서 인간은 상어로 상징되는 죽음에 의하여 소멸되지만, 용기와 자기극복으로 과감하게 죽음과 대결하는 데 인간의 존엄성이 있다는 헤밍웨이 나름의 실존철학이 담겨 있다. 그의 간결하고 힘찬 문체는 이 작품에서 극치를 이룬다.[2]

---

1) [네이버 지식백과] 노인과 바다 – 어니스트 헤밍웨이 / 남진우(한국 작가가 읽어주는 세계문학)
2) [네이버 지식백과] 노인과 바다[The Old Man and the Sea, 老人―] (두산백과)

■ **작품**

노인과 바다[3]

노인은 이 고기에 대해, 만약 이 고기가 자유롭게 헤엄쳐 돌아다닐 수 있다면 상어를 상대로 어떻게 싸울까, 하고 흐뭇한 마음으로 상상해 보았다. 고기의 주둥이를 잘라 내어 그것을 갖고 상어 놈들과 싸웠더라면 좋았을 텐데, 하고 그는 생각했다. 하지만 그것을 잘라 낼 도끼도 칼도 없지 않던가.

만약 잘라 낼 수 있어 노의 손잡이에 그것을 잡아맸다면 얼마나 훌륭한 무기가 되었겠는가. 그랬더라면 우리는 함께 싸울 수가 있었을 텐데. 한밤중에 상어 놈들이 다시 공격해 오면 어떻게 하지? 어떻게 할 작정이냐고?

"놈들과 싸우는 거지. 죽을 때까지 싸울거야." 그가 말했다.

그러나 이제 날이 어두워진 데다 하늘에 비치는 환한 빛도, 불빛도 보이지 않았고 다만 불어오는 바람에 돛이 한결 같이 팽팽해져 있을 뿐, 노인은 어쩌면 자신이 이미 죽은 몸이 아닐까 하는 느낌이 들었다. 그래서 두 손을 마주 잡고 손바닥을 만져 보았다. 손은 죽어 있지 않았고, 그래서 두 손을 폈다 오므렸다 함으로써 살아 있다는 고통을 느낄 수 있었다. 고물에 몸을 기대어 보고 자신이 죽지 않았다는 것을 알았다. 어깨가 그렇게 말해 주었던 것이다.

만약 이 고기를 잡으면 기도를 하겠다고 약속했었지, 하고 그는 생각했다. 하지만 지금은 너무 지쳐서 기도를 드릴 수 없어. 부대를 가져다가 어깨

---

[3] 어니스트 헤밍웨이 / 김욱동 옮김, 『노인과 바다』, 민음사, 2007.

를 덮는 게 좋겠어.

노인은 고물 쪽에 누워서 키를 잡고 하늘에 훤한 불빛이 비쳐 오기만을 기다렸다. 고기는 반밖에 남지 않았군, 하고 그는 생각했다. 운이 있으면, 어쩌면 앞쪽 반만이라도 가져갈 수 있겠지. 내게도 조금쯤은 운이 남아 있어야 할 게 아닌가. 그럴 리 없어, 하고 그는 말했다. 너무 멀리까지 나왔을 때 너는 이미 운수를 망쳐 버리고 만 거야.

"바보 같은 생각은 이제 그만하시지. 정신 똑바로 차리고 키나 잡아. 이제부터라도 행운이 찾아올지 어떻게 알아." 그가 큰 소리로 말했다.

"행운을 파는 곳이 있다면 조금 사고 싶군." 그가 말했다.

하지만 뭣으로 사지? 그는 자신에게 물어보았다. 잃어버린 작살과 부러진 칼과 부상당한 이 손으로 그걸 살 수 있을까?

"어쩌면 살 수 있을지도 몰라. 넌 바다에서 보낸 여든 날하고도 나흘로 그것을 사려고 했어. 상대방도 네게 그걸 거의 팔아 줄 듯했잖아." 그가 말했다.

쓸데없는 생각은 하지말자, 하고 노인은 생각했다. 행운의 여신이란 여러 모습으로 나타나는 법인데 누가 그것을 알아본단 말인가? 어쨌든 어떤 모습의 행운이라도 얼마쯤 손에 넣고 그것이 요구하는 대로 값을 치를 테야. 하늘에 훤한 불빛이 나타나면 좋을 텐데, 하고 그는 생각했다. 나는 바라는 게 너무 많구나. 하지만 지금 당장 절실히 바라는 건 그 훤한 불빛을 바라보는 거야. 그는 더 편한 자세로 앉아 키를 잡으면서 몸의 통증 때문에 자신이 죽지 않았다는 것을 느끼고 있었다.

밤 10시쯤 되었으리라고 생각될 무렵, 아바나 시의 불빛이 하늘에 훤히 반사되는 것이 보였다. 처음에는 달이 뜨기 전에 하늘처럼 겨우 알아볼 수 있을 정도로 어렴풋할 뿐이었다. 그러다가 때마침 바람이 거세게 불어오자 거칠어진 바다 너머로 이제는 불빛이 흔들리지 않고 뚜렷이 보였다. 그는 불빛이 비치는 안쪽을 향해 배를 돌리고 이제 곧 멕시코 만류의 가장자리로 틀림없이 들어갈 것이라고 생각했다.

이제 싸움은 끝났어, 하고 그는 생각했다. 어쩌면 상어 떼가 다시 공격해 올지도 모르지. 하지만 이렇게 캄캄한 어둠 속에서 무기도 없이 상어를 상대로 어떻게 싸울 수 있단 말인가?

노인의 몸은 뻣뻣해지면서 아파왔고, 밤의 냉기 때문에 상처가 난 곳과 긴장했던 몸 부위가 욱신거리며 쑤셨다. 더 이상 싸우지 않으면 좋으련만, 하고 그는 생각했다. 제발 또다시 싸우지 않아도 된다면 오죽이나 좋을까.

헤밍웨이는 평생 낚시를 즐긴 것으로 알려져 있다. '노인과 바다'는 이런 경험을 배경으로 한다. 그가 어부들과 술잔을 나눴던 코히마르의 레스토랑 '라 테레사'는 소설 속에도 등장한다.

그러나 자정 무렵 노인은 다시 한번 싸우게 되었고, 이번에는 그것이 승산 없는 싸움이라는 것을 알았다. 상어는 떼를 지어 몰려왔고, 그의 눈에는 상어의 지느러미가 수면에 길게 만들어 내는 줄과 상어가 고기에게 덤벼들 때의 인광이 보일 뿐이었다. 그는 상어의 대갈통을 몽둥이로 마구 후려쳤으며, 상어 주둥이가 부서지는 소리를 들었고, 상어가 배 밑으로 들어갈 때 배가 흔들리는 것을 느꼈다. 그는 이렇게 느낌과 소리에 의지해 필사적으로 몽둥이를 휘둘러 댔다. 그러나 뭔가가 몽둥이를 잡는 것이 느껴지는 순간 몽둥이마저 어디론가 사라져 버리고 말았다.

노인은 키에서 손잡이를 잡아 빼어 두 손으로 움켜쥐고 닥치는 대로 마구 후려갈겼다. 그러나 상어 떼는 이제 이물 쪽으로 몰려가서 한 놈씩 번갈아, 또는 한꺼번에 덤벼들어 고기를 물어뜯었다. 상어 떼가 다시 한 번 덤벼들려고 되돌아올 때 물어뜯긴 고기 살점이 바다 아래에서 밝은 빛을 내뿜고 있었다.

마침내 한 마리가 마지막으로 고기의 머리를 향해 돌진해오자 노인은 이제 모든 것이 끝장났다는 사실을 알았다. 그는 잘 뜯기지 않는 육중한 고기 대가리를 물고 있는 상어 대가리를 향해 손잡이를 내리쳤다. 한 번, 또 한 번, 그리고 다시 한 번 상어의 골통을 계속 내리갈겼다. 손잡이가 부러지는 소리가 들렸지만 조각난 끝으로 힘껏 상어를 찔렀다. 살을 뚫고 들어가는 것이 느껴졌고, 부러진 손잡이의 끝이 뾰족하다는 것을 알아차린 그는 그것을 다시 한 번 깊숙이 찔러 박았다. 그러자 상어는 물었던 살점을 놓고 나뒹굴며 물러갔다. 그놈이 몰려들었던 상어 떼의 마지막 놈이었다. 뜯어 먹을 고기도 이제는 남아 있지 않았다.

노인은 이제 거의 숨을 쉴 수 없을 정도였고, 입속에 이상한 맛이 감돌았다. 구리 같은 들척지근한 맛이 느껴진 순간 노인은 덜컥 겁이 났다. 그러나 그렇게 심한 것은 아니었다.

노인은 바다에 침을 뱉으며 말했다. "이거나 쳐먹어라, 이갈라노 놈아. 그리고 사람 죽인 꿈이나 꾸어라."

그는 이제 마침내 돌이킬 수 없을 정도로 완전히 녹초가 되고 말았다는 사실을 깨달았다. 고물 쪽으로 기어가 보니 톱니모양으로 부러진 키 손잡이의 토막이 키 구멍에 잘 들어가 그런대로 충분히 방향을 잡을 수 있었다. 그는 부대를 어깨 위에 걸치고 배의 진로를 잡았다. 이제 배는 바다 위를 가볍게 미끄러지듯 달렸다. 그에게는 아무런 생각도 아무런 감정도 떠오르지 않았다. 노인은 모든 것을 초월한 채 가능한 한 배를 요령 있게 다루어 무사히 항구에 도착할 수 있도록 몰았다. 누군가 식탁에서 음식 부스러기를 주워 먹기라도 하듯 한밤중에도 상어 떼가 고기 잔해에 덤벼들었다. 그러나 노인은 상어 떼에 대해서는 전혀 관심을 두지 않고 오직 키 잡는 일에만 집중했다. 뱃전에 달린 무거운 짐이 없어진 배가 얼마나 가볍고도 순조롭게 바다 위를 미끄러지듯 달리는지만 느낄 뿐이었다.

배에는 이상이 없구나, 하고 그는 생각했다. 키 손잡이 말고는 전혀 피해가 없어. 손잡이 같은 거야 쉽게 갈아 끼울 수 있지.

노인은 이제 배가 조류 안으로 들어온 것을 느낄 수 있었고, 해안을 따라 있는 마을의 불빛이 보였다. 배가 어디쯤 와 있는지 알았기에 이제 항구로 돌아가는 것은 누워서 떡 먹기였다.

뭐니 뭐니 해도 바람은 우리의 친구니까, 하고 그는 생각했다. 때에 따라서 말이지, 하고 그는 단서를 붙였다. 그리고 거대한 바다, 그곳에는 우리의 친구도 있고 적도 있지. 그리고 참, 침대는, 하고 그는 생각했다. 침대는 내 친구거든. 침대 말이야, 하고 그는 생각했다. 침대란 참 좋은 물건이지. 녹초가 되었을 때 그렇게도 편안하게 해 주지, 하고 그는 생각했다. 침대가 얼마나 편안한 물건인지 예전엔 미처 몰랐었지. 한데 너를 이토록 녹초가 되게 만든 것은 도대체 뭐란 말이냐, 하고 그는 생각했다.

"아무것도 없어. 다만 너는 너무 멀리 나갔을 뿐이야." 그는 큰 소리로 말했다.

노인은 조그마한 항구 안으로 들어갔을 때, '테라스'의 불이 꺼져 있었기 때문에 다들 잠을 자고 있다는 것을 알 수 있었다. 산들바람이 꾸준히 불더니 지금은 점점 거세지고 있었다. 그러나 항구 안은 조용했고, 그는 바위 아래 조그마한 자갈밭에 배를 댔다. 도와주는 사람이 아무도 없었지만 노인은 될 수 있는 대로 배를 뭍 깊숙한 곳까지 바싹 끌어올렸다. 그리고 나서 배에서 내려 배를 바위에 단단히 붙들어 맸다.

노인은 돛대를 빼내고 돛을 감아서 묶었다. 그리고 나서 돛대를 어깨 위에 걸머메고 언덕길을 오르기 시작했다. 그제야 비로소 그는 자신이 얼마나 녹초가 되었는지 깨달을 수 있었다. 잠깐 발걸음을 멈추고 뒤를 돌아보니 가로등 불빛에 고기의 커다란 꼬리가 조각배의 고물 뒤쪽에 꼿꼿이 서 있는 것이 보였다. 그리고 허옇게 드러난 등뼈의 선과 뾰족한 주둥이가 달린 시커먼 머리통, 그리고 그 사이가 모조리 앙상하게 텅 비어 있는 것이 보였다.

노인은 다시 언덕길을 오르기 시작했고, 언덕 꼭대기에 이르렀을 때 그만 넘어져 돛대를 어깨에 걸머멘 채 한참 동안 누워 있었다. 일어나려고 애썼지만 너무 힘이 들었다. 그래서 가까스로 돛대를 어깨에 멘 채 앉아 길 쪽을 바라보았다. 마침 길 저쪽으로 고양이 한 마리가 오줌을 누려고 지나가고 있었고, 노인은 고양이를 물끄러미 바라보았다. 그리고는 다시 길 쪽을 물끄러미 바라다보았다.

마침내 노인은 돛대를 내려놓고 자리에서 일어섰다. 그리고 다시 돛대를 집어 어깨에 메고 길 위쪽으로 올라가기 시작했다. 판잣집에 도착할 때까지 노인은 다섯 번이나 쉬어야 했다.

판잣집에 들어간 노인은 돛대를 벽에 기대어 세웠다. 어둠 속에서 물병을 찾아 물을 한 모금 마셨다. 그러고는 침대에 벌렁 드러누웠다. 담요를 어깨와 등과 다리까지 덮고 두 팔을 쭉 뻗고 손바닥을 위로 펼친 채 신문지에 얼굴을 파묻고 잠이 들었다.

이튿날 아침에 소년이 판잣집 문 안을 들여다보았을 때 노인은 잠을 자고 있었다. 그날은 바람이 몹시 사납게 불어서 유망어선이 바다에 나갈 수 없었기 때문에 소년은 늦잠을 자고 일어나 아침마다 그랬듯이 노인의 판잣집에 와 본 것이었다. 소년은 노인이 숨을 쉬고 있는지 확인하고 나서 노인은 두 손을 보더니 울기 시작했다. 그리고 커피를 가져오려고 조용히 판잣집을 빠져나와 길을 따라 내려가면서도 줄곧 엉엉 울었다.

많은 어부들이 조각배 주위에 모여 서서 뱃전에 매달려 있는 것을 구경하고 있었다. 한 어부는 바지를 걷어 올리고 물 속으로 들어가 낚싯줄로 고기 잔해의 길이를 재고 있었다.

소년은 그곳으로 내려가지 않았다. 벌써 가 보았던 것이다. 어부 하나가 소년을 대신해 배를 살펴보고 있었다.

"노인은 좀 어떠시냐?" 어느 어부가 큰 소리로 물었다.

"주무시고 계세요." 소년이 큰 소리로 대답했다. 자기가 울고 있는 것을 어부들이 바라보고 있었지만 소년은 개의치 않았다. "그분을 깨우지 않는 게 좋겠어요."

"코끝에서 꼬리까지 무려 5.5미터나 되는군." 고기의 길이를 재던 어부가 소리를 질렀다.

"그렇게 될 거예요." 소년이 말했다.

소년은 '테라스'로 들어가서 커피 한잔을 주문했다.

"뜨겁게 해 주세요. 우유랑 설탕도 듬뿍 넣어주시고요."

"그 밖에 더 필요한 건 없니?"

"네, 없어요. 나중에 할아버지가 뭘 잡수실지 알아볼게요."

"정말 굉장한 고기더구나. 저렇게 큰 놈은 난생 처음 보았다니까. 어제 네가 잡은 두 마리도 꽤 좋은 놈이었다만." 주인이 말했다.

"제가 잡은 고기, 그까짓 거야, 뭐." 소년은 이렇게 말하고 또다시 울기 시작했다.

"너도 뭐 좀 마실래?" 주인이 물었다.

"아뇨. 산티아고 할아버지를 귀찮게 하지 말라고 일러주세요. 전 그만 돌아가 봐야겠어요." 소년은 대답했다.

"내가 마음 아파하더라고 전해 다오."

"고맙습니다." 소년이 대답했다.

소년은 뜨거운 커피가 든 깡통을 들고 노인의 판잣집으로 가서 노인이 잠을 깰 때까지 곁에 앉아 있었다. 노인은 한 번 깰 것 같은 기척을 보였다. 그러나 다시 깊은 잠에 빠졌고, 소년은 길 건너편으로 가서 커피를 따뜻하게 데울 나무를 빌려 왔다.

마침내 노인이 잠에서 깨어났다.

"일어나지 마세요." 소년이 말했다. "이걸 드세요." 소년은 유리잔에 커피를 조금 따랐다.

노인은 그것을 받아 마셨다.

"그놈들한테 내가졌어, 마놀린. 놈들한테 내가 완전히 지고 만거야." 노인이 말했다.

"할아버지가 고기한테 지신 게 아니에요. 고기한테 지신 게 아니라고요."

"그렇지. 정말 그래. 내가 진 건 그 뒤였어."

"페드리코4) 아저씨가 배와 어구를 손질하고 있어요. 고기 대가리는 어떻게 하실거에요?"

---

4) '베드로'를 뜻하는 스페인어.

"페드리코더러 잘라서 고기 잡는 덫으로나 쓰라고 하지."

"그 창날 같은 주둥이는요?"

"갖고 싶거든 네가 가지렴."

"제가 갖고 싶어요. 이제 우리는 다른 일에 대해서 계획을 세워야 해요." 소년이 말했다.

"사람들이 나를 찾았니?"

"물론이죠. 해안 경비대랑 비행기까지 동원됐어요."

"바다는 엄청나게 넓고 배는 작으니 찾아내기가 여간 어렵지 않았을 테지." 노인이 말했다. 그는 자기 자신과 바다가 아닌, 이렇게 말 상대가 될 누군가가 있다는 게 얼마나 반가운지 새삼 느꼈다. "네가 보고 싶었단다. 그런데 넌 뭘 잡았니?" 노인은 물었다.

"첫날에는 한 마리 잡았고요, 이튿날에도 한 마리, 그리고 셋째 날엔 두 마리나 잡았어요."

"아주 잘했구나."

"이젠 할아버지하고 같이 나가서 잡기로 해요."

"그건 안 돼. 내겐 운이 없어. 운이 다했거든."

"그런 소리 하지 마세요. 운은 제가 갖고 가면 되잖아요." 소년이 대꾸했다.

"네 가족들이 뭐라고 하지 않을까?"

"상관없어요. 어제도 두 마리나 잡았는걸요. 하지만 전 아직도 배울 게 많으니까, 이제부턴 할아버지와 함께 나갈래요."

"잘 드는 도살용 창을 하나 구해서 고기잡이 나갈 때 늘 배에 갖고 다녀야겠더라. 낡은 포드 자동차의 판용수철로 창날을 만들 수 있을거야. 과나바코아5)에 가서 갈아 오면 될 거고. 불에 달구지 않아서 부러지기는 쉽겠지만 날카롭기는 할 걸. 내 칼은 부러지고 말았어."

"제가 어디서 칼을 하나 구해 올게요. 용수철도 갈아 오고요. 이 브리사 바람이 며칠이나 계속될까요?"

"아마 사흘은 불걸. 어쩌면 그 이상 불지도 모르지."

"제가 뭐든 준비해 놓을게요. 할아버지는 손이나 어서 치료하도록 하세요." 소년이 말했다.

"이걸 낫게 하는 법은 잘 알고 있단다. 한데 말이다, 밤중에 내가 이상한 것을 뱉어 냈는데 가슴속에서 뭔가 찢어지는 것 같은 기분이 들더구나."

"그것도 빨리 치료하시고요. 자, 어서 자리에 누우세요, 할아버지. 깨끗한 셔츠를 갖다 드릴게요. 그리고 뭔가 잡수실 것도요." 소년이 말했다.

"내가 없던 동안에 온 신문이 있거든 좀 가져다주렴." 노인이 말했다.

"얼른 나으셔야 해요. 전 아직 할아버지한테 배울 게 너무 많으니까요. 또 할아버지는 제게 모든 걸 가르쳐 주셔야 해요. 대체 얼마나 고생하신거에요?"

"많이 했지." 노인이 대답했다.

"그럼 드실 것이랑 신문을 가져올게요." 소년이 말했다. "푹 쉬세요, 할아버지. 약국에서 손에 바를 약도 사 올게요."

"페드리코한테 고기 대가리를 주는 걸 잊지 마라."

"네, 잘 기억하고 있을게요."

소년은 문 밖으로 나와 발길에 닳고 닳은 산호초 길을 따라 걸어 내려가면서 또 엉엉 울었다.

그날 오후 '테라스'에는 관광객 일행이 찾아왔다. 빈 맥주 깡통과 죽은 꼬치고기 사이로 바다를 내려다보고 있던 한 여자가 문득 끄트머리에 거대한 꼬리가 달린 길고 엄청난 흰 등뼈를 발견했다. 동풍이 항구 밖에서 줄곧

---

5) 아바나만 근처에 있는 쿠바의 도시로 유럽인들이 가장 먼저 정착한 곳이다. 오늘날에는 아바나의 일부로 편입되어 있다.

거센 파도를 일으키며 불고 있는 동안 그 등뼈는 수면 위에 모습을 드러낸 채 조류에 휩쓸려 흔들리고 있었다.

"저게 뭐죠? 여자가 웨이터에게 물으면서 이제 조류를 타고 바다로 밀려 나가기를 기다리는 쓰레기에 지나지 않는 그 엄청나게 큰 고기의 길쭉한 등뼈를 손으로 가리켰다.

"티부론6)이죠. 상어랍니다." 웨이터가 대답했다. 그러면서 그는 사건의 경위를 설명하려고 애를 썼다.

"상어가 저토록 잘생기고 멋진 꼬리를 달고 있는 줄은 미처 몰랐어요."

"나도 몰랐는걸." 여자와 동행인 남자가 말했다.

길 위쪽의 판잣집에서 노인은 다시금 잠이 들어 있었다. 얼굴을 파묻고 엎드려 여전히 잠을 자고 있었고, 소년이 곁에 앉아서 그를 지켜보고 있었다. 노인은 사자 꿈을 꾸고 있었다.

▶ ▶ 더 읽을거리

어니스트 헤밍웨이/ 김욱동 옮김, 『노인과 바다』, 민음사, 2007.

[네이버 지식백과]노인과 바다- 어니스트 헤밍웨이/ 님진우(한국 작가가 읽어
    주는 세계문학)
  [네이버 지식백과]노인과 바다[The Old Man and the Sea, 老人-](두산백과)

---

6) '상어'를 뜻하는 스페인어.

■ 연습문제

학과 :＿＿＿＿＿ 학번 :＿＿＿＿＿ 이름 :＿＿＿＿＿

01 헤밍웨이는 『노인과 바다』에서 인생에 대한 생각들을 문장으로 많이 표현했는데 가장 감명 깊었던 구절을 정리해 보자.

02 끝까지 포기하지 않고 바다와 싸운 노인의 성격이 어떠하다고 여겨지는지 써 보자.

03 노인은 큰 고기를 잡은 후 고기에 대한 생각이 바뀐다. 생각이 변화하게 된 경위에 대해 적어 보자.

제8장 감각적 서정이 돋보이는
가와바타 야스나리 『설국』

■ 가와바타 야스나리

가와바타 야스나리(1899-1972)

    1899년 일본 오사카에서 태어났다. 일찍이 부모를 잃고 15세 때 10년간 함께 살던 조부마저 지병으로 세상을 떠나 외로운 어린 시절을 보내야 했다. 그로 인해 생겨난 허무와 고독, 죽음에 대한 집착은 평생 그의 작품에 그림자를 드리운다. 1920년 동경대학 영문학과에 입학하지만 곧 국문학과로 전과, 1924년 졸업했다. 이후 『문예시대』를 창간, 요코미쓰 리이치 등과 감각적이고 주관적으로 재창조된 새로운 현실묘사를 시도하는 '신감각파' 운동을 일으켰다. 1942년 서정적인 체가 빛나는 첫 소설 「이즈의 무희」를 발표한 이래, 『서정가』 등 여러 뛰어난 작품을 발표해 작가로서의 지위를 확고히 했으며, 1937년 『설국』을 출간해 독보적인 일본 작가로 국내외에서 자리매김했다. 이 작품은 발표 후 12년 동안 여러 번의 수정 작업을 거쳐 1948년 마침내 완결판 『설국』으로 출간 되었다. 그리고 『천우학』, 『산소리』, 『잠자는 미녀』, 『고도』 등을 통해 줄곧 지고의 미의 세계를 추구하며 독자적인 서정 문학의 장을 열었다. 1968년 노벨 문학상을 수상했으며, 이 외에도 괴테 메달, 프랑스 예술문화훈장, 일본 문화훈장 등 여러 상을 수상했다. 1972년 3월, 급성 맹장염으로 수술을 받은 후 퇴원 한 달 만에 자택에서 가스 자살로 생을 마감했다.[1]

『설국』은 동양에서 두 번째로 노벨 문학상을 수상하게 된 작품이라는 화려한 수식에 가려져, 문학 작품 자체의 진지한 감상이나 읽기에 관해서는 비교적 소극적인 관심과 태도에 그치는 경향이 있다. 사실 『설국』은 누구에게나 술술 재미나게 읽히는 소설이 결코 아니다. 어떤 이는 읽고 나서 "대체 이것도 소설이야?", "작가는 무얼 쓰고 싶었던 거지?"라는 의문을 품을 수도 있다. 『설국』은 기승전결이 뚜렷한 이야기 전개 방식과는 다른 기법에 의해 묘사되고 있으며, 따라서 '소설이란 무엇인가'라는 물음을 독자 스스로 던져보게 만든다.

여기에는 처음부터 하나의 완결된 작품으로 구상된 것이 아니라, 단편 「저녁 풍경의 거울」(1935) 이후, 단속적으로 발표한 단편들이 모여 연작 형태의 중편 『설국』이 완성되었다는 경위도 깔려 있다. 이처럼 독특해 보이는 『설국』의 창작 방식과 특징은 가와바타 야스나리의 문학이 지닌 개성과 직접적으로 맞물려 있는 까닭에, 이에 대한 이해는 『설국』 읽기의 즐거움을 한층 돋우어 주리라 믿는다.

온통 눈으로 뒤덮인 풍경을 가리켜 우리는 '설국' 같다는 표현을 사용한다. 일본어로도 '설국'은 눈이 많이 오는 고장이나 그 지방을 일컫는다. 『설국』이 전개되는 구체적 무대가 니가타 현 에치고(越後)의 유자와(湯澤) 온천이라는 사실은 나중에 거의 확실하게 굳어졌으나, 처음 이 작품을 발표할 당시 작가는 '설국'이 어디인지를 굳이 밝히지 않았다. 소설 못지 않게

---

[1] 유숙자, 「작가연보」, 『설국』, 민음사, 2015.

너무나 유명한 『설국』의 서두는 이렇게 시작된다.

　국경의 긴 터널을 빠져나오자, 눈의 고장이었다. 밤의 밑바닥이 하얘졌다. 신호소에 기차가 멈춰 섰다.

　'눈의 고장' 즉, '설국'이라고만 되어 있다. '설국'이 어디인가 라는 물음에도 작가는 흔쾌히 대답하길 꺼렸다. 그 이유는 무엇일까? 작가는 이에 대해, "우선 지명은 작가 및 독자의 자유를 구속하는 것 같아서, 또 다른 하나는 지명을 밝히면 그곳에 대해 정확하게 묘사해야 할 것 같아서"라고 쓴 바 있다. 그러나 가와바타의 소설 가운데는 '이즈(伊豆)'나 '아사쿠사(淺草)' 같은 지명이 그 제목에 또렷이 명시된 예가 전혀 없는 건 아니다. 그런데도 『설국』에서 '설국'의 실제 지명이 한 번도 거론되지 않은 사실은, 작가가 이 소설을 구상하면서 의도했던 바가 무엇인지를 생각하게 한다. 물론 지명에 관한 작가의 견해를 부분적으로 수긍할 수는 있지만, 무엇보다도 작가는 『설국』의 세계를 비현실적인 환(幻)의 공간으로 설정함으로써 보다 순수하게 추상화시키고자 했다.

　『설국』을 가리켜 흔히 '감각적 서정이 돋보이는 소설' 혹은 작가 특유의 '섬세한 언어감각과 탐미성'을 지적하곤 한다. 사실 일본문학사에서 『설국』은 '가와바타 문학이 정점에 도달한 근대 일본 서정소설의 고전'이라는 평가를 받고 있다.

　가와바타의 문학을 이야기하면서 그의 '고아의식'에 대해 거론하지 않을 수 없다. 두세 살에 부모님을 여의고, 이어서 할머니를, 그리고 열다섯 살까지 단 하나뿐인 누나와 할아버지를 잇달아 저 세상으로 보낸 작가의 내면에는 현실과 삶을 관망하는 자기만의 감성이 어느 틈에 뿌리를 내리게 되었다. 임종이 가까운 조부의 침상을 홀로 지키며 기록한 『16세의 일기』를 보면, 서서히 스러져가는 삶의 마지막 뒷모습, 이미 그림자를 드리우기 시작한 죽음을 응시하는 시선을 통해 이미 작가 가와바타의 탄생을 예고하는 전조를 발견할 수 있다. 화가가 되려던 꿈을 작가로 바꾼 소년 가와바타에게, 조부의 죽음은 '고아'의 숙명을 짊어지고 삶과 죽음에 잠재된 미(美)의 발견자로서 소설 창작이라는 자신의 역할을 자각하게 만든 계기가 되었는지도 모른다.

인간을 포함한 모든 자연이 늘 변화되어 간다는, 불교적인 무상(無常) 사상에 내포된 만물을 포용하는 긍정의 힘이 가와바타의 문학에 짙게 깔려 있음을 확인할 수 있다. 이는 동시에 자연의 아름답고 추한 모든 존재를 허용하고 이를 투명한 시선으로 담담히 관찰해내는 강인한 감각을 작가에게 부여하는 여지를 마련했다고 생각된다. 여기에는 존재 그 자체에 대한 강렬한 갈망이 요구된다. 갈구하면서도 절대 채워지지 않는, 절대 채워질 수 없음을 직관하는 데서 오는 안타까움을 '설국'의 이방인, 시마무라는 절감한다.[2]

가와바타 야스나리의 문학은 섬세한 감수성과 강한 서정성, 계절감의 표현, 그리고 고독과 허무, 죽음의 그림자와 비현실성, 신비, 환상성 등을 특성으로 하고 있다.[3] 일본적인 정서에 기반하고 있다는 평가를 받고 있으며, 그가 일본문학의 전통을 의식하기 시작한 것은 『설국』의 집필 전후라고 할 수 있다. 이러한 특성을 통해 "일본의 아름다움"이라는 일본 전통의 미의식으로 돌아가려 하였다. 당시는 일본이 중일전쟁·태평양전쟁·패전과 그 직후의 혼란기라는 소위 암흑기(1935~1948)로 전락한 시기였다. 이에 가와바타는 조국의 황폐화에 참담함을 느끼고 문학자로서의 자신의 사명을 깊이 통감, 「일본 고전의 재고」를 강력히 주장하게 되었다.[4]

---

2) 유숙자, 「덧 없이 타오르는 생명의 불꽃-가와바타 야스나리의 「설국」, 『동양의 고전을 읽는다·4』」, 휴머니스트, 2006.
3) 한국일본학회 일본연구총서 간행위원회, 『신·일본문학의 이해』, 시사일본어사, 2001, p.251.
4) 최종훈, 『가와바타야스나리의 『설국』론 – 색채표현과 주제와의 관련양상을 중심으

특히 『설국』은 일본 여인의 서정적인 미세계와 전통적 정서를 다루어 발표 당시부터 '일본적 서정'이라는 점에선 높이 평가를 받고 있다.

로-』, 2007, p.342.

■ 작품

설국5)

국경6)의 긴 터널7)을 빠져나오자, 눈의 고장이었다. 밤의 밑바닥이 하얘졌다. 신호소에 기차가 멈춰 섰다.

건너편 자리에서 처녀가 다가와 시마무라(島村) 앞의 유리창을 열어젖혔다. 차가운 눈 기운이 흘러 들어왔다. 처녀는 창문 가득 몸을 내밀어 멀리 외치듯,

「역장님, 역장님-」

등을 들고 천천히 눈을 밟으며 온 남자는, 목도리로 콧등까지 감싸고 귀는 모자에 달린 털가죽을 내려 덮고 있었다.

벌써 저렇게 추워졌나 하고 시마무라가 밖을 내다보니, 철도의 관사(官舍)인 듯한 가건물이 산기슭에 을씨년스럽게 흩어져 있을 뿐, 하얀 눈 빛은 거기까지 채 닿기도 전에 어둠에 삼켜지고 있었다.

「역장님, 저예요, 안녕하셨어요?」

「오, 요코(葉子) 양 아닌가. 이제 돌아오는 게로군. 다시 쌀쌀해졌는걸」

「제 동생이 이번에 여기서 일하게 되었다죠? 폐를 끼치겠네요」

「이런 곳은 얼마 안 가 적적해서 못 견딜거야. 젊은 사람이 안됐어」

「아직 어린애니까 역장님께서 잘 이끌어주세요. 정말 부탁드려요」

---

5) 가와바타 야스나리 / 유숙자 옮김, 『설국』, 민음사, 2015.
6) 군마현(群馬縣)과 니가타현(新潟縣)의 접경을 말한다. 본문의 <국경>은 모두 이 뜻이다.
7) 군마현과 니가타현을 잇는 시미즈(淸水)터널을 가리킨다.

「염려 말아. 열심히 일하고 있는걸. 앞으로 바빠질 거야. 작년엔 눈이 많이 왔어. 눈사태가 자주 나는 바람에, 기차가 오도 가도 못해서, 마을 사람들도 승객들을 대접하느라 엄청 바빴었지」

「역장님께선 굉장히 두껍게 껴입으셨네요. 동생 편지엔 아직 조끼도 입지 않았다고 씌여 있던데요」

「난 옷을 네 벌이나 껴입었다네. 젊은이들은 추우면 술만 마셔댄다니까. 그러고는 저기서 나뒹굴고 있다고, 감기에 걸려서 말야」

역장은 관사 쪽으로 손에 든 등을 흔들어 보였다.

「제 동생도 술을 마시나요?」

「아니.」

「역장님, 벌써 돌아가는 길이세요?」

「난 다쳐서 병원에 다니는 중이야.」

「어머, 저런!」

일본옷에 외투 차림인 역장은 추운 데서 나누는 대화를 어서 끝내고 싶은 듯, 곧 뒷모습을 보이며,

「그럼, 조심해서 가요」

「역장님, 제 동생은 지금 나와 있지 않나요?」 하고 요코는 눈 위를 두리번거리며,

「역장님, 동생을 잘 돌봐주세요. 부탁이에요」

슬프도록 아름다운 목소리였다. 높은 울림이 고스란히 밤의 눈을 통해 메아리쳐 오는 듯했다.

기차가 움직이기 시작했는데도, 그녀는 차창에서 몸을 떼지 않았다. 그러다가 선로 옆을 걷고 있는 역장에게 가까워지자,

「역장님-, 이번 휴가 때 집에 다녀가라고 제 동생에게 전해 주세요!」

「알았네-」하고 역장이 목청을 높였다.

요코는 창문을 닫고서, 발그레해진 볼에 두 손을 갖다댔다.

제설차가 세 대나 갖추고 눈을 기다리는, 국경의 산이었다. 터널 남북으로 눈사태가 알리는 전기 통보선이 연결되었다. 제설 인부 총인원 5천 명에 소방대 청년단 총인원 2천 명의 출동 준비가 이미 마쳐져 있었다.

이처럼, 머잖아 눈에 파묻히게 될 철도 신호소에서 요코라는 처녀의 동생이 올 겨울부터 근무하고 있다는 걸 알게 되자, 시마무라는 한층 그녀에게 흥미를 돋우었다.

그러나 여기서 <처녀>라 함은 시마무라에게 그렇게 보였다는 것일 뿐, 동행한 남자가 그녀와 어떤 사이인지 시마무라로서는 알 리 없었다. 두 사람의 동작은 부부인 듯 보이긴 했지만, 남자는 틀림없는 환자였다. 환자를 상대하다 보면 쉽게 남녀 사이의 거리감이 느슨해지고, 정성껏 보살피면 보살필수록 부부처럼 보이는 법이다. 실제로 자신보다 연상인 남자를 돌보는 여자의 앳된 모성애는 먼발치에서 바라보면 부부로도 여겨질 것이다.

시마무라는 그녀 한 사람만을 따로 떼어서, 그 모습이 전하는 느낌만으로 멋대로 처녀일 거라고 단정했을 뿐이었다. 하지만 여기에는 그가 처녀를 이상한 눈으로 너무나 뚫어지게 지켜본 나머지, 그 자신의 감상이 다분히 보태어진 것인지도 모른다.

벌써 세 시간도 전의 일로, 시마무라는 지루함을 달래기 위해 왼쪽 검지 손가락을 이리저리 움직여 바라보며, 결국 이 손가락만이 지금 만나러 가는 여자를 생생하게 기억하고 있군, 좀더 선명하게 떠올리려고 조바심치면 칠수록 붙잡을 길 없이 희미해지는 불확실한 기억 속에서 이 손가락만은 여자의 감촉으로 여전히 젖은 채, 자신을 먼데 있는 여자에게로 끌어당기는 것 같군, 하고 신기하게 생각하면서 코에 대고 냄새를 맡아보기도 하고 있다가, 문득 그 손가락으로 유리창에 선을 긋자, 거기에 여자의 한쪽 눈이 또렷이 떠오르는 것이었다. 그는 깜짝 놀라 소리를 지를 뻔 했다. 그러나

이는 그가 마음을 먼데 두고 있었던 탓으로, 정신을 가다듬고 보니 아무것도 아닌, 그저 건너편 좌석의 여자가 비쳤던 것뿐이었다. 밖은 땅거미가 깔려 있고 기차 안은 불이 밝혀져 있다. 그래서 유리창이 거울이 된다. 하지만 스팀의 온기에 유리가 완전히 수증기로 젖어 있어 손가락으로 닦을 때까지 그 거울은 없었다.

처녀의 한쪽 눈만은 참으로 기묘하게 아름다웠으나, 시마무라는 얼굴을 창에 갖다 대더니 마치 해질녘의 풍경을 내다보려는 여행자인 양 재빨리 표정을 바꾸어 손바닥으로 유리를 문질렀다.

처녀는 가슴을 약간 기울여 앞에 누워 있는 남자를 한결같이 내려다보고 있었다. 어깨에 힘이 들어간 것으로 봐서, 다소 매서워 보이는 눈조차 깜박이지 않을 정도로 진지한 자세임을 알 수 있었다. 남자는 창 쪽으로 머리를 두고 처녀 옆으로 다리를 구부려 올려놓고 있었다. 삼등 객차이다. 시마무라의 바로 옆이 아니라 한 줄 앞 맞은편 좌석이었으므로, 모로 누운 남자의 얼굴은 귀 언저리까지만 거울에 비쳤다.

처녀는 시마무라와 마침 비스듬히 마주하고 있어서 직접 볼 수도 있었지만, 그들이 기차에 올라탔을 때 뭔가 서늘하게 찌르는 듯한 처녀의 아름다움에 놀라 눈을 내리깐 순간, 처녀의 손을 꼬옥 잡은 남자의 파리하고 누런 손이 보이는 바람에, 시마무라는 두 번 다시 그쪽으로 눈을 주어서는 안 될 것 같은 느낌이 들었다.

거울 속 남자의 안색은 이제 그저 처녀의 가슴 언저리를 보고 있어 편안하다는 듯 차분했다. 허약한 체격이 허약하나마 부드러운 조화를 띠고 있었다. 목도리를 베개 삼아 깔고 그걸 코밑에서 끌어당겨 입을 꼭 덮고는 다시 위로 드러난 볼까지 감싸 일종의 볼싸개처럼 되었다. 그것이 더러 헐거워지거나 코를 덮어버리거나 하면, 남자가 눈을 채 깜박이기도 전에 처녀는 나긋한 손길로 고쳐주었다. 지켜보는 시마무라가 초조해질 만큼 몇 번이고 똑같은 동작을 두 사람은 무심히 반복하고 있었다. 또 남자의 발을 덮은 외투 자락이 간혹 벌어져 흘러내릴 때도 처녀는 곧바로 알아차리고 매만져 주었다. 이 모든 게 참으로 자연스러웠다. 이렇듯 거리감을 잊은 채 두 사람은 끝없이 먼 길을 가는 사람들처럼 생각될 정도였다. 그 때문에 시마무라는 슬픔을 보고 있다는 괴로움은 없이, 꿈의 요술을 바라보는 듯한 느낌이었다. 신기한 거울 속에서 벌어진 일이었기 때문일 것이다.

거울 속에는 저녁 풍경이 흘렀다. 비쳐지는 것과 비추는 거울이 마치 영화의 이중노출처럼 움직이고 있었다. 등장인물과 배경은 아무런 상관도 없었다. 게다가 인물은 투명한 허무로, 풍경은 땅거미의 어슴푸레한 흐름으로, 이 두 가지가 서로 어우러지면서 이세상이 아닌 상징의 세계를 그려내고 있었다. 특히 처녀의 얼굴 한가운데 야산의 등불이 켜졌을 때, 시마무라는 뭐라 형용할 수 없는 아름다움에 가슴이 떨릴 정도였다.

아득히 먼 산 위의 하늘엔 아직 지다 만 노을빛이 아스라하게 남아, 유리창 너머로 보이는 풍경은 먼 곳까지 형체가 사라지지 않았다. 그러나 색채는 이미 다 바래고 말아 어디건 평범한 야산의 모습이 한결 평범하게 보이고 그 무엇도 드러나게 주의를 끌 만한 것이 없는 까닭에, 오히려 뭔가 아련한 커다란 감정의 흐름이 남았다. 이는 물론 처녀의 얼굴이 그 속에 떠올랐기 때문이다. 차창에 비치는 처녀의 윤곽 주위를 끊임없이 저녁 풍경이 움직이고 있어, 처녀의 얼굴도 투명하게 느껴졌다. 그러나 정말로 투명한지 어떤지는, 얼굴 뒤로 줄곧 흐르는 저녁 풍경이 얼굴 앞을 스쳐 지나는 듯한 착각을 일으켜 제대로 확인할 기회가 잡히지 않았다.

기차 안도 그리 밝은 편은 아니었고 진짜 거울처럼 선명하지도 않았다. 반사가 없었다. 그래서 시마무라는 들여다보는 동안, 거울이 있다는 사실을 점차 잊어버리고 저녁 풍경의 흐름 속에 처녀가 떠 있는 듯 여기게 되었다.

바로 그때, 그녀의 얼굴에 등불이 켜졌다. 이 거울의 영상은 창밖의 등불을 끌 만큼 강하지 않았다. 등불도 영상을 지우지는 못했다. 그렇게 등불은 그녀의 얼굴을 흘러 지나갔다. 그러나 그녀의 얼굴을 빛으로 환히 밝혀주는 것은 아니었다. 차갑고 먼 불빛이었다. 작은 눈동자 둘레를 확 하고 밝히면서 바로 처녀의 눈과 불빛이 겹쳐진 순간, 그녀의 눈은 저녁 어스름의 물결에 떠 있는 신비스럽고 아름다운 야광충이었다.

이런 모습으로 자신이 보여지고 있다는 것을 요코는 전혀 알 리가 없었다. 그녀는 오로지 환자에게 마음을 빼앗기고 있었는데, 설령 시마무라 쪽을 돌아본다고 해도 유리창에 비치는 자신의 모습은 볼 수도 없고, 창밖을 내다보는 남자 따위에겐 눈길도 주지 않았으리라.

시마무라가 요코를 오래 훔쳐보면서도 그녀에게 실례라는 사실을 잊고 있었던 것은, 저녁 풍경을 담은 거울이 지닌 비현실적인 힘에 사로잡혀 있었기 때문일 것이다.

그래서 그녀가 역장에게 말을 걸고 역시 뭔가 지나치게 진지한 모습을 보였을 때도, 그럴듯한 스토리에 대한 흥미가 앞선 것인지도 모른다.

그 신호소를 지날 무렵, 이미 창에는 어둠뿐이었다. 건너편 풍경의 흐름이 사라지자 거울의 매력도 사라지고 말았다. 요코의 아름다운 얼굴은 여전히 비쳐지고 있었지만, 그 따스한 동작에도 불구하고 시마무라는 그녀 안에서 뭔가 투명한 차가움을 새삼 발견하고 거울이 흐려지는 것을 닦아내려고도 하지 않았다.

하지만 그러고 나서 30분쯤 뒤, 뜻밖에 요코 일행도 시마무라와 같은 역에서 내렸기 때문에 그는 또 무슨 일이 생기려나 하고 자신과 무슨 상관이라도 있는 듯 뒤돌아보다가, 플랫폼의 한기가 스치자 갑자기 기차 안에서의 무례가 쑥스러워져 서둘러 기관차 앞을 건너갔다.

남자가 요코의 어깨를 붙잡고 선로로 내려서려고 할 때, 이쪽에서 역무원이 손을 들어 올리며 저지했다.

이윽고 어둠 속에서 모습을 드러낸 긴 화물열차가 두 사람을 가렸다.

손님을 마중 나온 여관 안내인은 화재 현장의 소방수처럼 엄청난 눈옷차림이었다. 귀를 감싸고 고무장화를 신고 있었다. 대합실 창문으로 선로를 바라보며 서 있는 여자도 푸른 망토에 두건을 쓰고 있었다.

시마무라는 기차 안의 온기가 채 가시지 않아 바깥의 진짜 추위를 제대로 느끼지 못했으나, 눈 지방의 겨울은 처음이라 이곳 사람들의 옷차림에 우선 압도되고 말았다.

「그런 차림을 해야 할 정도로 추운가?」

「그럼요, 벌써 완전히 겨울 채비인걸요. 눈 온 뒤 날씨가 개기 전날 밤은 특히 추워지죠. 오늘밤은 이 정도라도 아마 영하일 겁니다.」

「이 정도가 영하란 말인가」 하고 시마무라는 처마 끝에 귀엽게 매달린 고드름을 바라보며 여관 안내인과 자동차에 올랐다. 흰 눈 빛에 가옥의 낮은 지붕들이 한층 낮아 보이고, 마을은 고즈넉이 바닥으로 가라앉아 있는 듯했다.

「과연 무얼 만져도 차가운 감촉이 다르군.」

「작년엔 영하 이십몇 도인가가 최고로 추웠죠.」

「눈은?」

「글쎄요, 보통 일곱여덟 자(尺) 정도인데 많을 때는 열두세 자를 넘을 겁니다.」

「이제 시작이군.」

「시작이죠, 이 눈은 요전에 한 자쯤 내렸다가 꽤 녹은 겁니다.」

「녹기도 하나?」

「언제 또 폭설이 내릴지 알 수 없죠.」

12월 초순이었다.

시마무라는 좀처럼 떨어지지 않던 감기 기운으로 꽉 막힌 코가 한꺼번에 정수리까지 시원히 뚫리면서, 더러운 것들이 말끔히 씻겨내리듯 연신 콧물이 흘러나왔다.

「선생님 댁의 그 아가씨는 여태 있는가?」

「그럼요, 있고말고요. 역에 내렸는데 못 보셨는지요? 짙은 푸른색 망토를 입은」

「바로 그 사람이었나?──나중에 부를 수 있겠지.」

「오늘밤 말입니까?」

「오늘밤.」

「방금 도착한 막차로 선생님의 아드님이 돌아온다며 마중 나와 있던데요.」

저녁 풍경이 비친 거울 속에서 요코가 보살펴주었던 환자는 시마무라가 만나러 온 여자가 사는 집의 아들이었던 것이다.

손가락으로 기억하는 여자와 눈에 등불이 켜진 여자 사이에 무슨 일이 있는지, 무슨 일이 일어날지, 어쩐지 시마무라는 마음속 어딘가에 보이는 듯한 느낌이다. 아직 저녁풍경이 비치던 거울에서 덜 깨어난 탓일까. 그 저녁 풍경의 흐름은, 그렇다면 흐르는 시간의 상징이었던가 하고 그는 문득 중얼거렸다.

스키철을 앞둔 온천장은 손님이 가장 적을 때, 시마무라가 실내 온천창에서 나오자 이미 모두 잠들어 고요했다. 낡은 복도는 그가 발을 디딜 때마다 삐걱거려 유리문이 가늘게 떨었다. 그 기다란 복도 끝 계산대 모퉁이, 차갑게 검은 빛으로 번쩍거리는 마루 위에 옷자락을 펼치고 여자가 꼿꼿이 서 있었다.

결국 게이샤[8]로 나선 게로군 하고 옷자락을 보고 덜컥 놀랐으나, 이쪽으

---

8) 게이샤(藝者): 요정이나 여관 등지에서 술자리 시중을 들며 손님의 주문에 따라 노래나 춤으로 좌흥을 돋우는 여자.

로 걸어오는 기색도 없고 그렇다고 몸가짐을 흐트러뜨리며 맞이하는 교태도 부리지 않는다. 그저 가만히 움직이지 않고 서 있는 모습에서, 그는 먼발치에서도 진지한 뭔가를 알아채고 급히 다가갔으나, 여자 곁에 서서도 말없이 있을 뿐이었다. 여자도 짙게 화장을 한 얼굴로 미소를 지어보지만 되레 울상이 되고 말아, 아무 말도 않고 둘은 방으로 걸어갔다.

그때 그런 일이 있고서도 편지 한 장 없고, 만나러 오지도 않고, 무용책을 보내겠다던 약속도 지키지 않아, 여자로서는 가볍게 잊혀지고 말았다고 밖에 생각할 수 없을 테니까 먼저 시마무라 쪽에서 사과나 변명을 늘어놓아야 할 순서였지만, 얼굴을 보지 않고 걷는 동안에도 그녀가 그를 나무라기는커녕 온몸으로 그리움을 느끼고 있음을 알자, 그는 더더욱 어떤 이야기를 하건 그 말은 자신이 진실하지 못하다는 울림을 띨 것이라 생각되어 괜시리 그녀에게 기가 죽는 듯한 달콤에 기쁨에 휩싸였다. 계단 밑에 와서야,

「이놈이 당신을 가장 잘 기억해 줬어.」 하고 검지손가락만을 세운 왼쪽 주먹을 불쑥 여자의 눈앞에 내밀었다.

「그래요?」 하고 여자는 그의 손가락을 잡더니 그대로 놓지 않고 손을 잡아끌듯 계단을 올라갔다.

고다쓰9) 앞에서 손을 놓은 그녀는 금방 목덜미까지 발개져서, 이를 얼버무리려 황급히 다시 그의 손을 잡으며,

「이게 기억해 줬어요?」

「오른쪽이 아냐, 이쪽이라고」 하고 여자의 손에서 오른손을 빼내 고다쓰에 넣고는 다시 왼쪽 주먹을 내밀었다.

그녀는 시침 뗀 표정으로,

「네, 알아요.」

---

9) 고다쓰(火達) : 이불 속에 넣는 화로

후후, 입술을 다문 채 웃어 보이며 시마무라의 손바닥을 펴 그 위에 얼굴을 포개었다.

「이게 기억해 주었어요?」

「아, 차다. 이렇게 찬 머리카락은 처음인걸」

「도쿄엔 아직 눈 안와요?」

「당신은 그때, 그렇게 말했어도 그건 역시 틀렸어. 그렇지 않고서야 누가 세밑에 이런 추운 델 찾아오겠나?」

그때는──눈사태 위험 시기가 지나 신록의 등산철에 접어들었을 무렵이었다.

으름덩굴의 새순도 곧 밥상에 오르지 않게 된다.

무위도식하는 시마무라는 자연과 자신에 대한 진지함마저도 잃기 일쑤여서 이를 회복하려면 산이 제일이라고 자주 혼자서 산행을 즐기는데, 그날 밤도 국경의 산들을 돌아다니다가 이레 만에 온천장으로 내려와서 게이샤를 불러 달라고 했다. 그런데 그날은 공사의 낙성 축하 행사로 마을의 누에고치 창고 겸 극장으로 쓰이는 오두막을 연회장으로 사용할 만치 흥청댔다. 열두세 명 정도의 게이샤로는 손이 부족하여 도저히 빠져나오기가 힘들 테지만, 선생님 댁의 아가씨라면 연회를 도우러 갔다 한들 춤 두어가지만 보여주고 돌아오니까 어쩌면 와줄지도 모른다는 것이었다. 시마무라가 되묻자, 샤미센[10]과 춤을 가르치는 선생님 댁에 있는 아가씨는 게이샤는 아니지만 큰 연회가 있을 경우 더러 부탁받아 가기도 한다. 동기(童妓)[11]가 없고 서서 춤추길 꺼리는 나이 든 게이샤가 많아 아가씨는 귀하게 대접받고 있다, 여관 손님의 객실에 혼자서는 좀처럼 나가지 않지만 완전히 초보

---

10) 샤미센(三味線) : 세 개의 줄이 있는 일본의 전통 현악기.
11) 향교쿠(半玉) : 정식 게이샤가 되기 이전의 상태로, 화대도 절반만 받는다.

라고도 할 수 없다, 대충 이런 식으로 하녀가 설명해주었다.

묘한 얘기도 다 있다며 대수롭지 않게 여겼는데, 한 시간 가량 지나 여자가 하녀를 따라왔을 즈음, 시마무라는 화들짝 놀라 앉음새를 고쳤다. 곧바로 자리를 뜨는 하녀의 소매를 여자가 붙들어 다시 제자리에 앉혔다.

여자의 인상은 믿기 어려울 만큼 깨끗했다. 발가락 뒤 오목한 곳까지 깨끗할 것이라고 생각했다.

초여름 산들을 둘러보아 온 자신의 눈 때문인가 하고 시마무라가 의심했을 정도였다.

옷매무새에 어딘가 게이샤를 닮은 구석이 있었으나 물론 옷자락은 끌리지 않았고 부드러운 홑옷을 오히려 단정히 입고 있는 편이었다. 오비12)만 어색하게 비싼 것을 매고 있어 도리어 왠지 애처롭게 보였다.

산 이야기가 시작되는 기회를 보아 하녀가 일어나 나갔는데, 여자는 이 마을에서 내려다보이는 산 이름들을 제대로 알지 못했다. 시마무라가 술 마실 기분도 내키지 않아 그냥 있자니, 여자는 역시 자신이 태어난 곳은 이 눈지방이며, 도쿄에서 동기로 있을 때 몸값을 치르고 나와 장차 일본무용 선생으로 성공할 작정이었는데 겨우 1년 6개월 만에 남편이 죽고 말았다고 의외로 솔직히 이야기했다. 하지만 그가 죽고 나서부터 지금까지야말로 어쩌면 그녀의 진짜 신상 이야기일지도 모르는데, 그러나 이것만은 쉽사리 털어놓을 성싶지 않았다. 열아홉 살이라 했다. 거짓이 아니라면 이 열아홉 스물한 둘 정도로 보이는 데에 시마무라가 그제야 여유를 얻어 가부키13) 등의 이야기를 꺼내자, 여자는 배우의 연기나 소식에 그보다 더 정통해 있었다. 이런 이야기 상대에 목말랐던 듯 정신없이 떠들고 있는 사이, 화류계 출신 여자다운 친숙함을 띠기 시작했다. 남자의 마음을 얼추 들여다

---

12) 오비(帶) : 기모노 위에 매는 허리띠.
13) 가부키(歌舞伎) : 일본의 전통극.

보고 있는 것 같기도 했다. 그럼에도 그는 애초에 상대방을 초보자로 생각했고 일주일 이상을 이렇다 할 말상대도 없이 지낸 뒤인지라, 사람 그리운 심정이 훈훈하게 넘쳐 여자에게 우선 우정 비슷한 것을 느꼈다. 산행의 감상이 여자에게까지 꼬리를 늘어뜨렸다.

▶ ▶ 더 읽을거리

가와바타 야스나리/ 유숙자 옮김, 『설국』, 민음사, 2015.
유숙자, 「작가연보」, 『설국』, 민음사, 2015.
유숙자, 「덧 없이 타오르는 생명의 불꽃-가와바타 야스나리의 「설국」, 『동양의 고전을 읽는다 ·4』」, 휴머니스트, 2006.
최종훈, 『가와바타야스나리의 『설국』론-색채표현과 주제와의 관련양상을 중심으로-』, 2007.
한국일본학회 일본연구 총서 간행위원회, 『신 일본문학의이해』, 시사일본어사, 2001.

■ **연습문제**

학과 :＿＿＿＿＿   학번 :＿＿＿＿   이름 :＿＿＿＿＿

01 시마무라가 어떠한 시선으로 요코와 고마코를 바라보는지 써 보자.

02 『설국』에 나타나 있는 자연 묘사에 어떤 특징이 내재되어 있는지 적어 보자.

03 『설국』에 드러나 있는 기존의 소설 양식과는 다른 독특한 방식에 대해 써 보자.

제9장 인간과 우주를 성찰한
생텍쥐페리 『어린 왕자』

■ **생텍쥐페리**

생텍쥐페리(1900-1944)

생텍쥐페리는 1900년 리옹에서 태어났다. 그는 군대에 복무하면서 조종사라는 자기의 천직을 발견했다. 그는 1962년, 디디에 도라(Didier Daurat)가 좌지우지하고 있었던 항공 우편국에 들어갔는데, 이 도라로부터 그는 『야간 비행』(1931) 속에 나오는 리비에르라는 인물의 착상을 얻었다. 그는 툴루즈와 다카르 사이의 우편기를 조종하고, 아직도 순종하지 않는 모리타니아에서, Cap Juby의 발착소(發着所)를 맡게 되었으며, 그 후에 남미로 가서, 부에노스 아이레스와 파타고니아를 연결하는 항로를 열었다.

항공 우편국이 해산된 뒤에는, 라테코에르에서 시험 조종사가 되었다. 프랑스 항공 회사는 그에게 아프리카에서의 새로운 항로의 연구를 맡겼다. 뉴욕과 푸에고 제도(諸島) 사이의 장거리 비행 중에 중상을 입은 그는 회복기에 『인간의 대지』를 썼다. 전쟁이 끝날 무렵, 한창 패주하는 판국 속에서, 그는 낭지에서 아라스로 나는 결사적인 사명을 수행했는데, 이것을 그는 『싸우는 조종사』 속에서 이야기 하고 있다. 그는 미국으로 건너가, 『어린 왕자』와 『어느 볼모에의 편지』를 썼다. 미군의 유럽 상륙 작전이 시작되자, 그는 북 아프리카로 가서, 이미 비행사로서의 나이가 넘었는데도 불구하고, 대규모 정찰 비행의 임무를 수행하는 허가를 얻었다.

그러한 정찰 비행을 하던 중(사르데뉴에서 아느시로 날고 있던 중), 1944년 7월 31일에 그는 행방불명이 되었다.[1]

앙투안 드 생텍쥐페리는 여러 작품을 통해 "인간을 인간되게 하는 것"의 비밀을 탐색하며, 그 해답을 '관계'와 '책임'이라는 개념 속에서 찾는 것으로 보인다. 전쟁과 폭력, 물질주의의 범람과 같은 시대적 아픔을 진단하는 수단이 '관계'라면, 그 아픔을 치유하기 위해 작가가 제시하는 약이 곧 '책임'인 것이다.

생텍쥐페리의 작품에서 제시되는 관계 맺기의 유형으로는 먼저 진정한 소통이 단절된 '사막'과 같은 관계, 즉 계열체적 관계 relation sérielle를 들 수 있다. 이것은 곧 타자를 측면적으로 대하는 방식으로, 단순히 옆에 있을 뿐, 서로 진심어린 소통을 이루지 못하는 사람들 사이의 관계이다. 다음으로, 생텍쥐페리가 사막의 고독 속에서 인간을 치유할 수 있는 방법으로 제시하고 있는 '나와 너의 관계 relation Je et Tu'가 있다. 이 관계는 『어린 왕자』 속 여우가 이야기하는 '길들이기 apprivoiser'의 관계이다. 상대방을 위해 눈물 흘리고 아픔을 느낄 수 있는 관계, 철학자 마르틴 부버의 주장처럼 깨어지고 상처받은 세계 속에서 소외된 인간을 회복시킬 수 있는 '나와 너'의 관계, 내가 '책임'을 져야하는 관계, 특별한 '너'를 특별히 '보살펴야' 하는 관계이다.

생텍쥐페리의 작품은 흔히 시인의 영감으로 가득한 조종사의 눈에 비친

---

1) [네이버 지식백과] 생-텍쥐페리 『랑송불문학사』, 을유문화사, 1997.

세계에 비유되곤 한다. 그의 작품들은 대체로 항공기 조종사로서의 작가 자신의 경험, 그것도 전시 상황이나 신항로 개척과 같이 목숨을 내걸어야 하는 위험한 작전에 투신한 모험가로서의 구체적 경험을 바탕으로 구성되어 있다. 그의 작품 속에서 우리는 광활한 세계 한복판에 위치한 인간이 느끼는 고독과 우수의 감정을 전달받을 수 있을 뿐만 아니라, 20세기 초라는 시대적 배경, 즉 전쟁과 폭력, 갈등으로 얼룩졌던 암울한 시대의 초상화를 만날 수 있다. 즉 시대적 문제의식과 작가의 구체적인 경험들이 중첩되어 작품에 특별한 무게감이 더해지고 있는 것이다.

생텍쥐페리 소설이 단순한 조종사의 무용담이나 고독한 시인의 낭만적 우수의 차원에 머물지 않고, 훨씬 더 깊이 있고 강한 울림을 전해주는 이유도 바로 여기에서 찾아볼 수 있다. 조종사와 지상 사이의 공간, 마치 영원한 심연처럼 느껴지는 절대적 차이를 지닌 공간은 완전한 고독의 공간임과 동시에 사물의 '본질'을 탐색할 수 있게 해 주는 공간이다. 아군과 적군으로 나뉘어져 아귀다툼을 벌이고 있는 세계 속에서, 각종 이데올로기의 현란한 유혹에 직면하여 눈에 보이는 것만 보려고 하는 사람들 사이에서, 사막을 횡단하는 조종사의 시선은 그 모든 시대적 아픔의 본질을 관통하는 선견자적 통찰력을 전달해 준다. 그리고 생텍쥐페리의 통찰력은 '인간'과 '세계'에 대한 본질적 성찰, 특히 인간을 인간으로 만들어주는 것, 인간을 둘러싼 세계의 본원적 의미에 대한 성찰로 이어지고 있다는 것이 우리의 생각이다.[2]

그 중에서도 특히 '인간을 인간답게 만들어주는 것'에 대한 질문은 생텍쥐페리가 거의 모든 작품 속에서 파고들었던 공통된 질문이자 주제였다고 할 수 있다.

『어린 왕자』는 100여개 이상의 언어로 번역 출간되었으며, 한국에서만

---

[2] 김모세, 『외국문학』, 56호, 2014, pp.31-32.

도 300여종 이상의 다양한 번역본이 존재하는 상황이다.

이 뿐만 아니라, 『어린 왕자』는 남녀노소를 불문하고 모두가 쉽게 접하고 읽는 책으로 알려져 있는 만큼, 어린이 독자들을 겨냥한 다양한 동화전집(한솔출판사 등)의 목록에도 반드시 포함되어 있는 책이기도 하다. 그만큼 『어린 왕자』는 그 글을 접하는 독자에게는 텍스트의 이해에 있어 전혀 어려움이 없는 수준의 언어로 구성되어 있다고 여겨져 왔다. 즉, 이 작품의 언어구사의 수준은 심지어 그 대상이 어린이들이라도, 책을 접하는 데 있어서 전혀 어려움이 없는 것으로 알려져 있는 것이다. 그 누구를 막론하고 접근이 용이하다는 이유 때문에 『어린 왕자』는 프랑스어나 간혹 영어(학습용 영문합본의 경우가 대표적이다), 심지어 일본어(학습용 일한대역본의 경우)를 공부하기 위한 외국어 교재로도 종종 활용되고 있다.

이러한 접근의 용이성에는 『어린 왕자』의 출판 배경도 한몫을 차지하고 있다. 제2차 세계대전이 발발하자 미군 지휘 하에 있던 2-33 폭격기대에 복귀한 생텍쥐페리는 이곳에서 전투 조종사로 복무하던 중 『어린 왕자』의 초안을 집필하기 시작했다. 1940년 아라스 전투를 치룬 이후, 생텍쥐페리는 뉴욕에 잠시 체류하며 『아라스로의 비행』을 집필하였고, 1942년에 발표하여 큰 성공을 거두었으며, 이듬해 4월 『어린 왕자』를 뉴욕에서 최초로 발표하기에 이른다. 이에 비해 프랑스에서의 출간은 생텍쥐페리가 사망한 이후인 1946년에 갈리마르 출판사에서 선을 보인 초판이며, 뉴욕의 출간에 비해 비교적 늦게 독자들에게 알려진다. 총 27장으로 구성된 『어린 왕자』는 한국어 번역자에 따르자면 "《육년 전 어느 날》, 비행기 고장으로 사하라 사막에 홀로 불시착한 비행사가 사막 한가운데서 한 어린 왕자를 만났다가 헤어진 일주일 동안의 이야기"[3]를 다루고 있다.[4]

---

3) 김화영, 『어린 왕자를 찾아서』, 문학동네, 2007, p.54.
4) 김시몽, 「『어린 왕자』의 재해석」, 『한국프랑스학논집』, 72집, 2010, pp.241-242.

■ 작품

어린 왕자[5]

그러나 어린 왕자는 아무 말도 하지않았다. 내 비행기를 한참동안 들여다보더니 조용히 고개를 끄덕였다.

「저걸 타고 왔다면 그리 멀리서 온걸 아니겠군…….」

그리고는 한참 동안 무슨 생각에 빠져 있는 듯 하더니, 호주머니에서 내가 그려준 양 그림을 꺼내서 마치 보물이라도 되는 듯 조심스럽게 들여다보았다.

다른 별에서 왔을 것이라는 생각에 내 몸은 호기심으로 달아올랐다. 그래서 이 문제에 대해 좀더 자세히 알고 싶어졌다.

「도대체 넌 어디서 왔니? 내가 사는 곳이란 어디를 말하는 거야? 그 양은 어디로 데리고 갈 거니?」

어린 왕자는 곰곰이 생각을 하더니 대답했다.

「아저씨가 상자를 줘서 다행이야. 밤에는 집으로도 쓸 수 있으니까.」

「그래. 내말을 잘 들으면 끈도 줄게. 낮에 양을 묶어놓을 수 있는 말뚝이랑.」

어린 왕자는 내말에 몹시 놀란 듯했다.

「묶어둔다고? 참 이상한 생각이네…….」

「하지만 묶어놓지 않으면 여기저기 돌아다니다가 길을 잃어버릴지도 모르잖아.」

---

5) 생텍쥐페리 / 김경미 옮김, 『어린 왕자』, 책만드는집, 2003.

그러자 어린 왕자는 또다시 소리내어 깔깔대며 웃었다.
「아니, 가긴 어딜 가?」
「어디든. 곧장 앞으로 갈 수도 있지, 뭐.」
그러자 어린 왕자는 진지한 말투로 말했다.
「걱정하지 않아도 돼. 내가 사는 곳은 아주 작으니까!」
그리고는 갑자기 서글픈 표정을 짓더니 다시 말했다.
「똑바로 가도 얼마 못가는 걸……」

이렇게 해서 어린 왕자에 대한 두 번째 중요한 사실을 알게 되었다. 어린 왕자가 사는 그 별은 겨우 집 한 채 정도밖에 되지 않는다는 것을.

그러나 그 사실은 나에게 그리 놀라운 일이 아니었다.

나는 지구, 목성, 화성, 금성같은 큰 별 말고도 너무 작아서 망원경으로도 보기 힘든 아주 작은 별들이 무수히 많다는 것을 잘 알고 있었다. 천문학자는 이런 별들이 발견되면 이름 대신 번호를 붙여준다. 예를 들면 <소행성 3251호>라는 식이다.

나는 어린 왕자가 살던 별이 소행성 B612라고 추측했다. 그렇게 생각하는 데는 이유가 있다. 이 소행성은 오직 단 한번, 1909년 터키의 천문학자에 의해서 망원경으로 관찰되었다.

당시 그는 국제 천문학회에서 자기가 발견한 별에 대해 멋지게 증명하는 발표회를 열었다. 그러나 그가 입고 있던 터키식 옷 때문에 아무도 그의 말을 믿으려고 하지 않았다. 어른들이란 언제나 이런 식이었다…….

그러나 다행히도 터키의 한 독재자가 시민들에게 유럽식 옷을 입지 않으면 사형에 처한다는 법을 공포했다. 이에 그 천문학자는 1920년에 아주 멋있는 옷을 입고 다시 그 소행성 B612에 대한 발표회를 가졌다. 그러자 이번에는 모두 그의 말을 인정했다.

내가 소행성 B612에 대해서 이렇게 자세히 말하고 그 번호까지 쓰는 것은 어른들의 생활태도 때문이다. 어른들은 숫자를 무척 좋아한다.

새로 사귄 친구에 대해 말하면, 그들은 가장 중요한 것은 물어보지 않는다. 「그 애 목소리는 어떠니? 어떤 놀이를 가장 좋아하지? 나비 채집도 하니?」와 같은 말은 물어보지 않고, 「그 애는 몇 살이니? 형제는 몇 명이니? 몸무게는 얼마야? 그 애 아버지는 돈을 많이 버니?」라고 물어댄다. 어른들은 그 숫자들로 마치 내 친구가 어떤 사람인지 다 아는 것처럼 생각한다.

어른들에게 「창가에는 제라늄 화분이 놓여 있고 지붕에는 비둘기가 놀고 있는 장밋빛 벽돌로 지어진 아름다운 집을 봤어요」라고 말하면 그들은 그런 집에 대해서는 전혀 관심을 보이지 않는다. 그러나 「십만 프랑짜리 집을 보았어요」라고 말을 하면 「야, 정말 굉장한 집을 봤구나!」하며 감탄을 한다.

그러므로 「귀엽고 잘 웃고, 양 한 마리를 갖고 싶어하는 어린 왕자를 봤어요. 그것이 어린 왕자가 이 세상에 있었던 증거예요」라고 말하면 어른들은 당치도 않다는 듯 어깨를 으쓱해 보이며 바보 취급을 할 것이다. 그러나 「어린 왕자가 소행성 B612에서 왔어요」라고 하면 어른들은 쉽게 알아듣고, 더 이상 질문을 해대며 귀찮게 굴지 않을 것이다.

어른들이란 다 그렇다. 그렇다고 어른들은 무조건 나쁘게 생각하면 안 된다. 어린아이들은 어른들을 항상 너그럽게 대해야 한다.

인생을 이해하고 있는 우리들은 숫자 같은 것에는 별 신경을 쓰지 않는다. 나는 이 이야기를 옛날 동화를 들려주는 것처럼 시작하고 싶었다.

「옛날 옛적에 자기 집보다 약간 큰 별에 사는 어린 왕자가 있었습니다. 그 어린 왕자는 양 한 마리를 갖고 싶어했습니다······.」

인생을 이해하는 사람들은 내 이야기를 듣고 어떤 진실을 느꼈을 것이다. 나는 누가 됐든 이 책을 대충 훑어보는 것을 용납할 수 없다. 나는 이 이야기를 하면서 어린 왕자와의 지난 일을 생각하니 가슴이 아프다. 내 친구가 양과 함께 날 떠난 지도 벌써 6년이나 됐다. 내가 여기에 그 친구 이야기를 하는 것은 그를 영원히 잊지 않기 위해서다. 친구를 잊는다는 것은 슬픈 일이다. 그리고 누구나 진실된 친구가 있는 것은 아니다. 만일 내가 그 친구를 잊는다면 나 또한 숫자에만 관심이 있는 어른들과 다를 바가 없게 된다.

그래서 나는 다시 그림 물감 한 상자와 연필을 샀다. 여섯 살 때 속이 보아뱀 그림과 속이 보이지 않는 그림을 그려본 이후로는 한번도 그림을 그려본 이후로는 한번도 그림을 그려본 일이 없다. 이런 내가, 지금 이 나이에 다시 그림을 그리는 것은 결코 쉬운 일이 아니다. 물론 가능한 실물에 가까운 초상화를 그리기 위해서 노력할 것이다. 그러나 기대는 하지 말았으면 좋겠다. 어떤 그림은 내 마음대로 되는데 어떤 것은 전혀 달랐다. 키를 맞추는 데도 여러 번 실수를 했다. 너무 크거나 혹은 너무 작아서 엉망이고, 그가 입고 있던 옷 색깔에 대해서도 자신이 없다. 비록 서툴기는 하지만 그러저럭 그럴 듯하게 그려놓았다. 하지만 중요한 부분을 잘못 그렸을지도 모른다. 그러나 그것은 내 잘못이 아니다. 난 내 친구에게 그 어떤 설명도 듣지 못했기 때문이다. 아마 나를 자기 자신과 비슷하다고 생각했는가 보다. 하지만 나는 안타깝게도 상자 안에 있는 양을 볼 줄 모른다. 어쩌면 나 또한 어른들을 닮아가고 있는지도 모른다. 나도 나이를 먹었으니까.

하루하루 지나면서 어린 왕자가 살던 별과 그가 떠날 때의 일, 그리고 그의 여행에 대해서 조금씩 알게 되었다. 어린 왕자가 생각에 잠겨 있다가 무심코 던진 말들 때문이었는데, 사흘째 되던 날에는 바오밥나무의 비극에 대해 알게 되었다.

그 이야기를 듣게 된 것도 역시 양 덕분이었다. 어린 왕자가 꽤 심각한 표정으로 나에게 물었다.

「양들이 작은 나무를 먹는다는 게 사실이야?」

「그럼, 사실이고 말고.」

「야! 진짜 잘됐다.」

양이 작은 나무를 먹는다는 게 왜 중요한지 영문을 알 수 없었다. 어린 왕자는 바로 이어서 물었다.

「그럼 바오밥나무도 먹어?」

나는 어린 왕자에게 바오밥나무는 작은 나무가 아니라 성당만큼이나 큰 나무라서 코끼리 떼를 끌고 가서 먹여도 다 먹어 치우지 못한다고 설명해주었다.

어린 왕자는 코끼리 떼라는 말에 피식 웃으며 말했다.

「그럼, 코끼리를 포개놓으면 되잖아.」

그리고 어린 왕자는 퉁명스럽게 말했다.

「바오밥나무도 처음에는 작은 나무였잖아.」

「물론 그렇지. 그런데 왜 바오밥나무를 양에게 먹이려고 하지?」

「아이 참!」

어린 왕자는 너무도 당연한 질문들 한다는 듯이 대꾸했다. 그래서 나는 혼자서 그 문제를 생각하느라 한참 동안 머리를 쥐어짜야 했다.

어린 왕자가 살던 별에는 다른 별들과 마찬가지로 좋은 풀과 나쁜 풀이 있었다. 따라서 좋은 풀의 좋은 씨앗과, 나쁜 풀의 나쁜 씨앗이 같이 있었는데, 씨앗이 좋은지 나쁜지는 눈으로 구별 할 수가 없었다. 씨앗들은 캄캄한 땅속에서 깊이 잠들어 있는데 그 중 하나가 잠에서 깨어나고 싶은 욕망에 사로잡힐 때가 있다. 그러면 이 작은 씨앗은 차츰 자라기 시작하여 귀엽고 예쁜 어린 싹을 햇빛을 향해 쏙 내밀며 땅으로 올라온다. 그것이 무나 장미의 어린 싹이면 자라는 대로 내버려두어도 된다. 하지만 나쁜 풀의 싹이라면 눈에 띄는 대로 바로 뽑아버려야 한다.

그런데 어린 왕자의 별에는 나쁜 씨앗이 있었다. 바로 바오밥나무의 씨앗이었다. 그런데 바오밥나무는 빨리 없애 버리지 않으면 나중에 전혀 손쓸 수 없게 된다. 바오밥나무가 별 전체에 퍼지면 온통 그 뿌리가 별에 구멍을 뚫어버린다. 작은 별에 바오밥나무가 너무 많으면 별은 산산조각이 나고 말 것이다.

어린 왕자는 한참 후에야 입을 열었다.

「그건 규칙에 관한 문제야. 아침에 몸단장을 끝내고 나면 그 다음엔 별도 몸단장을 해줘야 해. 규칙을 세워놓고 작은 바오밥나무를 뽑아버리면 돼. 장미나무와 구별이 잘 안 되지만 바오밥나무가 조금만 더 크면 구별할 수 있거든. 그때 바로 뽑는 거야. 무척 귀찮은 일이기는 하지만 어렵지 않아.」

하루는 어린 왕자가 말했다.

「아저씨가 살고 있는 나라의 아이들이 바오밥나무가 어떻게 생겼는지 알 수 있도록 그림을 그려놔야 해. 나중에 아이들이 여행할 때 도움이 될지도 모르니깐.」

어린 왕자는 잠시 숨을 내쉬고 다시 말을 이었다.

「때론 할 일을 뒤로 미루는 게 아무렇지도 않을 때가 있어. 그러나 바오밥나무의 일은 미루면 큰 사고가 생겨. 난 게으름뱅이가 살고 있던 별을 알고 있어. 게으름뱅이는 어린 바오밥나무 세 그루를 그냥 내버려두었다가……」

나는 어린 왕자가 설명해주는 대로 바오밥나무의 그림을 그렸다. 나는 무슨 위엄 있는 사람처럼 큰소리로 말하고 싶지는 않다. 그러나 바오밥나무의 위험성이 거의 알려져 있지 않기 때문에, 소행성에서 길을 잃어버린 사람에게 어떤 위험이 닥칠지도 모르므로 이번 한번만 침묵을 깨고 이렇게 말하고 싶다.

「어린이 여러분! 바오밥나무를 조심해야 합니다!」

나를 포함한 내 친구들은 오랫동안 바오밥나무의 위험성에 대해 의식하지 못하면서 이 위험에 둘러 싸여 있었다. 그래서 나는 그들을 위해 이 그림을 그렸다. 그들이 이 그림을 보고 마음속에 경각심을 갖는다면 나는 애써 그린 것에 대해 보람을 느낄 것이다.

어쩌면 당신들은 내게 이런 질문을 할지도 모른다.

「왜 이 책에는 바오밥나무의 그림처럼 장엄한 그림이 없습니까?」

그 대답은 간단하다. 다른 그림은 장엄한 그림이 최선을 다했지만 내가 원하는 대로 그려지지 않았다. 하지만 바오밥나무를 그릴 때에는 절박한 심정으로 모든 열성을 쏟아서 그렸다.

아, 어린 왕자! 나는 쓸쓸한 네 마음에 대해 조금씩 알게 되었어……. 네가 붉게 물든 석양을 바라만 보면서 외로운 마음을 달래는 것도 나흘째 되던 날 아침, 네가 한 말을 듣고 새로운 사실도 알게 되었어.

「나는 해 질 무렵을 가장 좋아해. 해 지는걸 보러 가자.」

「기다려야 돼.」

「기다려? 뭘?」

「해가 질 때까지 기다려야지.」

넌 처음에는 매우 놀란 표정을 짓더니 곧 웃음을 터뜨리며 말했어.

「난 아직도 내 별에 있는 걸로 착각을 했거든!」

실제로 있을 수 있는 일이다. 누구나 알고 있듯이 미국이 정오일 때 프랑스 에서는 해가진다. 당장이라도 프랑스로 날아간다면 해지는 광경을 볼 수 있을 것이다. 그러나 불행하게 프랑스는 여기서 너무나 멀리 떨어져 있다. 그런데 너의 작은 별에서는 의자를 조금만 움직여도 마음대로 해가 지는 것을 볼 수 있었지…….

「어떤 날은 해가 지는 것을 마흔네 번이나 보았어!」

그리고 어린 왕자는 잠시 뜸을 들이다가 말했지.

「슬플 때는 해지는 풍경을 보는게 좋아……」
「그래, 그럼 마흔네 번이나 해 지는걸 본 날은 무척 슬픈 날이 있었겠구나.」
그러나 넌 아무 말도 하지 않았어.

닷새째 되던 날, 역시 양의 도움을 받아 어린 왕자의 비밀 한 가지를 알게 되었다. 그는 어떤 문제를 오랫동안 곰곰이 생각하더니 갑자기 생각났다는 듯이 불쑥 내게 물었다.
「양이 작은 나무를 먹는다면 꽃도 먹겠네?」
「응. 양은 닥치는 대로 다 먹어.」
「가시 있는 꽃도?」
「물론. 가시 있는 꽃도 먹지.」
「그럼 가시가 있으나마나네?」
그건 나도 모르는 일이었다. 그때 나는 엔진을 꽉 죄고 있는 나사를 풀려고 갖은 애를 쓰고 있었다. 비행기의 고장이 상당히 심각하다는 것을 깨닫고는 여간 불안하지 않았다. 게다가 마실 물까지 다 떨어져 이대로 죽는 건 아닐까 하는 생각에 무척 두려웠다.
「가시는 아무 쓸모가 없어. 꽃들이 괜히 심술을 부리고 있는 거야!」
「그래?」
그러나 잠시 후 어린 왕자는 나를 원망스러운 눈빛으로 쳐다보았다.
「그렇지 않아! 꽃들은 연약한 식물이야. 순진하고 꽃들은 자기를 보호하고 있는 거야. 가시를 무서운 무기로 생각하고 있거든……」
나는 말문이 막혀버렸다. 그 순간 나는 이런 생각을 하고 있었다.
<이 나사가 풀리지 않으면 망치로 부숴버려야겠어.>
그때 어린 왕자가 또 내 생각을 흔들어 놓았다.

「아저씬 꽃들이 그렇다고 생각해?」

「아니, 아니야! 아니라니까! 그냥 생각나는 대로 대답한 거야.

너도 알겠지만, 난 지금 중요한 일을 하고 있어.」

어린 왕자는 시커멓게 기름투성이가 된 손으로 무슨 괴상한 물건 앞에 엎드려 있는 나를 이상한 눈으로 쳐다보고 있었다.

「중요한 일?」

어린 왕자는 시커멓게 기름투성이가 된 손으로 무슨 괴상한 물건 앞에 엎드려 있는 나를 이상한 눈으로 쳐다보고 있었다.

「아저씬 꼭 어른처럼 말하네!」

나는 그 말에 얼굴이 화끈 달아올랐다. 그러나 어린 왕자는 상관없다는 듯이 계속 말을 이었다.

「아저씬 모든 걸 혼동하고 있어…….」

어린 왕자는 정말로 화가 난 듯했다. 그의 금빛 머리카락이 바람에 휘날렸다.

「어떤 별에 얼굴이 빨간 신사가 살고 있어. 그는 꽃향기를 맡아본 적도, 별을 쳐다 본적도, 누군가를 사랑해본 적도 없어. 하는 일이라고는 계산하는 일밖에 없었지. 그리고 하루종일 아저씨처럼 <나는 중요한 일로 바쁘단 말이야!> 하며 오만한 태도로 외쳤어. 하지만 그는 사람이 아니야. 버섯일 뿐이지!」

「뭐라고?」

「버섯이라고!」

어린 왕자는 정말 화가 났는지 얼굴이 하얗게 질려 있었다.

「꽃들은 수백만 년 전부터 가시를 가지고 있었어. 양도 수백만 년 전부터 꽃을 먹어왔고. 그런데 왜 아무 쓸모도 없는 가시를 만들고 있는지 그걸 알려는 게 중요하지 않다고? 양과 꽃들의 전쟁이 아무런 의미가 없단 말이야? 내 별에는 다른 별에서는 찾아볼 수 없는 유일한 꽃 한송이가 있는데, 아무것도 모르는 꼬마 양이 먹어버릴지도 모르잖아. 그런데 그 일이 중요하지 않단 말야?」

어린 왕자는 얼굴이 새빨개져서 계속 말을 했다.

「수백만 개의 별들 중에서 단 한송이 밖에 없는 꽃을 사랑한다면, 그 사람은 그 꽃이 있는 별을 바라보는 것만으로도 행복할거야. 그리고 마음속으로 생각하겠지. <어딘가에 내 꽃이 있겠지…….>라고 하지만 양이 그 꽃을 먹어버린다면 세상은 순식간에 캄캄해져 버릴거야.

그런데도 그게 중요하지 않단 말야?」

어린 왕자는 더 이상 말을 잇지 못했다. 갑자기 쏟아진 눈물에 목이메인 것이다

이윽고 어두워졌다. 나는 들고 있던 연장들을 내려놓았다. 망치도 나사도 갈증도 죽음도 뭐가 그리 중요한가? 어떤 별, 어떤 떠돌이 별, 내 별, 이 지구 위에 내 보살핌을 필요로 하는 어린 왕자가 있는데 말이다. 나는 어린 왕자를 두 팔로 살며시 껴안고 부드럽게 흔들면서 말했다.

「네가 사랑하는 꽃은 이제 위험하지 않을거야. 내가 너의 양에게 굴레를 그려줄게. 그리고 나는…….」

순간 무슨 말을 해야 좋을지 난감했다. 내 스스로도 어색한 느낌이 들어서 머뭇거렸다. 어떻게 어린 왕자를 진정시키고 그의 마음을 달래야 할지 머리가 복잡해졌다. 눈물이라는 것은 그처럼 신비스러운 것이다.

얼마 후 나는 이 꽃에 대해 더 많은 것을 알게 되었다. 어린 왕자의 별에는 꽃잎이 한 겹인 소박한 꽃들이 늘 피어 있었다. 그 꽃들은 거의 자리를 차지하지 않고 아무도 귀찮게 하지 않았다. 아침에 피어났다가 밤이면 조용히 시들어 버렸다.

그러던 어느 날 어딘지 모를 곳에서 씨앗 하나가 날아와 싹을 틔웠다. 어린 왕자는 그 전에 보던 싹과는 전혀 다른 이 싹을 유심히 관찰했다. 어쩌면 새로운 종류의 바오밥나무인지도 모르기 때문이다.

그러나 그 싹은 작은 나무가 되더니 성장을 멈추고 꽃 피울 준비를 했다. 꽃봉오리가 맺힌 것을 지켜본 어린 왕자는 거기에서 어떤 기적이 일어날 것 같은 예감이 들었다. 그러나 그 꽃은 자신의 연초록 방에 꼭꼭 숨어서 예쁘게 치장만 했다. 꽃은 세심하게 자신의 색깔을 고르고 있었다. 조심스럽게 옷을 입으며 꽃잎을 하나하나 다듬고 있었다. 그 꽃은 들판에 핀 양귀비꽃처럼 엉망이 된 모습으로 눈뜨고 싶지 않았던 것이다. 눈부실 만큼 아름다운 모습이 되었을 때 자신을 드러내려고 했다. 아, 정말 요염한 꽃이었다. 그렇게 그 꽃의 신비로운 치장은 며칠이고 계속 되었다.

그러던 어느 날 아침, 태양이 막 떠오를 무렵 이 꽃이 세상에 모습을 드러냈다.

정성 들여 꼼꼼히 치장한 그 꽃은 하품을 하면서 말했다.

「아! 이제야 잠에서 깨어났어요. 어머, 미안해요. 내 머리가 너무 엉망이네요…….」

그 순간 어린 왕자는 꽃의 아름다움에 반해서 감탄을 금치 못했다.

「당신은 정말 아름다워요!」

「그렇죠? 저는 해님과 같은 시각에 태어났습니다…….」

꽃은 수줍은 듯이 말했다.

어린 왕자는 그 꽃이 겸손하지 못하다는 생각이 들었다. 그러나 너무나 아름답지 않은가!

「어머! 아침 먹을 시간이네. 제게 물을 좀 줄 수 있나요?」

넋을 잃고 있던 어린 왕자는 뜻밖의 말에 잠시 당황하다가 맑은 물이 담긴 물뿌리개를 찾아 꽃에게 물을 주었다.

이렇게 그 꽃은 태어나자마자 까다로운 허영심을 부려 어린 왕자를 놀라게 만들었다. 어느 날은 자신이 가지고 있는 네 개의 가시에 대해 어린 왕자에게 말했다.

「호랑이가 날카로운 발톱을 세우고 덤벼들어도 난 끄떡없어요!」

「내 별에는 호랑이가 없어요. 그리고 호랑이는 절대 풀을 먹지 않아요.」

어린 왕자가 반박을 했다.

「전 풀이 아니예요.」

꽃이 살며시 대답했다.

「미안해요.」

「호랑이 같은 건 무섭지 않아요. 하지만 바람은 아주 질색이에요. 혹시 바람막이가 있나요?」

<바람이 무섭다고? 그것 참 안 된 일이군. 이 꽃은 아주 까다로운 걸……>

「저녁이 되면 유리 덮개를 씌워주세요. 이곳은 너무 추워요. 전에 내가 살던 곳은……」

갑자기 꽃이 입을 다물어버렸다. 그 꽃은 이곳에 씨앗의 모습으로 왔다. 따라서 다른 세계에 대해 알 리가 없었다. 너무나 뻔한 거짓말을 하려다 들킨 것이 부끄러웠는지 얼버무리려는 듯 헛기침을 두 세 번했다.

「바람막이가 있냐고 물었는데…….」

「찾아보려고 했는데 당신이 계속 말을 하고 싶어서…….」

그러자 꽃은 어린 왕자에게 미안한 마음이 들게 하려는지 더 심하게 기침을 했다.

아무리 마음씨 좋은 어린 왕자지만 점점 꽃을 의심하기 시작했다. 그는 꽃이 대수롭지 않게 한말을 심각하게 받아들이고 몹시 불쾌해했다.

어느 날, 어린 왕자는 내게 자신의 마음을 솔직히 털어놓았다.

「꽃의 말에 귀 기울일 필요는 없었는데. 꽃이 하는 말을 들을 필요가 없다고. 꽃은 그저 바라보고 향기만 맡으면 되는 거야. 내 꽃은 내 별을 향기로 가득하게 했는데. 그런데 나는 그걸 즐길 줄 몰랐어. 그 발톱 이야기에 기분이 나빴지만 불쌍하게 생각했어야 했어.」

그리고 말을 이었다.

「나는 그때 아무것도 이해 할 수 없었어. 나는 꽃의 말이 아닌 행동을 봤어야 했어. 꽃은 내게 달콤한 향기를 선사했고, 내 마음을 밝게 해주었지. 떠나지 말았어야 했는데……. 그 불쌍한 거짓말 뒤에 애정이 숨어 있다는 것을 알아챘어야 했는데. 꽃은 모순 덩어리거든. 하지만 꽃을 사랑하기에 난 너무 어렸어…….」

나는 어린 왕자가 철새들의 이동을 틈타서 그의 별을 떠나왔으리라고 생각한다. 떠나던 날 아침, 그는 그의 별을 깨끗하게 정돈했고, 불을 뿜어내는 화산을 정성스럽게 청소했다. 그 별에는 불을 뿜는 화산이 두 개 있었는데 그것들은 아침밥을 해먹는 데 유용하게 사용되었다. 그리고 그곳에는 불 꺼진 화산도 하나 있었다. 그러나 어린 왕자의 말처럼 언제 폭발할지 몰랐다. 그래서 꺼진 화산도 똑같이 청소해 놓았다. 화산은 청소만 잘 해주면 폭발하지 않고 서서히 규칙적으로 연기를 내뿜는다. 이곳에서 일어나는 화산 폭발은 마치 굴뚝에서 뿜어내는 연기와 같다. 물론 우리 인간들은 지구에서 화산을 청소하기에 너무 작기 때문에 화산폭발로 온갖 어려움을 겪는 것이다.

어린 왕자는 좀 서글픈 마음으로 바오밥나무의 어린 싹을 다 뽑아버렸다. 그는 다시는 이곳에 돌아오지 못할 거라고 생각했다. 그래서 그날 아침에는 늘 하던 일이 무척 소중하게 느껴졌다. 마지막으로 꽃에 물을 주고 유리 덮개를 씌우려는 순간 눈물이 핑 돌았다.

「잘 있어.」
어린 왕자는 꽃에게 슬픈 작별 인사를 했다.
그러나 꽃은 아무 말도 하지 않았다.

▶▶ **더 읽을거리**

김모세, 『외국문학』, 56호, 2014.
김시몽, 「『어린왕자』의 재해석」, 『한국프랑스학논집』, 72집, 2010.
김화영, 『어린왕자를 찾아서』, 문학동네, 2007.
생텍쥐페리/ 김영미 옮김, 『어린왕자』, 책만드는 집, 2003.

[네이버 지식백과] 생-텍쥐페리랑『송불문학사』, 을유문화사, 1997.

■ **연습문제**

학과 : _____ 학번 : _____ 이름 : _____

01 『어린 왕자』에서 작가의 그림 1호와 2호의 차이는 무엇인지 그리고 각자 어떻게 이해하는지 써 보자.

02 사막에 불시착한 작가와 어린 왕자는 우물을 찾았다. 어린 왕자는 도르래를 움직이면서 "이 우물이 잠에서 깨어난 노래를 부르고 있어" 하고 환호하는 장면의 상징적 의미를 써 보자.

03 작가는 어린 왕자가 지상에 나타났다가 사라진 곳을 "가장 사랑스럽고 가장 슬픈 풍경"으로 마무리한다. 오늘을 살아가는 우리에게 이 부분이 어떤 의미로 다가오는지 적어 보자.

제10장 부조리와 실존의 의미

알베르 카뮈 『이방인』

■ 알베르 카뮈

알베르 카뮈(1913-1960)

알베르 카뮈(Albert Camus)는 20세기의 지성, 행동하는 지식인, 실존주의자이다. 1913년 11월 7일 알제리 몽도비에서 태어났다. 아버지가 세계대전 참전 중 전사해, 홀어머니 슬하에서 가난하게 성장했다. 어린 시절부터 유난히 총명함을 드러내어 공립학교 2학년 때 담임인 루이 제르맹은 집안형편이 어려운 카뮈가 학업을 계속할 수 있도록 무료로 개인 교습을 해주었다. 덕분에 카뮈는 장학생으로 발탁되어 상급 학교로 진학할 수 있게 되었고, 그는 이를 평생 감사히 여겨 노벨문학상 수상 기념 연설인 ≪스웨덴 연설≫을 '루이 제르맹 선생님'에게 헌정했다. 1930년 대학교 입시준비반에서 평생의 스승이 될 장 그르니에를 운명적으로 만나 문학에 눈을 떴다.

이후 알제대학교 철학과에 진학했으나 평생에 걸쳐 그를 괴롭히던 결핵이 재발해 학업을 그만두고 일간지 『알제 레프블리캥』에서 기자 생활을 시작했다. 스물아홉 살이 되던 1942년 『이방인』으로 평단과 독자들의 열광적 지지를 이끌어냄으로써 문단의 총아로 떠올랐다. 『이방인』은 "출간 그 자체가 하나의 사건"(롤랑 바르트)으로 기록될 만큼 프랑스 사회에 크나큰 영향을 미쳤다. 이후 『페스트』, 『전락』과 같은 소설과 『칼리굴라』, 『오해』 등의 희곡, 『결혼·여름』, 『안과 겉』 등의 아름다운 산문집과 『시사평론』과 같은 현실 참여적인 글들을 집필했다.

1957년 마흔넷이라는 젊은 나이에 노벨문학상을 수상했다. 이때 받은 상금으로 루르마랭에 시골집을 매입해 난생 처음 집필에만 전념할 수 있게 되었으나, 1960년 1월 4일 친구 미셸 갈리마르가 모는 자동차를 타고 파리로 가던 중 사고로 사망했다.[1]

『이방인』은 1부에서 뫼르소의 어머니의 장례식으로부터 그 이야기가 시작된다. 주인공 뫼르소는 어머니의 장례식이 진행되는 동안 보통의 상식에서 벗어난 행동을 보인다. 그는 너무도 담담하게 마치 다른 사람의 죽음을 접하고 있는 사람처럼 행동하며, 그는 아무런 슬픔도 느끼지 못한다.

장례식이 끝난 다음 날, 그는 애인 마리와 해수욕장에서 사랑을 나누고, 저녁에는 희극영화를 본다. 그리고 어머니의 장례식이 있었던 다음날, 뫼르소는 우연한 기회에 소문이 안 좋은 이웃 레이몽과 가까워진다. 레이몽은 그의 여자 친구와의 문제로 아라비아인들의 미행을 당한다.

어느 여름날, 그는 여자 친구인 마리와 레이몽과 함께 바다로 휴가를 떠나는데, 여기서 뫼르소 일행은 레이몽의 뒤를 쫓던 아라비아인들과 충돌하게 된다. 레이몽은 아라비아인에게 부상을 입게 된다. 격투 과정에서 레이몽의 권총은 뫼르소에게 넘겨진다. 그리고 주머니에 권총이 있는지도 모른 채 산책을 나선 뫼르소는 또다시 아라비아인과 마주치게 된다. 아라비아인은 칼을 뽑고, 그 때 그의 눈앞에는 강렬한 태양이 타오른다. 그리고 한방

---

[1] 알베르 카뮈 / 김화영 옮김, 『이방인』, 책세상, 2013, p.143.

의 총성, 그런 후 그는 아라비아인에게 네 방의 총을 더 쏜다.

2부에서는 살인죄를 저지른 뫼르소가 재판을 받는 모습으로 시작된다. 그리고 모든 상황은 그에게 불리하게 돌아간다. 어머니의 장례식에서 그가 보여준 '비도덕성' 그리고 다섯 방의 총을 쏘아 잔인하게 사람을 죽인 '폭력성' 그리고 끝내 회개를 거부하고 죄를 뉘우치지 못하는 '이단성'으로 배심원은 그에게 사형을 선고한다.

그의 성실한 친구들이 그를 변호하지만 그를 살릴 수는 없었다. 뫼르소에 의해 죽은 사람도 나쁘지만, 뫼르소는 비도덕적이고 폭력적이며 이단성을 가졌으므로 사형선고를 받게 된다. 그리고 감옥에 머무는 동안 휴머니즘적인 사랑을 느낀다.

그리고 법정에서 죄에 대하여 사람들이 했던 이야기들이 자신의 이야기라 믿기 어려웠다. 그를 자유롭게 하는 것은 죽음이고, 죽음 앞에서 자신의 삶에 의미를 주었던 사람들을 생각하게 된다. 사형에 처해지는 날 많은 사람이 자신의 죽음을 보러 오기를 바라며 이야기는 끝이 난다.

『이방인』은 대단히 짤막한 소설로 크게 두 부분으로 나뉜다. 제1부는 18일 동안의 이야기로, 장례식, 애정행각 그리고 살인을 다룬다. 제2부는 대략 1년 정도에 걸쳐 일어난 이야기로, 제1부의 18일 동안 벌어진 사건들이 다양한 인물들의 이익과 시각을 통해 재현하는 재판 과정이다. 제1부는 살인을 저지르기 전까지는 눈에 띄지 않던 평범한 인물 뫼르소의 일상에 관한 소소한 이야기들로 채워져 있다.

제2부는 재판정에서 뫼르소의 범죄뿐만 아니라 그의 삶까지 재판하려는 시도가 이루어진다. 카뮈는 두 세계를 병치시키는데, 제1부는 주관적 현실에, 제2부는 보다 객관적이고 평면적인 현실에 초점을 맞춘다.

자기 내부를 들여다보기를 철저히 거부하는 역설의 1인칭 화자 뫼르소는 소위 '영혼'이라 불리는 것이 부재하는 내면공간을 보여준다. 진리의 외재성과 내재성은 그리스 정신과 기독교를 구분하는 가장 중요한 변별적 요인이며 그런 점에서 자기 내면을 말하지도 않는 뫼르소의 일관된 자세는 그리스적 속성을 보여준다. " 자신의 내면을 들여다보지 않고 그런 의미에서 '영혼이 없다'고 항거하는 뫼르소는 사법적 정의와 기독교적 가치체계로부터 단죄되어야 하는 위험인물이다. 의식이나 판단은 존재하지 않는다. 다만 느끼고 감각하고 즐길 수 있을 뿐이다. 그것을 명확하게 인식하고 그대로 밀고 나가는 것, 그것이 뫼르소가 보여주는 '실존'이다.2)

카뮈는 사실상 우리에게 생각거리를 던져 준 셈이다. 뫼르소는 굉장히 자유로운 인물이고, 죽음에 대해 학교, 교회, 소설, 영화, 사회·문화적 관습을 통해 배운 방식대로 반응할 필요가 없다. 어머니는 그를 낳고 길러주었다. 이제 그는 성인이다. 부모가 계속 부모일 수 없게 된 것이다. 성인이 된 뫼르소도 예전처럼 어머니와 친밀한 관계일 수 없고 이제는 어머니를 책임지려고 하지 않아도 된다. 자신과 자신의 운명을 명확히 규정한 그는 어머니의 죽음을 애통해 하며 미친 듯이 슬픔을 표현하는 따위의 의식에 따르지 않는다. 단지 그는 부담스러운 몸짓을 하지 않으려 한 것뿐이다. 그는 자신의 감정을 과장해서 표현하지 못했던 것이다. 장례식이 끝난 후, 그는 삶을 온전히 즐긴다. 삶에 대한 강한 열망을 지녔다고 할 수는 없지만 요란하지 않게 수영, 우정, 섹스 같은 단순한 육체적 쾌락을 긍정적으로 받아들이며 즐기는 것이다. 이러한 대비점으로 그의 어머니 장례식이 거행되는 동안에도 그의 반응은 마음에서 우러나오는 것이 아니라, 그냥 몸만 움직이는 것이었다는 점에서 극한적인 대비를 이룬다. 예를 들어, 영안실에 들어서서는 어머니의 시신을 보려고 하지 않는다. 영안실 관리인이 자리를 비운 후에도 뫼르소는 관에 주의를 기울이지 않고, '점점 낮아

---

2) 박언주, 「카뮈의 『L'Etranger』를 통해 본 그리스 사상과 기독교의 대립」, 『프랑스문화예술연구』, 제52집, 2015, p.53.

지면서 온 방을 상쾌하고 부드럽게 아름다운 빛으로 넘쳐나게 만드는' 태양에 반응한다.

장례행렬에서도 뫼르소는 어머니의 사후세계에 대해 관심이 없었다. 그녀는 죽었고, 자신은 여전히 살아 있으며, 현재 뜨거운 햇빛으로 땀이 흐르는데다 무지하게 덥고, 장례식에서 해야 할 일을 할 뿐이지만, 그 모두가 육체적인 행동일 뿐이다. 뫼르소는 지금 이 느낌이 어머니를 잃은 고통과 고뇌, 상실감이 아니라 육체의 오감적 불쾌함으로 고통스러운 것이다. 카뮈는 독자들, 즉 우리들에게 죽음과 삶에 대한 뫼르소의 반응을 보여주는 것 이외에도 제1부의 절정, 즉 뫼르소의 아랍인 살해의 사건과 선을 연결시켜 상기하게 만든다. 다시 한번 태양은 이글거리며 눈부신 빛을 발산해 앞이 보이지 않도록 만들 것이다. 실제로 뫼르소가 법정에서 왜 아랍인을 쏘았는지에 대한 변론 중 하나는 단지 '태양 때문'이었다.

우리는 이런 뫼르소를 비난할 수 있을까? 그는 어머니의 장례식에서 그녀의 존재상실에 대해서 눈물을 흘렸어야 했을까? 아니면 우리는 그의 '정직함'을 인정해야 하는가? 제2부에서 배심원단이 유죄판결을 내린 진정한 이유는 아랍인을 살해해서가 아니라, 어머니의 장례식에서 울지 않았다는 점 때문일 것이다. 우리 역시 그 점에서 그를 비난해야 할까? 카뮈는 아니라고 말한다. 인간은 자신의 생각과 가치에 대해 확고한 태도를 가져야 하며, 타인들이 내리는 어떤 가치 판단에도 구속되어서는 안 된다고 한다. 언젠가는 불멸의 인간이 된다는 신화를 품고 살아가는 반신(半神)이 되기보다는 죽을 운명인 육신을 지닌 인간이 되는 것이 중요하다고 말한다.

뫼르소의 철학은 사회 관습적인 문화에 극한 대비를 이루는 특이한 본질에도 불구하고 대단히 긍정적이다. 그는 환상을 지니고는 살지 못하며, 자신에게 거짓말을 하지 않는다.

카뮈는 우리가 내세에 대한 환상이 없는 삶의 가치를 알게 될 때, 부조리의 세계를 입문해 탐험하기 시작한 것이라고 한다.

　부조리라는 단어의 사전적 의미는 이치에 맞지 않거나 도리에 어긋남을 뜻한다. 하지만 우리가 세상을 살며 부조리하다는 느낌을 받을 때면 좌절, 회의, 분노와 같은 어두운 감정이 수반되고 세상에 대한 원망과 경멸을 느끼기도 한다. 다시 말해, 부조리함에는 단순히 이치에 맞지 않은 것을 넘은 근본적인 무엇인가가 있고, 이는 사회 혹은 세상과 자아 간의 비합리성에 기인한다. 카뮈의 『이방인』에서 주인공 뫼르소가 재판에서 느낀 것, 재판에 참여한 모든 사람들이 뫼르소가 아랍인을 살해했다는 사실에 주목하기보다는, 어머니 장례에 대한 태도에 관한 것 같은 종교적, 도덕적 관례를 따르지 않는 뫼르소의 기존 행동 하나하나에 관심을 두고 스캔들을 만드는 모습으로부터 뫼르소가 느낀 부조리함이 그것이다. 사건의 본질인 아랍인 살해 경위로부터 동떨어져도 한참 떨어진 평소 뫼르소의 행실이 좋지 않은 친구를 사귀고, 주위에 대한 무관심으로 일관하는 태도로 사회적으로 인식이 좋지 않은 점으로 보아, 제 삼자 입장에서는 이번 사건을 빌미로 뫼르소의 행동을 제제하려고 하는 목적성을 충분히 느낄 수 있다. 하지만 뫼르소 본인에게 느껴지는 본질(아랍인 살해 사건)과 실존(재판 과정)사이의 괴리는 그 무엇보다도 고통스럽고 분노를 불러일으켰을 것이다. 그런 점에서 그가 재판 내내 냉소적이고 회의적인 모습을 띤 것, 심지어 아랍인을 살해한 이유가 무엇이냐에 대한 답변을 '태양 때문에'라고 한 것이 이해가 되지 않는 것은 아니다. 이렇게 부조리한 상황 속에서 태양 때문에 사람을 죽였다 한 듯 무엇이 그리 대수이겠는가?

　뫼르소의 모습 조금 더 깊은 곳에는 실존주의 철학이 존재한다. 사르트르에 의하면 실존주의는 본질(essence)와 실존(existence)에 대한 것이며, 본질은 실존에 대립된다. 인간으로 대입시켰을 때, 실존이란 누구나 가지는 육체의 덩어리이며 본질은 하나의 육체 덩어리를 다른 육체 덩어리와 구분시켜 주는 그 무엇이다. 친구 A와 친구 B가 있을 때 먼 곳에서 희미한 실루엣만 보일 때는 그가 A인지 B인지 혹은 사람인지 사물인지 조차 알 수가 없다. 즉, 본질이 결여되어 있는 실존 자체일 뿐이다. 하지만 조금 더 가까이 가서 그가 친구 A라는 것을 알아채는 순간 그 존재는 본질을 가지게 되어 비로소 친구 A가 되는 것이다. 실존주의 철학에서 인간은 실존이 본질에 앞선다. 인간의 육체는 실존의 탄생 이전에 그것을 규정할 본질이 없다는 것이다. 따라서 인간은 이유 없이, 우연하게 이 세계에 던져진다. 이러한 사상으로 인해 실존주의에서는 세계 내에 던져진 인간에게 미리 정해진 규범이나 규율은 더 이상 아무런 의미가 없게 된다. 무엇이 옳고 무엇이 그른지, 무엇이 정의롭고 무엇이 악덕인지, 무엇이 기쁨이고 무엇이 슬픔인지조차 더 이상 의미가 없어진다. 이러한 모습은 뫼르소의 모습과 정확히 일치한다. 어머니의 시신 앞에서 담배를 피울 수도 있고 안 피울 수도 있다. 여자를 등쳐먹고 사는 레몽과 친구가 되어도 좋고 안 되어도 좋다. 연인 마리와 결혼을 해도 좋고 안 해도 좋다. 통상의 기준으로 우선순위를 서열화 할 수 있는 모든 것들의 의미가 사라진 모습 속에서 뫼르소의 입버릇인 '이러나저러나 상관없어요'가 떠오른다. 특히, 사형 선고를 받은 뫼르소에게 죽음 앞에서 더더욱 그 무엇도 의미를 가지지 못하게 된다. 그도 사람인지라 죽음에 대한 두려움이 잠시나마 생겨났지만, 곧 세계의 무관심 앞에 마음을 놓고 자유로운 죽음을 맞이한다. 뫼르소는 죽음을 맞이하는 순간에 다시 우리에게 자문하도록 만든다. 나는 왜 계획하지도 않은 삶을 살아야 하는가? 지구상에서 죽음을 맞이하는 수많은 사람들, 여전히 지구에서 살아가고 있는 무수한 사람들 가운데 과연 나는 누구인가? 죽음은 항상 우리 곁에 있는 것이고, 누구에게나 언젠가 찾아오게 될 순간이다.[3]

---

3) 박언주, 「카뮈의 『L'Etranger』를 통해 본 그리스 사상과 기독교의 대립」, 『프랑스문화예술연구』, 제52집, 2015, p.53.

■ **작품**

이방인[4]

　오늘 엄마가 죽었다. 아니 어쩌면 어제. 모르겠다. 양로원으로부터 전보를 한 통 받았다. '모친 사망, 명일 장례식. 근조(謹弔).' 그것만으로써는 아무런 뜻이 없다. 아마 어제였는지도 모르겠다.

　양로원은 알제에서 팔십 킬로미터 떨어진 마랭고에 있다. 2시에 버스를 타면, 오후 중에 도착할 수 있을 것이다. 그러면 밤샘을 할 수 있고, 내일 저녁에는 돌아올 수 있으리라. 나는 사장에게 이틀 동안의 휴가를 청했는데 그는 이유가 이유니만큼 거절할 수는 없었다. 그러나 좋아하지 않는 눈치였다. 나는 그에게 이런 말까지 했다. "그건 제 탓이 아닙니다." 사장은 아무 대꾸도 하지 않았다. 그제야 나는 그런 소리는 하지 말았어야 하는 걸 그랬다고 생각했다. 따지고 보면 내가 변명을 할 필요는 없었던 것이다. 그가 나에게 조의를 표해 주는 쪽이 오히려 마땅할 일이었다. 하지만 아마도 모레, 내가 상장을 달고 있는 것을 보면 그는 조문 인사를 할 것이다. 지금은 어쩐지 엄마가 죽지 않은 것이나 별다름이 없는 듯한 상태다. 장례식을 치르고 나면 확정적인 사실이 되어 만사가 다 공인된 격식을 갖추게 될 것이다.

　나는 2시에 버스를 탔다. 날씨가 몹시 더웠다. 나는 평소와 다름없이 셀레스트네 식당에서 점심을 먹었다. 식당 사람들은 모두 나를 가엾게 여겨 매우 슬퍼해 주었고, 셀레스트는 나에게 말했다. "어머니란 단 한 분밖에 없

---

4) 알베르 카뮈 / 김화영 옮김, 『이방인』, 민음사, 2016.

는데." 내가 나올 때는 모두들 문간까지 바래다주었다. 나는 좀 어리벙벙했다. 왜냐하면, 에마뉘엘의 집에 들러 검은 넥타이와 상장을 빌리지 않으면 안 되었기 때문이다. 에마뉘엘은 몇 달 전에 그의 아저씨를 잃었던 것이다.

  버스를 놓치지 않으려고 나는 뛰어갔다. 그처럼 서둘러 대며 달음박질을 친 데다가 버스에서 흔들리고, 또 가솔린 냄새, 길과 하늘에 반사되는 햇빛, 그런 모든 것 때문에 나는 졸음에 빠져 버렸다. 나는 차를 타고 가는 동안 거의 내내 잤다. 잠을 깨고 보니 어떤 군인의 어깨에 기대어 있었는데, 그는 나에게 웃어 보이며 먼 데서 오느냐고 물었다. 나는 더 말하기가 싫어서 "네."하고 대답했다.

  양로원은 마을에서 이 킬로미터쯤 떨어진 곳에 있었다. 나는 걸어서 갔다. 곧 엄마를 보려고 했지만 문지기가 하는 말이, 원장을 만나지 않으면 안 된다는 것이었다. 원장은 바빴으므로 나는 조금 기다렸다. 그동안 문지기는 줄곧 이야기를 했다. 이윽고 나는 원장을 만났다. 원장은 자기 사무실에서 나를 맞아 주었다. 레지옹 도뇌르 훈장을 단, 키 작은 늙은이다. 그는 맑은 눈으로 나를 쳐다보았다. 그러고는 내게 악수를 했는데 내 손을 붙들고 하도 오랫동안 놓지 않았기 때문에, 나는 어떻게 손을 빼내야 할지를 몰랐다. 원장은 서류를 뒤적여 보고 나서 말했다. "뫼르소 부인은 지금으로부터 삼 년 전에 이곳에 들어오셨습니다. 의지할 사람이라곤 당신밖에 없는 처지였더군요." 나는 그가 나를 나무라는 것이라고 생각하고 사정 설명을 하기 시작했다. 그러나 그는 내 말을 가로막으며 말했다. "변명할 건 없어요. 나도 당신 어머니의 서류를 읽어 보았는데, 어머님을 부양할 수가 없는 처지였더군요. 어머니한테는 돌봐 줄 만한 사람이 따로 있어야 했는데, 당신의 월급은 얼마 안 됐지요. 사실 따지고 보면, 어머니는 여기 계신 게 더 행복하셨습니다." "네, 그렇습니다, 원장님." 하고 나는 말했다. 그는 이렇게 덧붙였다. "어머니께는 같은 연배의 친구들이 계셨지요. 그들과 함께 지나간 옛날 이야기를 나눌 수도 있었던 것입니다. 당신은 젊으니까 당신과 함께 살았으면 아무래도 적적하셨을 겁니다."

그것은 사실이었다. 집에 있었을 때, 엄마는 아무 말 없이 나를 지켜보기만 하며 시간을 보냈던 것이다. 양로원으로 들어가고 난 처음 며칠 동안은 자주 울곤 했다. 그러나 그것은 습관 탓이었다. 몇 달 후에는, 양로원에서 데리고 나오겠다고 했더라도 역시 습관 때문에 울었을 것이다. 마지막 해에 내가 거의 양로원에 가지 않은 데는 그러한 이유도 약간 있었다. 게다가 그러자면 또 일요일을 빼앗겨야 하기 때문이었다― 버스 정류장까지 가서 표를 사 가지고 두 시간 동안이나 차를 타야 하는 수고는 그만두고라도 말이다.

원장은 다시 이야기를 계속했다. 그러나 나는 듣는 둥 마는 둥 하고 있었다. 그러더니 그는 이렇게 말했다. "물론 어머님을 보고 싶으실 테지요." 나는 아무 대답도 하지 않고 일어섰고 그는 방문을 향해 앞장서 갔다. 층계로 나서자 그는 설명을 덧붙였다. "시신은 조그만 영안실로 옮겨 놓았습니다. 다른 사람들을 자극하지 않기 위해서지요. 원내에서 사망자가 생길 때마다 이삼일 동안 다른 사람들의 신경이 날카로워져서 일하기가 어려워진답니다." 우리는 안뜰을 지나갔는데 거기에는 노인들이 많이 보였고, 두서넛씩 모여서 이야기를 나누고 있었다. 우리가 지나갈 때에는 잠시 말을 끊었다가 지나간 뒤에는 다시 이야기가 계속되는 것이었다. 마치 앵무새들이 나직하게 재잘거리는 소리와도 같았다. 어떤 조그만 건물의 문 앞에 이르자 원장은 나를 두고 가려고 했다. "그럼 나는 가 보겠습니다, 뫼르소 선생. 사무실로 오시면 언제든지 만날 수 있습니다. 원칙적으로 장례식은 아침 10시로 예정되어 있습니다. 당신이 고인 옆에서 밤샘하실 것을 생각해서 그렇게 정한 것입니다. 끝으로 한 말씀 드리겠는데, 어머님께서는 가끔 원우들에게, 장례식은 종교장으로 해 주었으면 하는 희망을 표시하셨던 모양입니다. 필요한 모든 준비는 제가 해 놓았습니다. 하지만 미리 알려 드리려는 것입니다." 나는 원장에게 감사하다고 했다. 엄마는, 무신론자랄 것까지는 못 되겠지만, 생전에 종교를 생각한 적은 한 번도 없었다.

　나는 안으로 들어갔다. 하얗게 회칠을 하고, 큰 유리창이 달린 매우 밝은 방이었다. 의자들과 X자 모양의 굄대로 괸 틀들이 놓여 있었다. 그중 방 한가운데에 있는 두 개의 틀 위에는 뚜껑이 덮인 관이 가로놓여 있었다. 호두 기름을 칠한 판자 위에 대충 박아 둔 번쩍거리는 나사못만이 드러나 보이고 있었다. 관 곁에는 흰 작업복 블라우스를 입고 머리에 짙은 빛깔의 수건을 쓴 아랍인 여자 간호사가 있었다. 그때 문지기가 뒤따라 들어왔다. 뛰어온 모양이었다. 그는 좀 더듬거리며 말했다. "입관을 했습니다만, 보실 수 있도록 나사못을 뽑아 드려야죠." 그러면서 관으로 가까이 가려기에 나는 그를 제지했다. 그가 내게 말했다. "안 보시렵니까?" 내가 대답했다. "네." 그는 말을 뚝 끊었고, 나는 그런 소리는 하지 말았어야 하는 건데 그랬구나 싶어서 난처해졌다. 조금 후 그는 나를 쳐다보며 물었다. "왜요?" 그러나 나무라는 어조는 아니었고, 그저 물어나 보자는 듯했다. 나는 말했다. "모르겠습니다." 그러자 그는 흰 수염을 어루만져 비꼬면서 나를 쳐다보지도 않고 말했다. "하긴 그러실 겁니다." 푸르고 맑은 그의 눈은 아름다웠으며 얼굴빛은 조금 붉었다. 그는 나에게 의자를 권하고 자기도 내 뒤에 조금 떨어져서 앉았다. 간호사가 일어서서 문으로 걸어갔다. 그때 문지기가 나에게 말했다. "종기가 나서 저렇답니다." 나는 무슨 말인지 알아차리지 못하겠기에 간호사를 쳐다보았다. 그 여자는 눈 밑을 붕대로 감고 있었는데, 머리까지 한 바퀴 한 바퀴 빙 둘러 감겨 있었다. 코 높이에서 붕대가 편편해져 있었다. 그녀의 얼굴에는 흰 붕대밖에 보이지 않았다.

　간호사가 가 버리자 문지기가 말했다. "혼자 계시게 해 드리겠습니다." 내가 어떤 몸짓을 했는지 모르겠으나, 그는 내 뒤에 선 채로 나가지 않고 그냥 있었다. 그렇게 내 등 뒤에 사람이 서 있는 것이 나는 몹시 거북했다.

방 안에는 저물어 가는 오후의 아름다운 빛이 가득했다. 무늬말벌 두 마리가 유리창에 부딪히며 붕붕거리고 있었다. 나는 졸음이 오는 것을 느꼈다. 나는 문지기에게 고개를 돌리지 않은 채 말했다. "여기 오신 지 오래되십니까?" 그가 즉시 대답했다. "오 년 됐습니다."—마치 처음부터 내가 그렇게 물어 주기를 기다리고나 있었다는 듯이.

그리고 그는 수다스럽게 이야기를 늘어놓았다. 마랭고 양로원에서 그가 문지기로 일생을 마치게 될 것이라고 혹시 누가 말했더라면, 아마 그는 매우 놀랐을 것이다. 그의 나이는 예순네 살이며 파리 태생이라는 것이었다. 그때 나는 그의 이야기를 가로막고 말했다. "아! 이 고장 분이 아니시군요?" 그러고는 그가 나를 원장실로 인도하기 전에 엄마 이야기를 했던 것을 상기했다. 그는 나에게 말하기를, 산이 없는 평지는, 더구나 이 지방은 날씨가 몹시 더우니까 서둘러 매장을 해야 한다고 했었다. 그가 자기는 파리에 살았었고, 파리는 좀처럼 잊히지 않는다고 내게 알려 준 것도 그때였다. 파리에서는 시체를 사흘씩이나 묻지 않고 두는 수도 있지만 여기서는 그럴 시간이 없다. 실감을 느낄 겨를도 없이 벌써 영구차를 따라가야 한다는 것이었다. 그때 그의 아내가 그에게 말했다. "그만둬요. 그런 얘기는 이분에게 할 게 아니에요." 영감은 낯을 붉히고 사과를 했다. 나는 그들 사이에 끼어들어, "아니 괜찮아요, 정말 괜찮아요." 하고 말했다. 나는 문지기의 이야기가 맞고 또 재미있다고 생각했다.

문지기는 조그만 영안실에서, 그가 극빈자로 양로원에 들어온 것이라는 말을 했다. 그는 자신이 아직 건강하다고 여기므로 그 문지기 자리를 자원했다는 것이었다. 내가 그에게, 결국 그도 역시 재원자(在院者)의 한 사람이 아니냐고 지적했다. 그는 아니라고 했다. 나는 그가 재원자들의 이야기를 하면서 '그들', '저 사람들', 또 어쩌다가는 '늙은이들'이라는 식으로 말하는 것을 듣고 놀랐다. 재원자들 중에는 그보다 나이가 더 많지 않은 사람들이 있는데도 말이다. 그러나 물론 그건 다른 문제였다. 그는 문지기인 만큼, 어느 정도 그들에 대한 권리를 지니고 있었다.

그때 간호사가 들어왔다. 갑자기 땅거미가 내렸다. 삽시간에 밤이 유리창 위에 짙어 갔다. 문지기가 스위치를 돌렸을 때, 별안간 쏟아지는 불빛 때문에 나는 앞이 캄캄하도록 눈이 부셨다. 그가 식당으로 저녁을 먹으러 가라고 권했으나, 나는 배가 고프지 않았다. 그랬더니 그는 밀크 커피를 한 잔 가져오겠노라고 말했다. 밀크 커피를 매우 좋아하므로 나는 그러라고 했다. 조금 뒤에 그는 쟁반을 하나 들고 돌아왔다. 나는 커피를 마셨다. 그러자 담배가 피우고 싶어졌다. 그러나 나는 엄마의 시신 앞에서 담배를 피워도 좋을지 어떨지 몰라 망설였다. 생각해 보니, 조금도 꺼릴 이유는 없었다. 나는 문지기에게 담배 한 대를 권하고, 둘이서 함께 피웠다.

문득 그가 말했다. "그런데 말입니다. 자당의 친구분들이 밤샘을 하러 오실 겁니다. 관습이 그러니까요. 의자와 블랙커피를 가져와야겠습니다." 나는 전등 여러 개 중 하나를 끌 수 없겠느냐고 그에게 물었다. 벽에 반사되는 불빛 때문에 피로를 느꼈던 것이다. 문지기는 그럴 수 없다고 말했다. 전기 시설이 그렇게 되어 있어서, 다 켜든지 모두 꺼 버리든지 하는 수밖에 없다는 것이었다. 그러고 나서 나는 그에게 별로 주의하지 않았다. 그는 나갔다가 들어와서 의자들을 늘어놓고, 한 의자 위에다가 커피 주전자를 놓고 그 주위에 찻잔들을 포개 놓았다. 그러고 나서 엄마의 시신 건너편 쪽으로 가서 나와 마주보고 앉았다. 간호사도 방 안쪽에 등을 돌리고 앉아 있었다. 그녀가 무엇을 하고 있는지는 보이지 않았으나, 팔을 놀리는 것으로 보아 뜨개질을 하고 있다는 것을 짐작할 수 있었다. 방 안도 따뜻하고 커피를 마셔서 몸도 훈훈한데, 열어 놓은 문으로 밤과 꽃 냄새가 흘러 들어오고 있었다. 나는 약간 졸았던 모양이다.

무언가 스치는 소리에 잠이 깼다. 눈을 감고 있었던 탓인지 방 안의 흰빛이 눈부셔 보였다. 내 앞에는 그림자 하나 없었고, 물체 하나하나, 모서리 하나하나, 모든 곡선들이 눈이 아플 정도로 뚜렷이 드러나 보였다. 엄마의 양로원 친구들이 들어온 것은 그때였다. 모두 한 여남은 명 되었는데, 아무 말 없이 그 눈부신 빛 속으로 살며시 들어왔던 것이다. 그들은 의자 삐걱거리는 소리 하나 내지 않으며 앉았다. 나는 지금까지 사람이라고는 본 적이 없는 것처럼 그들을 자세히 보았는데 그들의 얼굴이나 옷차림의 사소한 모습 하나에 이르기까지 나의 눈에 띄지 않은 것이 없었다. 그러나 그들은 하도 말이 없어서 실제로 존재하는 사람들이라고 믿기 어려울 정도였다. 여자들은 거의 모두가 앞치마를 두르고 허리를 끈으로 졸라매고 있어서, 그들의 불룩 나온 배가 더욱 두드러져 보였다. 나는 지금까지 늙은 여자들의 배가 얼마나 나올 수 있는 것인가를 눈여겨본 적이 한 번도 없었다. 남자들은 거의 모두가 몹시 여위었고 지팡이를 짚고 있었다. 그들의 얼굴을 보고 놀란 것은, 눈은 보이지도 않고 다만 온통 주름살투성이인 얼굴 한가운데에 광채 없는 빛만이 보여서 였다. 그들이 앉았을 때, 거의 모두가 나를 바라보며 이가 빠져 버린 입속으로 입술이 온통 다 말려 들어간 채 머리를 어색하게 수그렸는데, 그것이 나에 대한 인사인지 혹은 그들의 버릇인지는 알 수 없었다. 아마도 나에게 인사를 한 것이라고 생각된다. 그들이 모두 문지기를 둘러싸고 나와 마주 앉아서 고개를 꾸벅거리고 있는 것을 내가 알아차린 것은 바로 그때였다. 나는 한순간, 그들이 나를 심판하기 위해서 거기에 와 앉아 있다는 어처구니없는 인상을 받았다.

잠시 후 한 여자가 울기 시작했다. 그 여자는 둘째 줄에 앉아 있었는데, 앞에 앉은 다른 여자에게 가려 잘 보이지 않았다. 그녀는 작은 소리를 내며 규칙적으로 우는 것이었다. 나에게는 언제까지나 그녀가 울음을 그치지 않을 것처럼 생각되었지만, 다른 사람들에게는 들리지도 않는 듯한 눈치였다. 그들은 맥없이, 침울한 낯으로 묵묵히 앉아 있었다. 모두들 관이라든가 지팡이라든가, 또는 아무것이든, 그러나 오직 그것 한 가지만을 들여다보고 있었다. 여자는 여전히 울고 있었다. 나는 그 여자를 알지도 못하는 처지였으므로 몹시 놀랐다. 그 울음소리를 이젠 그만 들었으면 싶었다. 그렇다고 그런 말을 할 수도 없었다. 문지기가 그 여자에게로 고개를 숙이고 무슨 말을 했으나, 그녀는 머리를 가로젓고 뭐라고 중얼거리더니 이전과 다름없이 규칙적으로 울음을 계속했다. 그때 문지기가 내 쪽으로 왔다. 그는 내 옆에 앉았다. 상당히 오랫동안 그러고 있더니, 나의 얼굴을 보지 않고 이렇게 가르쳐 주었다. "저분은 자당 어른과 매우 친하게 지냈답니다. 자당 어른이 여기서는 하나뿐인 벗이었는데, 이제 자기는 벗이 하나도 없는 신세가 되고 말았다는군요."

우리들은 오랫동안 그렇게 앉아 있었다. 여자의 한숨과 흐느낌은 차츰 간격이 뜸해졌다. 그녀는 몹시 훌쩍거렸다. 그리고 마침내 울음을 그쳤다. 졸음은 더 이상 오지 않았으나, 나는 고단했고 허리가 아팠다. 이제 내게 고통스러운 것은 바로 이 모든 사람들의 침묵이었다. 다만 때때로 괴상한 소리가 들렸는데, 나는 그것이 무슨 소리인지 알 수가 없었다. 결국 그중 어떤 늙은이들이 볼때기 안쪽을 빨아서 그처럼 야릇한 혀 차는 소리를 내고 있다는 것을 알게 되었다. 그들 자신은 그런 소리가 나는 것을 알지도 못하고 있었다. 그만큼 제각기 깊은 생각에 몰두해있었던 것이다. 나는 그들 앞에 누인 그 시신이 그들의 눈에는 아무런 의미도 없다는 인상마저 받았다. 그러나 지금 생각해 보면, 그것은 그릇된 인상이었던 것 같다.

우리들은 모두 문지기가 따라 준 커피를 마셨다. 그다음 일은 모르겠다. 밤이 지나갔다. 어느 땐가 눈이 떠져서 보니 노인들은 서로 포개진 채 잠이 들었던 것이 기억난다. 어떤 한 사람만은 지팡이를 그러쥔 손등 위에 턱을 괴고, 마치 내가 깨기만을 기다리고 있었다는 듯이 나를 뚫어지게 바라보고 있었다. 그리고 나서 나는 또다시 잠이 들어 버렸다. 허리의 통증이 더욱

심해져서 나는 눈을 떴다. 유리창으로 날이 밝아 오고 있었다. 조금 뒤에, 노인들 중 한 사람이 잠이 깨어 기침을 몹시 했다. 그는 커다란 체크무늬 손수건에 가래침을 뱉고 있었는데, 뱉을 적마다 뱉는다기보다는 마치 잡아 뜯는 듯했다. 그는 다른 사람들을 깨웠고, 문지기는 그들에게 갈 시간이 되었다고 알려 주었다. 그들은 일어섰다. 불편한 밤샘으로 말미암아 그들의 얼굴은 잿빛이 되었다. 방문을 나서면서, 매우 놀라운 일이었지만, 그들은 모두 나의 손을 잡고 악수를 했다. 마치 서로 말 한마디 주고받지 않은 그날 밤 덕분에 우리들의 친밀감이 한층 두터워지기라도 했다는 듯이.

나는 피곤했다. 문지기가 자기 방으로 데려가 주어서 나는 간단히 세수할 수 있었다. 그리고 또 밀크 커피를 마셨는데 매우 맛이 좋았다. 밖으로 나왔을 때는 해가 완전히 떠올라 있었다. 바다와 마랭고 사이를 가로막고 있는 언덕들 위로, 하늘에는 불그레한 빛이 가득 퍼지고 있었다. 언덕 위로 부는 바람은 여기까지 소금기 있는 냄새를 실어 오고 있었다. 아름다운 하루가 시작되려는 참이었다. 나는 오랫동안 야외에 나가 본 일이 없었다. 그래서 엄마 일만 없었다면 산책하기에 얼마나 즐거울까 하는 생각이 들었다.

나는 안뜰의 플라타너스 아래에서 기다렸다. 신선한 흙냄새를 들이마셨고, 더 이상 졸음은 오지 않았다. 사무실 동료들 생각이 났다. 바로 이 시각이면 그들은 출근하려고 일어났을 것이다. 나에게는 언제나 그때가 가장 힘든 시간이었다. 나는 그러한 생각을 좀 더 해 보았으나, 건물 안에서 울리는 종소리에 주의가 산만해져 버렸다. 창문 뒤에서는 한동안 소란스러운 소리가 나더니, 이윽고 모든 것이 잠잠해졌다. 해는 하늘로 좀 더 높이 떠올랐다. 햇볕이 내 발을 뜨겁게 비추기 시작했다. 문지기가 마당을 가로질러 와서 원장이 나를 부른다고 일러 주었다. 나는 원장실로 갔다. 원장이 시키는 대로 몇 가지 서류에다 서명을 했다. 나는 그가 줄무늬 바지에 검은 웃옷을 입고 있는 것을 보았다. 그는 수화기를 손에 들고 나에게 말했.

"장의사에게 조금 전부터 사람들이 와 있습니다. 와서 관을 닫으라고 해야 겠는데, 그전에 마지막으로 한 번 더 어머님을 보시겠습니까?" 나는 안 보겠다고 말했다. 원장은 수화기에 대고 목소리를 낮추어서 명령했다. "퓌자크, 인부들에게 닫아도 된다고 말하게."

그러고 나서 원장이 자기도 장례식에 참석하겠노라는 말을 하기에, 나는 그에게 고맙다고 했다. 그는 자신의 책상 뒤에 앉아 짧은 다리를 포갰다. 그는 나와 자기와 당번 간호사만이 참석하게 될 것이라고 일러 주었다. 원칙적으로 재원자들은 장례식에 참석할 수 없었다. 그들에게는 밤샘만 시킨다는 것이었다. "그건 인정상의 문제니까요." 하고 그는 지적했다. 그러나 이번 경우에는 특별히, 엄마와 절친한 남자 친구였던 노인에게 장지까지 따라가는 것을 허락했다고 했다. "토마 페레스라고 하지요." 여기서 원장은 빙그레 웃어 보이며 말했다. "그야 좀 어린애 같은 감정이지요. 하지만 그와 자당은 떨어져 있는 일이 거의 없었습니다. 원내에서 놀리느라고 페레스에게, '당신의 약혼자로구려.' 하면 그는 웃곤 했어요. 그렇게 말해 주는 것이 그들에겐 좋았던 겁니다. 뫼르소 부인이 세상을 떠난 것이 그에게 큰 슬픔을 준 것은 사실입니다. 그래서 장례식에 참석하는 것을 그에게 허락하지 말아야 한다는 생각은 안 들더군요. 그러나 왕진 의사의 권고에 따라서 그에게 어제의 밤샘만은 금했습니다."

우리는 상당히 오랫동안 말없이 있었다. 원장은 일어서서 사무실 창문으로 밖을 내다보았다. 문득 그가 말했다. "마랭고의 주임 신부님이 벌써 오시네. 일찍 오셨군." 바로 마을 안에 있는 성당까지 가자면 적어도 사십오 분은 걸릴 것이라고 그는 내게 일러 주었다. 우리는 내려갔다. 건물 앞에는 사제와 복사(服事) 아이 둘이 있었다. 그중 한 아이는 향로를 들고 있었는데, 사제는 은줄의 길이를 조절하느라 그에게로 허리를 굽히고 있었다. 우리가 그 앞으로 가자 사제는 허리를 폈다. 그는 나를 '몽 피스'[5]라고 부르면서 몇 마디 말을 했다. 그러고는 안으로 들어갔다. 나도 그의 뒤를 따랐다.

얼핏 보니 관의 나사못이 꽉 조여 박혀 있었고 방 안에는 검은 옷을 입은 남자 네 명이 있었다. 영구차가 길에서 기다리고 있다는 원장의 말과 기도를 시작하는 사제의 목소리가 동시에 들렸다. 그러고 나서부터는 모든 것이 신속히 진행되었다. 인부들은 큰 보자기를 들고 관 앞으로 나섰다. 사제와 그를 뒤따르는 복사들과 원장과 나는 밖으로 나왔다. 문 앞에 내가 모르는 어떤 부인이 서 있었다. "뫼르소 씨입니다." 하고 원장이 말했다. 나는 그 부인의 이름을 듣지 못했고 다만 그녀가 담당 간호사라는 것만 알았다. 그녀는 웃는 기색도 없이, 뼈가 앙상하게 드러난 길쭉한 얼굴을 숙였다. 그리고 우리들은 관이 지나갈 수 있도록 나란히 비켜섰다. 우리들은 운구하는 인부들을 따라 양로원을 나왔다. 문 앞에 영구차가 기다리고 있었다. 그 차는 모양이 기다란 데다 니스 칠을 해서 번쩍거리는 품이 필통을 연상케 했다. 영구차 앞에는 진행을 맡은 사람이 서 있었는데, 그는 우스꽝스러운 옷차림을 한 키가 작은 사내였다. 그리고 거동이 어색해 보이는 노인 한 사람이 있었다. 나는 그가 페레스 씨임을 알았다. 그는 위가 동그랗고 전두리가 널찍한 중절모를 썼고(관이 문을 지날 때는 그것을 벗었다), 바짓자락이 구두 위를 비틀려 늘어진 옷차림에다가 커다란 흰 칼라가 달린 셔츠에 비해서 지나치게 작은 검정 보타이를 매고 있었다. 검은 점들이 박힌 코밑에서 입술이 떨리고 있었다. 상당히 가느다란 흰 머리털 밑으로 축 처지고 귓바퀴가 흉하게 말린 야릇한 귀가 드러나 있었다. 창백한 얼굴에, 그 귀만이 핏빛으로 새빨간 것이 무엇보다도 유난스러웠다. 진행을 맡은 사람이 우리들에게 자리를 정해 주었다. 사제가 앞장서 가고 다음에 영구차, 그 주위에 인부 네 사람, 그 뒤로 원장과 나, 행렬의 끝에는 담당 간호사

---

5) mon fils: 프랑스에서 사제가 남성 신자를 부를 때 쓰는 표현으로 '내 아들'이라는 뜻도 된다.

와 페레스 씨가 따르기로 되었다.

　하늘에는 벌써 햇빛이 가득 차 있었다. 그것은 땅 위로 무겁게 내리쬐기 시작했고, 더위는 급속히 더해 갔다. 왜 그러는지는 알 수 없으나 길을 떠나기 전에 우리들은 상당히 오랫동안 기다렸다. 검은 상복을 입고 있어서 나는 몹시 더웠다. 모자를 쓰고 있던 노인은 다시 모자를 벗었다. 고개를 조금 돌리고 그를 보고 있으려니까 원장이 내게 그에 대한 이야기를 했다. 원장은 나에게, 어머니와 페레스 씨는 저녁이면 흔히 간호사를 데리고서 마을까지 산책을 하곤 했다는 얘기를 들려주었다. 나는 주위의 벌판을 바라보았다. 저 멀리 하늘 닿는 언덕까지 늘어선 실편백 나무들의 윤곽이며 적갈색과 초록색의 그 대지, 드문드문 흩어져 있지만 그런 듯 뚜렷한 그 집들을 통해 나는 엄마를 이해할 수 있었다. 이 고장에서 저녁은 서글픈 휴식 시간과도 같았을 것이다. 오늘은, 풍경을 전율케 하면서 천지에 넘쳐나는 햇빛 때문에 이 고장은 비인간적이고도 사람의 기를 꺾어 놓는 분위기를 자아냈다.

　우리는 걷기 시작했다. 페레스가 다리를 약간 전다는 것을 알아차린 것은 바로 그때였다. 영구차의 속도가 점점 빨라졌고 영감은 자꾸 뒤로 처지는 것이었다. 영구차 곁을 따라가던 인부 한 사람도, 지금은 뒤로 처져서 나와 나란히 걸어가고 있었다. 나는 태양이 그렇게 빨리 하늘로 솟아오르는 것을 보고 놀랐다. 벌써 오래전부터 벌판에서는 윙윙거리는 벌레 소리와 바스락거리는 풀잎 소리가 소란스럽게 들리고 있는 것을 알아차렸다. 땀이 볼을 타고 흘러내렸다. 나는 모자가 없었으므로 손수건으로 부채질을 하곤 했다. 그때 장의사 인부가 나에게 뭐라고 말을 했는데 나는 잘 듣지 못했다. 동시에 그 인부는 오른손으로 모자 차양을 들어 올리고 왼손에 들고 있던 손수건으로 이마를 닦았다. 나는 그에게 말했다. "뭐라고요?" 그는 하늘을 가리키며 되풀이했다. "무던히 내리쬐는군요." 나는 "네."하고 말했다. 조금 뒤에 그는 물었다. "저분이 댁의 어머닌가요?" 나는 또 "네."하고 말했다. "연세가 많으셨습니까?" 나는 정확한 나이를 몰라서 "그렇죠, 뭐." 하고 대답했다. 그러고 나서 그는 말이 없었다. 뒤를 돌아보니까, 페레스 영감이 우리 뒤로 한 오십 미터쯤 떨어져서 따라오고 있었다. 나는 눈을 돌려 원장을 보았다. 그는 필요 없는 몸짓은 전혀 하지 않았고 매우 점잖게 걷고 있었다. 이마 위에는 땀이 몇 방울 맺혀 있었으나, 그것을 닦으려고도 하지 않았다.

내가 보기에 행렬이 좀 더 빨리 움직이는 것 같았다. 주위에는 한결같이 햇빛이 넘쳐서 눈부시게 빛나는 벌판이 보일 뿐, 하늘에서 쏟아지는 빛은 견딜 수 없을 지경이었다. 그러다가 어느 땐가 우리는 최근에 새로 포장한 길로 들어서게 되었다. 뜨거운 햇볕을 받아 아스팔트가 녹아서 갈라 터져 있었다. 발이 그 속에 푹푹 빠져들어 갔고, 콜타르가 벌어지며 그 번쩍거리는 속살이 드러났다. 영구차 위로 보이는 마부의 삶아서 굳힌 가죽 모자는 마치 바로 그 검은 진흙 반죽으로 이겨서 만든 것만 같았다. 푸르고 흰 하늘과 갈라진 아스팔트의 끈적거리는 검은색, 걸친 상복들의 흐릿한 검은색, 니스 칠한 영구차의 검은색 등 단조롭기만 한 색깔들 가운데서 나는 정신이 좀 어리둥절해졌다. 햇빛, 가죽 냄새, 영구차의 말똥 냄새, 니스 칠 냄새, 향냄새, 잠을 자지 못한 하룻밤의 피로, 그러한 모든 것이 나의 눈과 머리를 어지럽게 만드는 것이었다. 나는 다시 한 번 더 뒤돌아보았다. 구름처럼 드리운 무더운 공기 속으로 페레스 영감이 까마득하게 멀리 나타나 보이더니 이윽고 더 이상 보이지 않았다. 눈으로 찾아보았더니 그가 길을 벗어나 벌판을 가로질러 가는 것이 보였다. 동시에 나는, 길이 내 앞 저쪽에 가서 구부러져 있다는 것을 알아차렸다. 페레스는 그 지방을 잘 아니까 우리들을 따라잡으려고 지름길로 접어든 것임을 알 수 있었다. 길이 구부러진 곳에 이르자, 그는 우리들과 만나게 되었다. 그러고는 또 보이지 않았다. 그는 다시 벌판을 가로질러 갔고, 그러기를 여러 차례나 되풀이했다. 나는 관자놀이에서 피가 뛰는 것을 느꼈다.

  그다음에는 모든 것이 어찌나 신속하고 확실하고 또 자연스럽게 진행되었는지 더 이상 아무것도 기억나지 않는다. 다만 한 가지 기억에 남는 것은 마을 어귀에서 담당 간호사가 나에게 말을 한 것이다. 얼굴과는 어울리지 않는 기이한 목소리를 지닌 그녀는, 매끄럽고 떨리는 목소리로 말했다. "천천히 가면 더위를 먹을 염려가 있어요. 하지만 너무 빨리 가면 땀이 나서 성당 안에 들어가면 으슬으슬 춥답니다." 그녀의 말이 옳았다. 정말 빠져나갈 길이 없는 것이었다. 그 밖에 그날의 몇 가지 광경이 머릿속에 남아 있다. 가령 마을 근처에서 마지막으로 우리들을 따라 잡았을 때 페레스의 그 얼굴. 신경질과 힘겨움의 굵은 눈물방울이 그의 뺨 위에 번득이고 있었다. 그러나 주름살 때문에 더 이상 흘러내리지는 않았다. 눈물방울은 그 일그러진 얼굴 위에 퍼졌다가 한데 모였다가 하여 니스 칠을 해 놓은 듯 번들거렸다. 그리고 또 기억나는 것은 성당, 보도 위에 서 있던 마을 사람들, 묘지 무덤들 위의 붉은 제라늄 꽃들, 페레스의 기절(마치 무슨 꼭두각시가 해체되어 쓰러지는 것 같았다), 엄마의 관 위로 굴러떨어지던 핏빛 같은 흙, 그 속에 섞이던 나무뿌리의 허연 살, 또 사람들, 목소리들, 마을, 어떤 카페 앞에서의 기다림, 끊임없이 툴툴거리며 도는 엔진 소리, 그리고 마침내 버스가 알제의 빛의 둥지 속으로 돌아왔을 때의, 그리하여 이제는 드러누워 열두 시간 동안 실컷 잠잘 수 있겠구나 하고 생각했을 때의 나의 기쁨, 그러한 것들이다.

▶▶ 더 읽을거리

알베르 카뮈/김화영 옮김, 『이방인』, 책사랑, 2013.
박언주, 「카뮈의 『L'Etranger』를 통해 본 그리스 사상과 기독교의 대립」, 『프랑스문화예술연구』, 제52집, 2015.

■ **연습문제**

학과 :_____   학번 : _____   이름 : _____

01 『이방인』에 나타나 있는 부조리의 의미를 적어 보자.

02 뫼르소가 생각하는 죽음은 어떤 의미를 지니고 있는지 생각해 보자.

03 어머니의 장례식과 그 후 뫼르소가 행동한 수영, 우정, 섹스 같은 육체적 쾌락이 어떤 구조로 연결 의미를 생성하는지 써 보자.